분노의 숫자

분노의 숫자

국가가 숨기는 불평등에 관한 보고서

ⓒ 새로운 사회를 여는 연구원, 2014

초판 1쇄 펴낸날 2014년 4월 30일
초판 5쇄 펴낸날 2019년 3월 20일

지은이 새로운 사회를 여는 연구원
펴낸이 이건복
펴낸곳 도서출판 동녘

인쇄·제본 영신사 **종이** 한서지업사

등록 제311-1980-01호 1980년 3월 25일
주소 (10881) 경기도 파주시 회동길 77-26
전화 영업 031-955-3000 편집 031-955-3005 **전송** 031-955-3009
블로그 www.dongnyok.com **전자우편** editor@dongnyok.com

ISBN 978-89-7297-712-4 03300

분노의 숫자

국가가 숨기는 불평등에 관한 보고서

새로운 사회를 여는 연구원 지음

동녘

일러두기

1. 이 책은 새로운 사회를 여는 연구원에서 2년 가까이 연재했던
   〈분노의 숫자〉를 수정, 보완해서 재구성한 것이다.
2. 본문에 사용한 기호의 쓰임새는 다음과 같다.
   〈 〉: 통계 조사명, 신문, 인터넷 매체
   ≪ ≫: 단행본
3. 맞춤법과 띄어쓰기는 '한글 맞춤법'을 따랐으나, 학계에서 통용
   되는 단어 혹은 조사의 이름인 경우에는 그대로 살리려고 했다.
4. 통계 조사상에서 사용되는 '근로'라는 표현은 경우에 따라
   '노동'으로 수정하여 통일했다.
   예)임금 근로자→임금 노동자, 근로 시간→노동 시간

한국사회 불평등과 분노의 숫자

새로운사회를여는연구원(이하 새사연)에서는 2012년 대통령 선거의 해에 《리셋 코리아》를 펴냈다. 우리는 이 책에서 한국사회의 양극화를 극복하기 위한 정책으로 소득 주도 성장, 경제민주화, 보편적 복지, 동아시아 공동체 형성, 그리고 사회적 경제 활성화 등을 제시했다. 하지만 선거에서 당선된 박근혜 대통령은 자신의 승리에 결정적으로 기여한 '경제민주화'와 '복지'를 내팽개치고 '규제 개혁', '공기업 민영화', '대기업 위주 경제 정책'과 같은 전형적인 신자유주의 정책을 펴고 있다. 그의 본령인 '줄푸세(세금은 줄이고 규제는 풀고 법과 질서는 세운다)'로 되돌아간 것이다. 이 정책은 아이 낳기를 거부하고 남녀노소 없이 자살을 선택하는 한국사회를 더욱 더 깊은 절망의 구렁텅이로 밀어 넣을 것이다.

　　나이 지긋한 독자라면 언제가 살기 괜찮았는지, 희망을 가질 수 있었는지 바로 떠올릴 수 있을 것이다. 1980년대 중반에서 1990년대 중반까지는 그래도 살 만한 시기였다. 이때는 월급이 오르고 일자리가 크게 늘면서 열심히 일하면 집도 사고, 아이들 대학 교육도 시키고, 노후 준비까지 할 수 있다는 믿음이 있었다. 한국이 OECD에 가입하면서 곧 선진국이 될 수 있다는 희망이 있던 시절이었다. 하지만 1990년대 중·후반 외환위기와 함께 대규모 해고 사태를 겪으면서 한국사회는 '나와 내 가족만은 살아남아야 한다'는 분위기에 휩싸였다. 2002년에 한동안 유행했던 "부자 되세요", "아무도 2등은 기억하지 못한다" 등의 광고 카피를 통해서도 당시 분위기가 어땠는지 짐작할 수 있다. 그러나 피 말리는 경쟁 속에서 아무리 노력해도 99%의 삶은 나아지지 않고 있다. 1990년대 중반까지 GDP의 75%를 넘나들던 하위 99%의 소득은 이제 60% 언저리에 머물고 있다. 박근혜 정부의 정책은 99%의 소득을 아예 GDP의 60% 이하로 떨어뜨릴 가능성이 높다.

한국사회의 불평등이 심화된 것은 1990년대 중·후반, 외환위기가 기점이었다. 김영삼 정부의 신자유주의 정책이 가져온 금융 개방은 대기업의 팽창 욕구와 결합하여 외환위기라는 전대미문의 사건을 일으켰다. 외환위기는 한국 경제가 신자유주의로 방향을 전환해, 이전까지와는 전혀 다른 방향으로 가는 분기점이 되었다.

이러한 변화는 소득 불평등을 나타내는 지니계수를 통해 바로 확인할 수 있다. 지니계수가 낮을수록 소득이 평등하다는 걸 의미하는데, 예컨대 이 수치가 0이라면 전 국민의 소득이 똑같다는 것이다. 1990년대 초반에는 한국의 지니계수가 0.250 수준을 유지했으나, 외환위기 이후 1999년에는 0.288로 급증했고 세계 경제위기가 있었던 2008년 0.294, 2009년 0.295로 소득은 점점 불평등해지고 있다.

이러한 양극화는 임금과 생산성의 관계에서도 비슷하게 나타난다. 한국의 제조업의 경우, 외환위기 이전(1985~1997년) 실질임금 증가율(10.4%)이 생산성 증가율(9.7%)보다 0.7% 높았다. 그러나 외환위기 이후(1997~2011년) 실질임금 증가율(3.5%)은 생산성 증가율(7.6%)보다 4.1% 낮았다. 생산성은 과거와 같은 비율로 증가하는데 비해 실질임금의 상승 기세는 눈에 띄게 줄어든 것이다. 이는 노동자가 일하는 만큼 월급을 가져가지 못하고, 그 몫을 기업이 독차지하고 있기 때문이다. 기업은 점점 부자가 되는데 가계는 점점 가난해지는 근본 원인이 여기에 있다.

기업이 벌어들이는 돈은 노동자의 임금으로, 국가의 세금으로, 사회 투자와 고용 확대로 나뉘어야 한다. 하지만 2014년 지금 한국 사회에서는 경제성장의 열매인 이윤의 대부분을 기업 소유주와 주주들이 챙기고 있다. 이윤이 투자와 고용 확대로 이어지지 못하고 있는 것이다. 지금처럼 기업에 쌓인 돈이 사회로 흘러가지 않는다면 생산한 제품을 소비할 여력이 없어져 경제는 침체된다. 이러한 내수 시장의 문제를 수출과 금융 거품으로 메꿔 온 것이 그동안의 정책이었다. 빚을 내서 집을 사고, 주식에 투자하고, 소비를 늘리는 것이 장려되었다. 이와 함께 대기업의 수출을 장려하기 위한 노동 시장 유연화와 대기업 감세 정책을 추진해 왔다. 이렇듯이 수출 주도 성장 전략과 자산 거품 정책은 '샴쌍둥이'다.

대기업이 이윤을 독차지하면서 발생하는 또 다른 문제는 복지의 부재다. 기업의 이윤은 한편으로는 노동자의 임금으로, 다른 한편으로는 국가의 사회안전망 구축을 위한 세금을 통해 분배된다. 하지만 한국의 기업은 노동자의 임금으로도, 세금으로도 이윤을 나누지 않고 있다. 그 결과는 심각한 사회안전망의 부재다. 노동시장에서 충분한 임금을 받지 못하는 사람들은 주거비, 의료비, 교육비 등 목돈이 들어가는 상황이 오면 쉽게 빈곤층으로 떨어지게 된다. 주거·의료·교육·보육 등은 국가가 보장해야 할 사회안전망이 반드시 필요한 분야이며, 한국과 경제 규모가 유사한 대부분의 국가들은 세금을 통해 사회안전망을 공적으로 보장해 주고 있다. 그런데 한국의 기업과 고소득층은 세금을 너무 적게 낸다. 이는 한국사회의 사회안전망이 최소한의 수준일 수밖에 없는 핵심적인 이유다. 낮은 수준의 사회안전망은 심각한 사회 불안과 경쟁의 원인이 되고 있다.

이 책은 이런 거시적인 그림을 세세하게, 시민들의 삶을 직접 보여 주는 구체적인 수치로 표현했다. 어린이부터 노인에 이르기까지 생애 주기에 따라 어떤 불평등이 발생하고 있는지, 상호 연관된 구조적 원인은 무엇인지, 해법은 무엇인지를 제시하고 있다. 《리셋 코리아》가 이론과 거시적인 통계에 입각해서 새로운 발전 모델을 제시하려 했다면 이 책은 일반 시민들의 삶을 미시적으로 관찰하고 시민들이 몸으로 느끼던 문제를 간명한 숫자로 보여 주려고 노력했다. 이 책을 보면 '요람에서 무덤까지' 복지가 아닌 불평등이 한국사회를 억누르고 있다는 사실을 확인할 수 있다.

불평등은 경제성장을 가로막는다. 시장만능론은 고소득층이 잘살게 되면 떡고물이 뚝뚝 떨어져서 하위 99%도 잘살게 될 거라는 '낙수효과'를 외쳤지만 세계 어디에서도 그런 현상은 찾아볼 수 없다. 불평등은 99%의 소비를 제약할 뿐만 아니라 지금처럼 미래가 불확실한 사회에서는 기업의 투자도 일어나지 않는다. 내수도 투자도 기대할 수 없는 상황에서 이제는 낙수효과를 폐기하고 재산과 소득을 재분배해야 한다는 것이 경제학의 정설이 되고 있다. 오직 한국의 정치가들과 경제학자들만 모르쇠로 일관하고 있을 뿐이다. 아니 모르쇠를 넘어 역주행을 하고 있는 것이 지금 한국사회의 모습이다.

한국사회가 변화하지 않는다면 '분노의 숫자'는 '절망의 숫자'로 바뀔지도 모른다. 사람들이 더 이상의 불평등과 경쟁을 견디지 못하고 자살하고 있다. 절망이라는 안개가 한국사회를 두텁게 감싸고 있다. 2012년 고령의 사회학자 스테판 에셀은 마지막 힘을 다 짜내서 "분노하라"라고 외쳤다. 이 책 역시 이런 현실을 보고도 분노하지 않을 수 있느냐고 묻는다. 우리는 그 분노가 그저 분노에서 멈추기를 바라지 않는다. 분노를 느꼈다면 자신이 있는 바로 그 자리에서 무슨 행동이라도 해야 한다. 고(故) 김대중 대통령의 이야기대로 담벼락에 대고 욕이라도 해야 한다. 아무쪼록 이 책이 올바른 선택을 하는 데 조금이라도 도움이 되기를 바란다.

이 책은 새사연 연구원들이 2년여에 걸쳐 〈분노의 숫자〉라는 시리즈로 발표한 글들을 엮은 것이다. 출간을 계기로 최신의 통계를 보충하고 글을 조금 더 알기 쉽게 다듬은 것은 물론이다. 새사연 연구원들의 평소의 노력이 쌓이지 않았다면 이렇게 많은 구체적인 수치들을 정확하게 제시할 수는 없었을 것이다. 특히 독자들이 실감할 수 있도록 통계를 일일이 그래픽으로 만드는 데 온 힘을 기울였다. 동녘 편집자들과 베이스라인 디자이너들의 꼼꼼함과 부지런함, 그리고 인내가 없었다면 이 책은 빛을 보지 못했을 것이다. 어느 인기 드라마의 유명한 대사처럼 "한 땀 한 땀 장인의 정신으로" 노력해 준 동녘 편집진과 베이스라인 디자이너들에게 다시 한 번 감사드린다.

2014년 봄,

새로운 사회를 여는 연구원

원장 정태인

차례

1장

세 살 불평등,
언제까지?

붉은 여왕의
나라에서
살아남기

36세 '행복해' 씨는 3년 전 '가정남' 씨와 결혼했다. 학자금 대출을 겨우 해결하자마자 전세금을 마련하기 위해 1억 원에 가까운 돈을 다시 대출받은 부부는 아이를 낳아야 하는지 심각하게 고민해 왔다. '행복해' 씨의 직장은 출산휴가가 길지 않기 때문에 아이를 맡길 사람이 없으면 직장을 그만두어야 한다. 70세가 넘은 부모님께 아이를 맡길 수 있는 상황도 아닌 데다 '가정남' 씨의 직장도 50세를 넘어서까지 안정적으로 다니기에는 불안하다. 요즘 아이 키우는 데 3억 원이 넘게 든다고 하는데 외벌이로는 도저히 아이를 낳아 키울 자신이 없다. 하지만 모든 것들을 감수하고서라도 아이를 낳고 싶다는 생각에 임신을 했다. 하지만 아이를 낳은 후의 일은 여전히 깜깜하다. 직장을 그만두면 무슨 돈으로 아이를 기르나 싶고, 직장을 다닌다면 아이의 양육은 어떻게 해결해야 할지 고민이다.

최저 출산국, 사회안전망 부재의 그늘

세계 최저 출산국은 대한민국의 또 다른 이름이다. 정부가 "둘도 많다. 하나만 낳아 잘 기르자!"라고 산아제한 정책을 펴던 시절이 있었다는 게 비현실적으로 느껴질 정도다. 한국의 합계 출산율, 그러니까 여성 1명이 평생 낳을 것으로 기대되는 출생아의 수는 2000년대 이후 10년이 넘도록 1.2~1.3명으로 제자리걸음을 하고 있다. 정부가 발 벗고 나서 출산 캠페인을 벌이고 있고 아동 보육 예산도 크게 늘리고 있지만 출산율은 꼼짝하지 않고 있다.

낮은 출산율이 움직이지 않는 이유는 아이를 낳아 가족을 형성하고 유지하는 모든 과정이 개인의 선택과 책임으로만 남아 있고, 이를 뒷받침할 사회적 토대는 너무 빈약하기 때문이다. 한국 정부가 저출산을 국가적 문제로 정하고 그 대책을 쏟아 내기 시작한 것은 2000년대 중반부터다. 하지만 아이를 낳지 않는 이유를 보육의 어려움에서만 찾고 있기 때문에 대부분의 재정 지원은 보육비 지원에 집중되어 있다. 그러나 보육 문제는 아이를 낳지 않는 원인의 일부일 뿐이다.

간단히 생각을 해 봐도 아이가 어렸을 때 돌보는 것이 양육의 전부가 아니다. 아이가 성장을 하고, 부모로부터 완전히 독립하기 전까지는 그에 따른 비용과 시간이 필요하다. 특히 한국은 자녀가 취업을 하거나 결혼을 하기 전까지는 부모로부터 독립하지 못하는 경우가 많다. 이런 상황에서 자녀 보육비를 시작으로 교육비, 취업 준비 비용, 결혼 비용까지 모두 부모의 몫이기 때문에 자녀를 양육하기 위해 치러야 할 비용은 엄청나다.

돈으로 자라는 아이들

한국에서는 2000년대 중반부터 정부가 보육비 지원을 본격화했고 2013년부터 영유아 지원을 전 계층으로 확대했으나, OECD 국가들과 어깨를 견주기에는 재정 규모가 협소하다. 아동가족복지 수준이 높은 나라들에서는 영유아만이 아니라 아동, 청소년, 여성, 가족 등을 대상으로 지원을 하며 사회안전망이 탄탄하다. 아동수당, 육아휴직수당 등 다양한 수당 제도를 촘촘하게 운영해 직접적으로 현금을 지원한다. 시간제·방과 후 돌봄, 저소득층 가사지원서비스, 식품지원서비스 등 소홀하기 쉬운 사회서비스도 다양하다.

보육비용이 절대적으로 적다는 것도 문제지만, 자녀 양육비 부담을 덜어 주기 위해 정부가 쏟아부은 돈에 비해 그 효과가 크지 않다는 비판도 여전하다. 정부가 지원하는 보육비가 그대로 사교육비로 들어가기 때문이다. 육아정책연구소에 따르면 2010년 기준 유아의 사교육 참여율은 86.8%에 이르고, 유아 사교육비는 총 2조 1,743억 원에 육박할 정도로 막대하다. 아이들은 초등학교에 들어가기도 전에 학업 스트레스와 압박감에 짓눌리고 있다. 유아기에 시작한 사교육은 학년이 올라갈수록 심해진다. 소위 '인 서울'이라고 하는 수도권 상위 대학을 가지 않으면 인생의 낙오자가 되는 사회 분위기 속에서 아이들의 교육 경쟁은 갈수록 치열해지고 있다. 그 결과는? 적게 잡아도 자녀 출생에서 대학 졸업까지 드는 평균

양육비가 3억 원이 넘는 세상이 되었다. 교육비 지출이 가계소득의
33.1%를 차지할 정도다.

붉은 여왕의 나라

《이상한 나라의 앨리스》에 나오는 붉은 여왕의 나라에서는 모두가
달리고 있다. 때문에 정상적인 사람이 뒤처진다. 한국의 부모와 아
이들은 영어 유치원, 국제 중학교(국제중), 특수 목적 고등학교(특목
고), 자율형 사립 고등학교(자사고), 명문 대학교로 이어지는 '교육 로
드맵'에 따라 달리고 있다. 사교육은 이미 선택이 아닌 필수다. 남
들도 하고 있으니 더 많이, 더 비싼 사교육을 찾는다.

그 속에서 아이들은 시들어 가고 있다. 한국 아이들의 학력 수
준은 세계 최고다. 하지만 주관적 행복지수는 꼴찌다. 학교 안에서
누구를 밟고 올라서야 하니 자는 시간을 쪼개가며 공부하고, 친구
들과 좋은 관계를 만들 여유나 시간도 없다. 성적이나 친구 관계를
비관해 스스로 목숨을 던지는 청소년들의 소식이 더 이상 낯설지
않다. 모두가 달리는 붉은 여왕의 나라에서 우리는 행복할 수 없다.

최저 출산율의 사회

한국과 OECD 출산율 비교   단위 (명)

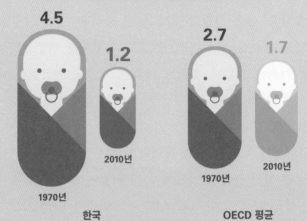

4.5

1.2

2010년

2.7

1.7

1970년

1970년   2010년

한국   OECD 평균

자료—통계청, 〈출산통계〉, 각 연도

보육 재정과 출산율의 관계

								41,778
							30,286	
						25,736		
					21,285			
			14,684	17,048				
		10,435						
6,001	7,910							

보육 재정
단위 (억 원)

연도   2005   2006   2007   2008   2009   2010   2011   2012   2013

출산율
단위 (명)   1.07   1.12   1.25   1.2   1.15   1.23   1.24   1.3   1.1

자료—기획재정부, 〈국가 예산〉, 각 연도

출산율이 가장 낮은 나라

'높은 출산율, 높은 사망률'에서 '높은 출산율, 낮은 사망률', 그리고 '낮은 출산율, 낮은 사망률'까지. 산업화를 겪은 모든 국가는 이런 과정을 겪었다. 한국도 예외가 아니다. 출산율과 사망률이 모두 낮은 국가들은 노동인구의 비율이 급격하게 감소하는 문제를 겪고 있는데, 그중에서도 특히 한국은 이 변동이 매우 급격하게 나타난다. OECD 주요 국가들의 출산율 변화와 비교해 보면, 한국은 가장 높은 출산율에서 가장 낮은 출산율로 옮겨가고 있다는 것을 알 수 있다. 1970년대 4.53명에서 1990년 1.57명으로 20년 만에 OECD 평균보다 낮아졌으며, 2005년에는 1.07명으로 최저를 기록했다. 2010년에는 1.23명, 2012년에는 1.3명으로 2000년대 이후 평균 1.2명 정도를 유지하고 있다.

낮은 출산율이 문제가 되는 이유는 부양인구는 점점 증가하는데 생산 가능한 노동인구가 줄어들면서 부양비 부담이 늘어나기 때문이다. 즉, 출산율이 낮으면 노동인구가 부족해지고 부양인구는 증가하면서 노동인구가 엄청난 경제적 부담을 지게 되는 것이다. 하지만 당장 출산율이 늘어난다고 해서 고령인구 증가에 따른 부양비용 문제를 해결할 수는 없다. 출산율이 늘어나 노동인구가 증가하려면 최소한 30년은 걸리기 때문이다. 또한 노동인구 부족이나 부양비용 때문에 무조건 출산율을 높여야 한다고 주장하기에는 무리가 있다. 조금 다른 얘기지만, 지구의 생태적 환경을 고려하면 인구 규모가 증가하는 것이 무조건 좋은 게 아니다. 지구가 감당할 수 있는 인구 규모는 한정되어 있기 때문이다.
게다가 여성을 출산의 도구로만 보고 무조건 아이를 낳아야 한다
는 시각도 옳지 않다.

낳고 싶어도 낳지 못하는 현실

그렇다면 한국사회의 낮은 출산율은 왜 문제가 되는 것일까? 많
은 사람들이 자신의 의지가 아닌, 아이를 낳아 기르기 힘든 환경
때문에 반강제적으로 출산을 포기하는 경우가 많기 때문이다. 서
울시여성가족재단에 따르면, 서울시 25~44세 기혼 남녀들이 희
망하는 자녀의 수는 평균 2.01명으로 대체출산율과 비슷하다. 대
체출산율이란 인구를 현상 유지하는 데 필요한 출산율 수준이다.
하지만 지금 한국사회에 등장한 것은 연애, 결혼, 출산을 포기하
는 '3포 세대'다. 희망하는 자녀의 수와 실제 출산율이 차이가 나
는 것은 그만큼 아이를 낳고 싶어도 낳지 못하고 있는 현실을 대
변한다.

돈이 없으면 출산을 포기할 수밖에 없다. 아이를 낳으면 양
육하는 데 엄청난 돈이 들어가기 때문이다. 출생 이후 대학을 졸
업할 때까지 아이를 양육하는 데 드는 비용이 평균 3억 원이 넘
는다고 한다. 정부에서는 양육비용을 나라가 책임질 테니 아이
를 낳으라고 하지만, 정부가 양육비용 일부를 보조해 준다고 해
서 부담이 줄어드는 것은 아니다. 한국의 사회복지 지출은 OECD

국가들 중에서 하위권이지만, 그나마 보육 분야 지출이 많은 편이다. 2014년 전체 보육 분야 예산은 약 5조 3,000억 원으로 2013년 4조 1,000억 원에 비해 27.5% 증가했다. 그러나 출산율은 그대로다.

더 본질적인 문제는 내가 낳고 키우는 아이와 우리 가족의 미래가 불안하다는 데 있다. 아이들은 태어나자마자 경쟁사회에 내몰리게 되고, 경쟁에서 살아남는 이들은 소수일 뿐이다. 경쟁에서 살아남지 못했을 때 구제해 줄 수 있는 사회안전망조차 거의 없는 사회다. 상황이 이렇다 보니 가능하면 1명만 낳아 집중하거나, 아예 출산을 포기하게 되는 것이다. 불안한 미래 때문에 아이 낳기를 꺼리는 사회라는 것이 바로 한국이 직면한 문제다.

낳기만 하면 키워 준다더니

복지제도가 앞선 다른 국가들의 경우 저출산 문제를 해결하기 위한 방식이 다양하게 나타난다. 가령 여성들이 일과 가정을 양립할 수 있도록 돕는 정책, 임신·출산·양육 등으로 가정 경제가 위험에 빠지지 않도록 소득과 사회서비스를 보장해 주는 정책 등이 있다. 보육비용 예산만 늘리면서 높은 출산율을 기대하는 한국과는 사뭇 다르다. 한국의 경우 여성의 사회활동을 위한 보육 지원, 엄밀하게 말하면 보육시설 이용에 대한 지원 정책만 존재한다. 이런 식의 보육 정책은 여성들의 고용률이나 출산율 증가와 같은 효과보다는 유아 사교육 시장만을 확대시킨 결과를 낳고 있다. 보육시설을 이용하는 경우에만 받을 수 있는 혜택이 크다 보니, 굳이 필요하지 않은데도 아이를 보육시설에 맡기는 가정이 늘어나는 것이다.

여성들이 일과 가정을 양립하기 위해서는 여성만이 아닌 부모 모두가 가정생활을 공동으로 책임질 수 있어야 한다. 이를 위해서는 보육 지원뿐만이 아니라 다양한 정책이 조화를 이루어야 한다. 직장에서는 육아휴직을 확대하고, 보육시설은 물론 가정에서 보육하는 가정을 위한 지원도 확대되어야 한다. 아동수당을 비롯한 부양비용 확대와 아동발달지원서비스와 같은 정책도 동시에 추진되어야 한다. '낳기만 하면 키워 준다'는 정부의 광고가 현실적으로 실현되기 위해서는 포괄적인 가족 정책이 균형 있게 추진될 필요가 있다.

아동가족복지,
OECD 최하위

GDP 대비 아동가족복지 지출 수준 (2009년)   단위 (%)

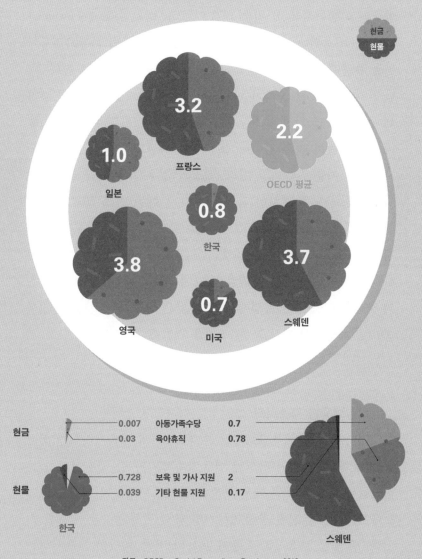

자료—OECD, <Social Expenditure Database>, 2013

부끄러운 꼴찌, 아동가족복지

한국의 아동가족복지[1] 지출 비율은 GDP 대비 0.8%로 OECD 국가들 중 최하위에 속한다. 2009년 OECD 국가들의 아동가족복지 지출 수준은 GDP 대비 평균 2.2%로 한국보다 훨씬 더 높다. 지난 20여 년간 OECD 국가들의 아동가족복지 지출은 꾸준히 증가해 왔다. 복지국가라 불리는 북유럽 국가들은 아동가족복지 지출 비율이 꾸준히 높은 편이며, 최근에는 영국과 프랑스 또한 아동가족복지 지출을 늘리고 있다. 영국의 경우 가장 적극적으로 신자유주의 정책을 펼치던 국가이다 보니 아동 빈곤 문제가 매우 심각하게 드러났고, 최근 그 문제를 해결하기 위해 아동가족복지 지출을 크게 늘리기 시작했다. 프랑스는 저출산 문제를 해결하기 위해 아동가족복지 지출을 크게 늘렸는데, 그 결과 프랑스의 출산율은 1993년 유럽에서 가장 낮은 수준이었던 1.65명에서 2010년 유럽에서 가장 높은 2.0명을 기록했다.

무상보육도 부족하다

한국에서도 영유아 무상보육이 본격화되면서 보육서비스 지원이 한층 강화되고 있다. 하지만 아동가족복지가 잘 갖추어져 있는 국가들과 비교해 보면 매우 부족하다. 아동가족복지 정책은 크게 보육 정책, 양육 지원 정책, 일·가정 양립 정책 등으로 구분할 수 있다. 질 좋은 보육시설 확충과 보육비 지원, 다양한 보육서비스

등이 보육 정책이라면 양육수당, 가족수당 등 부모가 아이를 직접 양육하는 데 드는 비용을 지원하는 것이 양육 지원 정책이다. 일·가정 양립 정책은 출산·육아로 인한 여성의 경력단절을 방지하고 육아를 비롯한 가정생활과 직장생활을 동시에 할 수 있도록 돕는 부모 유급 육아휴직과 출산·육아로 일을 하지 못하는 동안 연금료를 공제해 주는 국민연금 출산 크레딧 등이 대표적이다.

　한국의 경우 2013년부터 5세 미만 영유아 무상보육을 전면적으로 실시하면서 보육서비스의 혜택 대상이 보편화되었으나 그 외 양육 지원이나 일·가정 양립 정책은 초보적 수준이다. 아동가족복지가 체계적으로 이뤄지는 국가들이 출산·양육에 대해 현금을 지원하거나 부모 유급 육아휴직 제도를 두고 직접 아이를 키우는 조건을 만들어 줌과 동시에 다양한 공공 보육시설을 통해 무상에 가까운 지원을 해 주는 것과 대비된다. 아동가족복지가 제대로 이뤄지는 국가에서는 아이를 집에서 키우든, 시설에 맡기든 거의 부담이 없다.

아이를 키우려면 온 마을이 필요하다

아이를 낳고 기르는 문제는 부모의 책임만이 아니다. "아이를 키우려면 온 마을이 필요하다"라는 아프리카 속담처럼 아이와 가정의 인간다운 성장을 위해서는 다양한 사회경제적, 문화적 접근이 필요하다. 한국사회에서 출산율이 낮은 것은 결국 아이를 키우기 위한 사회안전망이 보장되어 있지 않은 현실을 반영한다. 따라서 지금 가장 필요한 것은 원하는 대로 아이를 낳고 키울 수 있는 기본적인 비용을 보장하는 것이다. 보육시설에 맡기는 비용만 보조해 줄 것이 아니라 질 좋은 보육시설을 늘리고 가정 내 돌봄서비스나 공공어린이집 등 다양한 보육서비스를 제공할 필요가 있다. 또한 시설에 맡기지 않아도 아이를 키우는 데 드는 비용을 보존해 주어야 한다. 일방적인 보육시설비 지원은 불필요한 보육시설 이용만 늘리고 있다.

한국에서 특히 취약한 것은 일과 가정을 양립할 수 있게 도와주는 정책이다. 여전히 가부장적 분위기가 남아 있는 한국사회에서는 맞벌이 부부라 할지라도 가사 노동 부담은 여성에게 집중되어 있다. 남성의 육아휴직은 거의 불가능하며 여성이 직장을 다니면서 양육을 병행하기 위해서는 엄청난 희생이 요구된다. 직장생활을 포기하거나, 계속하더라도 충분한 경력을 쌓을 여유를 보장받을 수 없다. 30~40대 여성 경력단절의 원인이 되는 것이다.

상황이 이런데도 한국의 경우 아직까지 아동가족복지 예산의 대부분이 보육서비스에만 집중되어 있다. 무상보육이 현실화되었으나 육아휴직을 이용할 만한 급여 수준이 되지 않는 등 고용환경과 연계되지 못하기 때문에 아동가족복지가 효과를 내기 힘든 구조인 것이다. 제한된 예산 내에서 복지가 효율적으로 이루어지려면 아동가족복지 향상을 위한 포괄적인 이해에 기초해서 정책을 추진하는 것이 필수적이다.

1　**아동가족복지**

아동이 있는 가족을 위해 국가가 현금이나 서비스
지원에 재정을 지출하는 것으로, 아동가족복지
지출 수준은 각 나라의 GDP에 대비한 환산 비율로
평가한다. 아동가족복지 지출 중 현금 급여 형태로는
아동가족수당·육아휴직·기타 현금 지원 등이 있으며,
현물 서비스로는 보육 및 가사 서비스 등이 포함된다.
아동가족복지에 대한 재정 지출 비율이 높을수록
출산율과 여성의 경제활동 참가율, 아동의 균형 있는
발달 등의 지표가 높은 것으로 나타난다.

아이 낳아
대학까지 보내는 데 드는 돈,
3억 1,000만 원

출생에서 대학 졸업까지
평균 자녀 양육비

3억 1,000만 원

자료—통계청, 〈전국 출산력 및 가족보건 실태 조사〉, 2013

GDP 대비 교육비 지출 규모 (2010년) 단위 (%)

OECD 국가 중 교육비 민간 지출 **1**위

한국	2.8	4.8	**7.6**
OECD 평균	0.9	5.4	**6.3**

- 민간 지출
- 공적 지출

자료—OECD, <Education at a Glance>, 2013

소득 수준에 따른 사교육 참여율과 사교육비 지출액 (2012년)

월 소득   　**사교육 참여율** 단위 (%)   　**월평균 사교육비 지출액** 단위 (원)

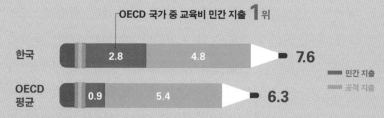

저소득층
(100만 원 미만)　　33.5　　6만 8,000

고소득층
(700만 원 이상)　　83.8　　42만 6,000

자료—통계청, 〈전국 출산력 및 가족보건 실태 조사〉, 2013

사교육의 나라

한국에서 아이 1명이 태어나 대학을 졸업하기까지 드는 비용은 2012년 기준 3억 1,000만 원이다. 2003년 약 2억 원이었던 자녀 양육비[1]는 9년간 1억 원이나 넘게 증가했다. 눈에 띄는 변화는 10년 새 70% 증가한 영유아기의 자녀 양육비다. 사교육[2]의 출발 선이 유아, 심지어 영아로 내려와 부모의 경제적인 부담도 덩달아 커지고 있다. 이때 사교육은 일반적으로 어린이집이나 유치원의 기본 교과과정 이외의 특별 활동이나 특성화 프로그램, 기관 밖에서 이뤄지는 유사 기관, 학원 및 문화센터, 학습지, 개인 및 그룹 과외, 인터넷 교육 등이 포함된다. 영아의 41.9%, 유아의 86.8%가 사교육비를 지출하고 있으며, 유아 1명에 들어가는 사교육비는 초·중·고등학생 못지않다. 만 0세에서 3세 미만 영아의 총 사교육비는 1조 8,380억 원이고, 만 3세에서 5세 사이 유아의 사교육비는 2조 1,743억 원으로 영유아 사교육 총액이 한국의 GDP 대비 0.22%를 차지할 정도다. 2013년 시민사회단체 사교육없는세상이 학습지 사교육 업체, 교재·교구, 문화센터를 대상으로 분석한 결과를 보면, 영유아 대상의 사교육 프로그램에서 영어가 48개(28.9%)로 가장 높고, 수학 및 과학이 33개(19.8%), 탐구·사고력·통합이 32개(18.7%), 국어가 29개(17.5%)다. 교과목 중심의 선행학습 열풍이 영유아기부터 시작되고 있다는 것을 알 수 있다. 2013년부터 본격화된 무상보육이 공보육 강화로 이어지지 못하고 오히려 사교육 시장을 활성화시키고 있었던 것이다.

개천에서 용 못 난다

영유아기부터 시작되는 자녀 교육은 초·중·고등학교를 거쳐 대학교까지 이어진다. 자녀 양육비에서 교육비의 비중이 높은 것도 이런 현실을 반영한다. 공교육비와 사교육비를 포함한 총 교육비 지출은 2012년 가구당 월평균 39만 3,000원인데, 이는 전체 자녀 양육비의 33.1%로 가장 많은 비중을 차지하고 있다. 대학교 입시를 위해 초·중·고등학교 과정에서 지속되는 사교육과 높은 대학교 등록금이 원인이다. 교육비 중에서도 사교육비는 2003년 15만 2,000원에서 2012년 22만 8,000원으로 1.5배나 더 많아졌다. 이는 전체 교육비의 58%에 달한다.

이처럼 교육에 대한 한국의 투자 수준은 세계적으로도 상위권이다. 한국의 교육 지출은 GDP 대비 7.6%로 OECD 평균 6.3%보다 높다. 그러나 전체 교육비 중에서 공적 지출이 차지하는 비중은 63%로 OECD 평균인 86%보다 훨씬 낮다. 반면 민간 영역이 부담하는 민간 지출 비중은 37%로, 가계에서 부담하는 교육비 부담률이 OECD 국가 중에서 가장 높다.

교육비 중에서 공교육비를 비롯한 공적 지출 비중이 낮다는 것은 결국 대부분의 학생들이 가정에서 비용을 감당해야 하는 사교육에 의존하고 있다는 것을 말한다. 영어 유치원을 시작으로 국제중, 특목고 및 자사고, 명문 대학교로 이어지는 '엘리트 코스'에 들어가기 위해 한국의 초·중·고등학생들은 짧게는 12년, 길게는 16년 이상 경쟁에 시달리고 있다. 그리고 그 경쟁에서 살아남기 위해 사교육은 선택이 아닌 필수가 되었다. 다른 국가에서는 사교육이 뒤처지는 학생들을 위한 보충학습으로 이해되는 것과 사뭇 다른 현상이다.

자녀 교육, 죄수의 딜레마에 빠지다

한편, 가계의 소득 수준에 따라 사교육 참여율과 사교육비 지출액 차이도 크다. 부모의 경제력이 자녀의 학력 수준에 영향을 미치는 교육 불평등이 심화되고 있는 것이다. 월 소득 100만 원 미만인 가구의 사교육비 지출액은 6만 8,000원인 반면, 월 소득 700만 원 이상 고소득 가구의 사교육비 지출액은 42만 6,000원으로 무려 6배 차이다. 또한 월 소득 100만 원 미만 가구의 사교육 참여율은 33.5%인 반면, 월 소득 700만 원 이상 가구는 83.8%로 소득에 따라 최대 2.5배 차이를 보인다. 이러한 현상은 한국사회의 교육이 죄수의 딜레마에 빠져 있음을 보여 준다. 경쟁에서 이기기 위해서는 다른 이들이 사교육을 시키지 않아도 내 자녀는 사교육을 시켜야 하고, 다른 이들 모두 사교육을 시키면 나도 어쩔 수 없이 시켜야 하는 것이다. 너도나도 사교육에 의존하게 되면서 교육비용은 점점 늘어나고 결국 소득이 높을수록 사교육 경쟁에서 유리해지는 상황이 됐다. 출생에서 대학 졸업까지, 자녀 1명을 양육하는 데 평균 3억 1,000만 원이나 드는 사회다. 여기에 부모의 소득이 높을수록 학업 경쟁에서 유리해지고 있다. 더 이상 개천에서 용 나기 어려운 안타까운 상황이 쳇바퀴 돌듯 지속되고 있다. 이런 상황을 극복하기 위해서는 근본적으로 경쟁 구도를 완화하고 미래에 대한 불안감이 해소될 수 있도록 큰 틀에서 사회를 변화시키는 방안을 고민해야 한다. 이러한 경쟁사회에서는 부모도 아이도 행복할 수 없다.

1   **자녀 양육비**
   자녀 양육비는 자녀 1명을 낳아 기르는 데 드는 모든 비용을 뜻한다. 그러나 일반적으로 자녀 양육비를 조사할 때에는 출생에서 대학교 졸업 때까지로 정하고 있다. 통계청은 2003년부터 3년마다 〈전국 출산력 및 가족보건 실태 조사〉를 통해 자녀 양육비를 조사하고 있다. 자녀 양육비에는 주거비·교통통신비·가사물품비 등의 생활비와 공교육비·사교육비·보건의료비 등의 자녀 개인 비용이 포함된다. 한국의 경우 자녀 양육비의 상당수가 교육비로 지출되고 있다.

2   **사교육**
   초·중·고등학생들이 학교 정규수업 이외의 보충교육을 통해 민간 시장에서 개인이 사적 비용을 내고 이용하는 학습 형태를 통틀어 사교육이라고 한다. 사교육은 학교 교육과 닮은 학교 밖 교육이라고 해서 '그림자교육Shadow Education'으로도 불린다. 사교육은 한국만이 아닌 전 세계적 현상이기는 하나, 유독 경쟁이 치열하고 학벌주의가 강한 아시아 지역에서 성행하고 있다.

교육 수준은 최고,
행복은 최하위

어린이 · 청소년 행복지수 단위 (점)

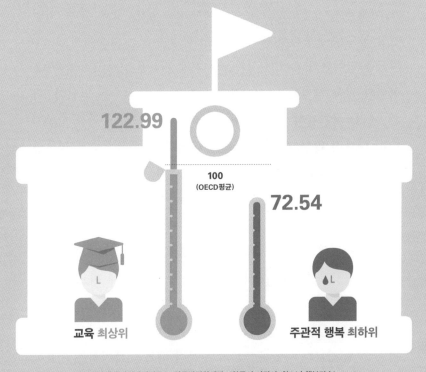

자료—연세대 사회발전연구소·한국방정환재단,〈한국의 어린이·청소년 행복지수〉, 2013

교육은 세계 최고, 행복은 세계 꼴찌

한국 어린이·청소년들의 행복지수[1]는 교육 영역에서 세계 최고 수준에 이르고 있다. 교육 영역의 행복지수는 학업 성취(OECD 국제학생평가프로그램으로 읽기·수학·과학 점수 평가), 교육 참여, 학업 열망 등으로 구분해서 구하고 있다. 한국은 모든 요소에서 OECD 평균을 넘어선다. OECD 국가들의 전체 평균을 100으로 봤을 때, 한국의 교육 영역은 122.99점으로 가장 높은 점수를 받았다. 다른 OECD 국가들의 경우 교육 영역의 행복지수와 주관적 행복지수는 다르지 않다. 일반적으로 교육 영역의 행복지수가 높으면 주관적 행복지수도 높게 나타난다. 그러나 한국의 어린이·청소년들은 교육 영역의 순위와는 정반대로 주관적 행복지수가 세계 최하위권이다.

주관적 행복지수는 학교생활의 만족도와 개인의 주관적인 행복 등 6가지 항목을 조사한 지수다. 조사 결과에 따르면 한국 아이들의 경우 대부분 OECD 평균보다 주관적 행복지수가 높지 않다. 학교생활을 좋아한다는 항목만 유일하게 35.6점으로 OECD 평균 27.56점보다 높았다. 그 외 주관적 행복을 측정하는 지표에서는 모두 OECD 평균에 비해 점수가 낮았다. 자신이 '별로 건강하지 않다'는 항목의 점수는 19.6점(OECD 평균 13.9점), 삶에 대한 만족도는 66.6점(OECD 평균 85.72점), 소속감을 '별로' 혹은 '전혀 느끼지 못한다'는 응답이 16.3점(OECD 평균 6.8점), 주변 상황에 '별로' 혹은 '전혀 적응하지 못한다'는 응답은 6.7점(OECD 평

균 9.28점), 외롭다고 응답한 비율이 15.3점(OECD 평균 7.4점)이었
다. 한국의 어린이·청소년들의 삶에 대한 만족도는 평균보다 낮
고 소속감을 느끼지 못하거나 외로움을 느낀다고 생각하는 비
율도 OECD 평균의 2배에 이른다. OECD 국가들의 전체 평균을
100으로 봤을 때, 한국 아이들의 주관적 행복지수는 72.54점으로
OECD 국가 중에서 가장 낮다.

누가 아이들을 벼랑 끝으로 내몰고 있는가

왜 한국의 아이들은 행복하지 못한 것일까? 아이들이 하루를 어
떻게 보내는지 들여다보면 짐작이 간다. 한국청소년정책연구원의
〈청소년의 생활시간조사〉 결과를 보면 한국 아이들의 학습 시간
은 세계적으로도 길다. 이 조사에 따르면 한국 학생들은 하루 평
균 학습 시간이 7시간 50분으로 OECD 평균 5시간의 1.5배 수준
이다. 그중 한국 아이들의 하루 평균 사교육 시간은 78분으로 하
루 평균 사교육 시간이 6분에 불과한 핀란드와 벨기에의 13배에
달한다. 캐나다의 하루 평균 사교육 시간이 12분, 영국은 18분,
일본이 24분으로 한국보다 훨씬 짧았다. 이렇게 공부한다고 효율
이 높은 것도 아니다. 한국 아이들은 하루 평균 4.5시간 학습하는
핀란드와 비교해 2배 이상의 시간을 학습에 쏟고 있지만, 정작
두 나라의 학업성취도는 비슷하다. 반면 아이들이 일상에서 여유
를 찾거나 친구들과 소소한 정을 나눌 시간은 부족하다. 더불어

수면 시간이나 운동 시간은 세계적으로 가장 짧다. 학년이 올라
갈수록 이런 경향은 점점 더 커진다.

　이제는 진부한 이야기 같지만 누군가를 밟고 올라서야 한다
는 경쟁 심리가 아이들을 불행하게 만들고 있다. 대부분의 시간
을 학교에서 보내는 청소년들에게 학교는 또 다른 사회다. 하지
만 학교에서는 또래에 대한 이해, 스스로에 대한 성찰을 중심으
로 교육이 이뤄지지 않는다. 대부분의 교육은 국어·영어·수학
중심의 교과목에 집중되어 있으며 교과목 학습 시간 또한 지나치
게 길다.

　특히 교육열이 높다고 알려진 일본, 중국과 비교해도 한국
아이들의 행복감은 더 낮았다. '여러 가지 면에서 행복한가'라는
질문에 '매우 그렇다'고 대답한 한국 아이들의 비율은 11%로, 일
본(32.3%)과 중국(39.1%)보다 훨씬 낮았다. 즉 한국 아이들의 주
관적 행복지수가 낮은 것은 단지 학습 시간 때문만은 아니라는
것이다. 좋은 대학을 가야 하고, 그러기 위해 내신과 수능 성적을
올리는 것만이 목표인 세상에서 친구를 밟고 올라서거나 경쟁에
서 밀려 낙오자가 되는 아이들이 행복할 수 없는 것은 당연하다.

　이런 문제는 서열화된 대학 구조와 학벌에 영향을 받는 일자
리 문제와도 결코 무관하지 않다. 좋은 대학을 나와야 좋은 직장
에 들어갈 수 있고, 좋은 직장을 다녀야 돈을 많이 벌 수 있고, 그
래야만 행복해질 수 있다는 획일적인 가치관이 지배하는 한국사
회는 청소년들에게 학업에만 매진할 것을 강요하고 있다. 영유아

때부터 시작된 줄 세우기 식 교육은 아이들에게 경쟁 심리를 주입하고 있으며, 누군가를 이겨야만 하는 구조가 만들어지면서 아이들은 물론이고 부모들까지도 불행해지고 있다. 누가 아이들을 벼랑 끝으로 내몰고 있는지 깊이 생각해 보아야 한다.

---

1 어린이·청소년 행복지수
유니세프(UNICEF, 국제연합아동기금)는 세계 29개 국가를 대상으로 물질적 행복·보건과 안전·교육·행동과 위험·주거와 환경 등 5개 측면에서 〈어린이 행복지수Well-being〉를 조사해 발표한다. 연세대 사회발전연구소와 한국방정환재단은 유니세프의 행복지수를 모델로 삼아 〈한국의 어린이·청소년 행복지수〉를 별도로 개발해 매해 그 변화를 관찰하고 있다. 이 행복지수에는 물질적 행복·보건과 안전·교육·가족과 친구 관계·건강 행위 관련 이외에도 주관적 행복을 추가해 조사하고 있다.

청소년 사망자
10명 중 3명은 자살

한국 자살률 추이 <small>단위 (명)</small>

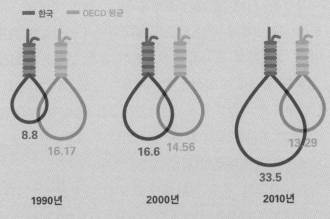

자료—OECD, 〈Factbook 2013: Economic, Environmental and Social Statistics〉

청소년 사망자 중 자살로 사망한 비율 <small>단위 (%)</small>

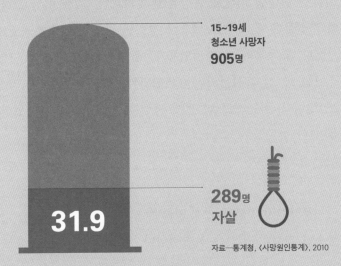

자료—통계청, 〈사망원인통계〉, 2010

죽음을 택하는 아이들

한국은 자살률[1] 세계 1위라는 오명을 안고 있다. '생명중단사회'
라는 말이 공공연하게 쓰일 정도로 한국인들의 자살률은 세계적
으로 높다. 대부분의 국가에서 자살률이 높은 연령은 노인층이
다. 고령화는 급격하게 일어났지만 사회는 노인 세대를 위한 안
전망을 탄탄하게 마련하지 못하고 있고, 그들 역시 경제적으로도
정서적으로도 준비를 하지 못한 채 사회에서 배제되어 우울증에
걸리는 경우가 많기 때문이다.

그러나 한국의 경우 특이하게도 노인 자살률뿐만 아니라
10대 청소년들의 자살률이 매우 높게 나타난다. 지난 20여 년간
OECD 국가들의 10대 자살률은 크게 낮아지는 추세지만, 한국
의 청소년 자살 인구는 지속적으로 증가하고 있다. 2010년 대비
2011년 연령별 자살률 증감률을 살펴보면, 70세 이상 고령 인구
의 자살률은 4.3% 감소했으나 청소년 자살률은 오히려 5.8% 증
가했다. 통계청의 〈사망원인통계〉에 따르면 2010년 15~19세 청
소년들 중 전체 사망자가 905명인데, 그중 자살을 한 청소년은
289명이다. 이는 청소년 전체 사망자 중에서 31.9%에 달하는 비
율이다.

무엇이 아이들을 죽게 만들었나

청소년 자살의 원인은 복합적이다. 청소년기는 신체·정신·사회

적으로 성인이 되는 과도기 과정으로, 독립적인 성향을 가지면서
도 동시에 부모나 또래 친구, 학교 교사의 영향도 크게 받는 시기
다. 이런 시기에 청소년들은 친구·가족 관계, 가정형편, 학업성적
등 복합적인 영향으로 자살을 시도할 수 있다. 2010년 〈청소년
건강 행태 온라인 조사〉를 토대로 자살을 시도한 이유를 살펴보
면 '가정형편'이 가장 큰 원인으로 나온다. 2011년 한국청소년정
책연구원에서 시행한 조사에 따르면 자살을 생각하게 된 이유는
학업 성적이 35.1%로 가장 높고, 가정불화가 22.1%, 친구와의 갈
등이 13.5%, 경제적 어려움이 2.6%를 차지한다. 일반적으로 학
업성적이 청소년들의 가장 큰 스트레스 요인이며, 한부모가정이
나 조손가정에서 자라는 청소년들은 가정불화나 경제적 어려움
이 자살을 생각하는 큰 동기가 된다.

자살 예방 프로젝트가 필요하다

핀란드는 한때 '자살 공화국'이라고 불릴 만큼 세계적으로 자살
률이 높았다. 그러나 1990년 10만 명당 20.1명에 달하던 자살률
이 2008년에는 11명 수준으로 떨어졌다. 그 배경에는 범국가적
인 자살 예방 프로젝트가 있었다. 그간의 자살 사건을 면밀히 분
석하는 '심리적 부검'을 시행해 미리 예방책을 마련한 것이다. 심
리적 부검이란 자살로 사망한 사람들의 의료 기록을 조사하고 가
족, 친구, 학교 교사, 직장 상사 등 지인들의 면접을 통해서 자살

의 원인을 분석하는 방법이다. 심리적 부검은 자살 위험 요인을 실증적으로 파악할 수 있기 때문에 일정 사례 이상을 조사해 통계화할 경우 효과적으로 자살을 예방할 수 있다.

또한 자살률을 떨어뜨리는 데에는 언론의 역할도 중요하게 작용했다. 핀란드에서는 자살이 금기어로 통할 만큼, 자살 사건에 대한 언론 보도를 자제한다. 이창호 한국청소년정책연구원 연구위원의 조사에 따르면 실제로 한국 청소년들은 유명 연예인들의 자살과 관련한 언론 보도에 민감하게 영향을 받는다고 한다. 언론이 자살과 관련한 내용들을 여과 없이 흘려 보내지만 않아도 자살률을 줄일 수 있는 것이다.

가정불화나 가정형편 등의 이유를 제외한 청소년 자살의 가장 큰 이유는 학업 스트레스 때문이다. 입시 중심의 경쟁사회에서 청소년들은 학업 스트레스에서 좀처럼 벗어나기 어렵다. 또래 친구들이 곧 경쟁에서 이겨야 할 대상이다 보니, 또래와 원만한 관계를 맺는 것조차 힘들다. 앞서 살펴본 것처럼 한국 청소년들의 주관적 행복지수는 매우 낮다. 청소년의 주관적 행복지수가 낮을수록 자살 위험도는 높아진다. 결국 청소년들의 자살을 막기 위해서는 청소년들의 주관적 행복감을 높이는 것이 우선이라는 이야기다. 청소년들이 느끼는 주관적 행복감은 자신의 건강, 학교생활, 삶의 만족도를 대변해 주는 것으로 이를 개선하기 위해서는 학교, 가정, 사회 모두의 협력이 필요하다.

1   자살률

세계보건기구(WHO)는 고의적 자해에 의한 사망을 자살로
정의하고 있으며, 자살률은 인구 10만 명당 자살에 의한
사망자 수로 측정된다. 2011년 한국의 자살률은 인구 10만
명당 33.3명으로 OECD 33개 국가 중 최고였다. 자살은
삶의 극단에 처한 사람의 마지막 비극적 선택으로 사회적
자본, 빈곤, 우울증 등 다양한 원인이 작용하는 것으로
알려져 있다. 하지만 한국의 자살은 세계에서 가장 높다는
점과 다른 국가들이 점차 줄어드는 데 비해 갈수록 증가하고
있다는 점, 또한 개인적인 문제보다는 빈곤이나 사회적
지지와 같은 사회적 문제가 핵심 원인이 된다는 점에서 더
심각하다.

2장

청춘 잔혹사

엄마,
성공하지 못해
미안해요

24세 '이태백' 씨는 대학생이다. 중·고등학교 때부터 열심히 공부한 덕분에 서울에 있는 대학교에 합격할 수 있었지만, 대학생활은 시트콤에서 보는 것처럼 재미있지도, 멋있지도 않다. 그의 아버지는 IMF 외환위기 때 구조조정으로 대기업에서 퇴직했고, 지금은 중소기업에 다닌다. 월급은 반토막 났고, 자녀 학비 지원 혜택도 없다. 때마침 동생도 대학에 입학하는 바람에 등록금만 1년에 2,000만 원이 넘는다. 동생과 같이 자취하는 손바닥만한 원룸의 월세와 생활비는 아무리 아껴도 매달 70만 원이 넘게 나온다. 부모님이 학자금으로 모아 놓은 돈은 바닥이 난 지 오래고, 학자금 대출을 받아 학비를 해결한다 하더라도 교재비나 용돈은 스스로 벌어야 한다. 수업 시간을 최대한 조절해서 아르바이트 시간을 맞추고 있다.

하지만 문제는 용돈이 아니라 취업이다. 동기들 중 일부는 외국으로 가서 공부를 계속하기도 하고, 졸업하기도 전에 대기업에 취직이 된 경우도 있다. 하지만 '이태백' 씨는 동생이 대학에 들어가던 해에 1년 휴학을 했고, 그 후에도 아르바이트에 쫓겨 졸업 학점을 다 채우지 못했다. 그렇다고 취업을 미룰 수 있는 것도 아니다. 학자금 대출과 동생 학비를 생각하면 하루빨리 취업을 해서 돈을 벌어야 한다. 하지만 정규직 신입사원을 모집하는 회사들이 요구하는 스펙에는 한참 모자란다. 토익 점수나 각종 인턴 경험, 해외 연수 등 어떤 것 하나 제대로 쌓아 놓은 경력이 없으니 입사 지원서에 쓸 게 없다. 빨리 취업을 해서 부모님께 용돈도 드리고 조금이라도 금전적으로 도움을 드리고 싶은데 쉽지가 않다. 취업이 어려워질수록 부모님께 미안한 마음만 커진다.

청년에게 뿌려진 불행의 씨앗

청년들의 부모 세대들은 한국사회 산업화의 주역들이다. 1960년대 전후로 태어난 이들은 한국의 대표적인 베이비붐 세대로 한국 경제를 성장시켜 왔다. 그들이 한창 일을 하던 시기는 저달러, 저금리, 저유가로 수출은 늘고 외채의 상환 부담은 감소했으며 생산비도 절감할 수 있었던 3저 호황의 시기였다. 부모 세대들은 물론 힘든 시기도 겪었지만 일자리는 많았다. 열심히 일하면 집도 사고 차고 굴리고, 가끔은 부담 없이 외식도 할 수 있었다. 자녀 교육에도 매우 열성적이라 자녀들 대부분을 대학까지 보내고 있다. 그때는 적어도 스스로 열심히 살면 성공할 수 있다는 믿음이 있었다.

그러나 1997년 외환위기는 이 모든 상황을 바꿔 놓았다. 김영삼 정부부터 시작해 온 금융 규제 완화로 국내 자본이 해외 투자에 눈을 돌려 내수 시장이 급격히 침체되었다. 이와 동시에 국내 기업들이 줄지어 도산하고 부실채권 발행으로 금융기관이 무너지자 해외 자본들이 일제히 국내 시장에 뿌린 자금을 회수했다. 한국은행의 외환 보유고가 급격히 감소하면서 외환 지급이 불가능해졌다. 기업이 부도가 나는 것처럼 국가가 부도 상태를 맞은 것이다. 이 외환위기가 각 가정에는 정리해고라는 이름으로 찾아 왔다.

부모 세대들은 줄줄이 명예퇴직이라는 이름으로 해고를 당했다. 그리고 살아남은 사람들은 기업의 신규 채용을 줄여 나갔다. 언론에서는 외환위기가 극복됐다고 끊임없이 국민과 국가를 칭송했지만 각 가정의 살림살이는 나아지지 않았다. 청년 세대의 고용은 점점 더 수렁으로 빠졌다. 2013년 기준 일자리를 찾을 수 있는 청년은 10명 중 6명이 채 되지 않는다. 그 일자리마저 대부분 저임금이거나 계약직이다. 최저임금은 곧 청년 노동자들의 임금이 되었으며 청년 일자리의 또 다른 이름은 저임금·불안정 노동이 됐다.

청년, 가혹한 현실 앞에 서다

높은 대학 등록금은 학생들에게 채무자라는 이름을 달아 주었다. 그렇다고 해서 대학에 안 갈 수 있는 것도 아니다. 고졸자와 대졸자의 임금격차가 상당하고 대학을 나와야 소위 '사람 구실'을 한다

고 여겨지는 한국사회에서 대학생의 이름을 단다는 것은 사회적으
로도 경제적으로도 포기할 수 없는 선택지다. 대학 등록금도 문제
지만 지방에서 살다가 수도권에 있는 대학에 진학한 학생들의 경
우 높은 집값에 허덕인다. 보증금 1,000만 원과 500만 원 사이에는
원룸과 창문 없는 고시원이라는 건널 수 없는 강이 존재한다. 정규
직을 비롯한 좋은 일자리가 줄어서 경쟁은 더욱 심해졌고 기업들
은 이 틈을 타 '청년 인턴'을 채용한다며 무급으로 노동력을 착취
하고 있다. 안정적인 일자리를 위해 스펙을 쌓느라 취업은 점점 미
뤄진다.

　　지금 한국 청년 세대는 부모 세대와는 전혀 다른 정치적·경제
적·사회적 경험을 하고 있으며 이들의 미래는 매우 불안하다. 한국
경제가 뿌린 위기들이 청년들에게는 가혹한 현실이라는 부메랑으
로 돌아오고 있다.

등록금을
쌓아 두는 대학,
적립금만
11조 7,000억 원

한 가구의 월평균 소득과 맞먹는 대학 등록금   단위 (원)

735만 6,000 ₩   사립대

410만 4,000 ₩   국공립대

444만 7,000 ₩   도시 노동자 가구당 월평균 소득

자료—대학알리미, 〈대학별 적립금 현황〉. 2013 / 통계청, 〈가계동향조사〉, 2013

대학 등록금과 적립금 변동 추이   단위 (원)

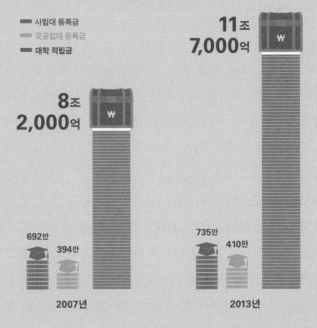

■ 사립대 등록금
■ 국공립대 등록금
■ 대학 적립금

8조 2,000억 ₩

692만   394만

2007년

11조 7,000억 ₩

735만   410만

2013년

자료—대학알리미, 〈대학별 적립금 현황〉, 각 연도

대학은 필수, 높은 등록금은 개인의 몫

한국의 대학 등록금은 지나치게 비싸다. 〈대학알리미〉에 따르면 2013년 기준 연평균 사립대학 등록금은 735만 6,000원, 국공립대학 등록금은 410만 4,000원이다. 통계청 〈가계동향조사〉에 따른 2013년 도시 노동자 가구 월평균 소득이 444만 7,000원임을 고려하면 한 가구의 한 달 수입을 그대로 모아야 국공립대학 한 해 등록금을 감당할 수 있고 두 달 수입을 모아야 사립대학 한 해 등록금을 낼 수 있다. 뿐만 아니라 한국의 대학 진학률은 다른 국가들과 비교했을 때 압도적으로 높다. OECD 회원국 평균 25~34세 사람들이 대학 교육을 받은 비율은 37%인 데 비해 한국은 64%나 된다.

한국의 대학 등록금은 미국 다음으로 높을 뿐만 아니라 미국과의 격차도 크게 줄고 있다. 국공립대학의 경우 2009년에는 한국(519만 원)이 미국(631만 원)의 82% 수준이었는데, 2011년에는 한국(539만 원)이 미국(540만 원)의 99.9% 수준으로 거의 같아졌다. 사립대학 등록금 역시 2009년에는 한국(936만 원)이 미국(2,280만 원)의 41%였는데, 2011년에는 한국의 사립대학 등록금이 938만 원으로, 이는 미국(1,716만 원)의 54.7%였다. 또한 미국은 전체 대학의 68%가 국공립대학인 데 반해 한국은 76%가 사립대학이다. 즉 미국과 한국의 국공립대학 등록금은 거의 같고 사립대학 등록금 차이가 크지만 미국은 국공립대 비율이 높은 반면, 한국은 사립대 비율이 훨씬 높다. 여기에 압도적으로 높은 대학 진학률까지 고려하면 실질적인 등록금 부담이 얼마나 높은지 짐작할 수 있다. 문제는 이렇게 높은 대학 등록금이 오로지 개인의 몫이라는 것이다. 2012년 OECD 〈교육지표〉에 따르면 한국의 GDP 대비 대학 교육비는 2.6%로, OECD 평균 1.5%에 비해 매우 높다. 게다가 그중에서 개인이 부담하는 비율은 1.9%로 압도적인 세계 1위다.

지나치게 높은 등록금 부담에 대한 사회적 비판의 목소리가 높아지면서 '반값등록금'이 사회적 이슈로 떠오르기도 했다. 이명박 정부에서는 2012년 국가장학금 제도[1]를 도입했고 박근혜 정부는 2015년부터 실질적 반값등록금을 실현하겠다고 약속했다. 박근혜 정부의 2014년 반값등록금 예산은 3조 4,575억 원에 달하며, 2012년 1조 7,500억 원, 2013년 2조 7,750억 원으로 매년 1조 원가량 증가해 왔다. 또한 사립대학의 적립금[2] 역시 막대하게 쌓이고 있고, 대학에서 전년도에 다 쓰지 못하고 이월한 금액인 이월금[3] 역시 1조 7,000억 원에 달한다. 등록금 예산과 대학 적립금은 계속 증가하고 있지만 대학 등록금은 요지부동이다. 2013년 사립대학 평균 등록금 인하율은 0.46%에 불과하다. 실질적으로 등록금이 가장 많이 인하된 대학은 서울시립대다. 박원순 서울시장이 취임하자마자 반값등록금 제도를 실시하겠다고 했고, 곧 서울시립대에서 현실로 이뤄졌기 때문이다.

비싼 등록금, 쌓여만 가는 적립금

등록금이 비싼 본질적인 이유는 대부분의 학교 재단들이 대학 운영을 수익 사업으로 생각하고 있는 데다가, 학생들의 등록금을 수익 사업을 위한 주된 수입으로 생각하고 있기 때문이다. 외국의 경우 등록금 외 재단 지원금, 국가 지원금, 각종 기부금 등을 비롯해 들어온 수입을 재산으로 쌓아 두는 것이 아니라 학교 운영을 위해 전부 사용한다. 하지만 한국의 사립대학들은 등록금을 비싸게 받는 대신 재단이 내야 할 의무인 재단 전입금은 매우 적게 내고, 들어온 수입의 상당수를 적립금 형태로 쌓아 두고 있다. 2012년 기준 사립대학의 수입 총액에서 법인 전입금이 차지하는 비율은 5.2%에 불과하며 교직원의 사학연금, 건강보험 분담금과 같이 학교법인이 당연히 부담해야 하는 법정 부담금의 부담률조차 50%를 미치지 못하고 있다.

반면 〈대학알리미〉에 따르면 2013년 전국 대학의 적립금의 총액은 11조 7,000억 원으로 6년 사이 42%나 증가했다. 이중 적립금이 500억 원이 넘는 대학만 45개다. 이쯤 되면 거의 준재벌 수준이다. 적립금이 쌓이는 것은 대학들이 수입의 상당수를 편법적으로 적립금으로 전환하고 있기 때문이다. 적립금은 원래 기부금이나 재단 전입금, 수익 사업 이익금 등으로 구성되어야 한다. 하지만 민주당 변재일 의원에 따르면 2010년 사립대학 적립금 중 46.7%가 등록금에서 넘어온 것이라고 한다. 심지어 학생들의 등록금도 재단의 재산으로 넘기고 있다. 2012년 기준 적립금 누적 규모 2위로 6,300억 원을 보유하고 있는 홍익대의 경우 등록금 466억 원이 적립금으로 넘어갔고, 4,800억 원을 보유한 연세대(2012년 기준 적립금 누적 규모 5위)는 304억 원이 적립금으로 넘어갔다. 또한 이렇게 쌓인 적립금 대부분을 사용 목적을 명시하지 않은 '기타 적립금'으로 쌓아 둔다. 연세대의 경우 목적이 정해지지 않아서 학교가 판단해서 사용할 수 있는 현금 및 현물만 2,650억 원 가량이다.

또한 대학들은 예산을 뻥튀기한 후에 남은 금액을 다음 해로 이월하고 있으며, 그 금액은 '이월금'이라는 이름으로 쌓이고 있다. 이월금은 1995년 1,389억 원에서 2011년 6,407억 원으로 지속적으로 증가하고 있다. 심지어 등록금으로 주식에 투자하는 경우까지 있다. 중앙대는 100억 원을 투자하고 62.4%의 손실이 생겼고, 포항공대는 부산저축은행에 500억 원을 투자했다가 전액을 날리기까지 했다.

밑 빠진 독 고치기

정부는 그동안 대학 설립과 운영에 대한 규제를 하지 않으면서 사학 재단에서 학교를 재산 증식의 수단으로 활용하는 것은 측면 지원해 왔다. 반값등록금을 실현하겠다고 추진한 국가장학금 역시 여전히 문제가 많다. 많은 국가 예산을 쓰고 있지만 등록금이 비싼 근본 원인인 사학 재단의 재정 책임 확대, 등록금에 대한 의

존도 낮추기, 적립금의 부당한 사용 금지 등의 정책은 없기 때문
이다. 국가장학금 제도는 높은 등록금을 책정한 후 일부를 국가
가 지원하는 방식으로, 사실상 국가 예산으로 사학 재단을 지원
하는 정책이다. 재단의 책임을 확대하는 제도는 아닌 것이다. 따
라서 국가장학금 방식이 아닌 국가가 학교 운영비 일부를 직접
부담하는 교부금 방식으로 지원하되 정부와 학생, 학부모, 공익
을 대표할 수 있는 전문가 등이 재단과 대학교 운영에 개입하고
규제할 수 있어야 한다. 이러한 정책이 병행되지 않으면 정부 지
원은 밑 빠진 독에 물 붓기에 불과할 것이며 대학생들의 등록금
부담은 여전할 수밖에 없다.

1   국가장학금

2012년부터 대학 등록금 부담을 줄이기 위해 도입한
국가장학금은 두 유형으로 분류된다. 제1유형은
기초생활수급자와 소득 3분위 이하의 저소득층 자녀에게
국가가 지급하는 장학금이고 제2유형은 정부가 각
대학에 장학금을 지원하면 학교가 자율적인 기준에 따라
학생들에게 지급하는 유형이다. 제1유형과 제2유형은
각각 최종 지급하는 주체가 국가와 대학으로 다르기
때문에 중복 수혜가 가능하다. 하지만 제2유형의 경우
똑같은 조건이라고 할지라도 각 대학이 정한 기준에 따라
국가장학금 수급액이 다를 수 있다.

2   적립금

적립금이란 대학 재정의 안정적 운영을 위해
기부금을 유보하거나 남는 이익금을 쌓아 두는 회계를
말한다. 적립금은 연구·건축·장학·퇴직·기타 적립금으로
구분된다. 각 이름에서 알 수 있듯이 적립금은 특정한
목적에 사용해야 하며 기타 적립금과 같이 구체적인 목적이
명시되지 않은 경우에는 대학이 자율적으로 판단해 사용할
수 있다. 적립금의 재원은 주로 등록금이 아닌 기부금이나
재단 전입금 등으로 조성되어야 하지만 실질적으로는 절반
가까이가 등록금에서 조성되어 왔다.

3   이월금

이월금이란 해당 연도 회계에서 사용되고 남은 돈을 다음
연도로 이월하는 금액을 말하며 사립학교법에서는 이월금을
최소화해야 한다고 규정하고 있으나 사립대학에서는 예산을
부풀리는 방식으로 이월금을 늘려 왔다. 사립대학의 이월금
및 적립금 규모는 1995년 2조 7,188억 원에서 2012년
10조 5,513억 원으로 4배 가량 증가했다.

청년,
주거 빈민이 되다

주거 빈곤율 단위 (%)

자료—
통계청, 〈주택 총조사〉, 2010
/ 민달팽이유니온,
〈청년 주거 빈곤 보고서〉, 2013

23.6

13.1

최저 주거 기준 미달이거나
지하·옥탑에 사는 경우

20.1

12.6

주택 이외의 기타 거처
(고시원·쪽방·비닐하우스 등)

리빙텔

3.5

리빙텔

0.5

1인 청년 주거 빈곤율

전체 주거 빈곤율

청년들이 사는 집

리빙텔, 미니텔, 웰빙텔……. 대학가 주변에 붙어 있는 고시원의 새로운 이름들이다. 말은 멋들어지지만 모두 3평 남짓한 방이며 그 안에 침대, 책상, 미니 냉장고가 간신히 들어간다. 5만 원을 추가하면 방 안에 화장실이 있기도 하다. 화장실뿐만 아니라 방 안에 창문이 있는지 없는지에 따라 몇 만 원이 추가되기도 한다. 부엌과 세탁기는 공용으로 사용해야 한다.

고시원은 왠지 서글픈 느낌이지만 옥탑방은 낭만적이다. 평상을 깔고 고기를 구워 먹으며 청춘을 노래할 수 있을 것 같다. 하지만 현실은 그렇지 않다. 단열에 약한 옥탑방에서 더운 여름과 추운 겨울을 나기란 쉽지 않다. 무더운 더위, 살을 에는 바람과 맞서 싸우기 위해서는 엄청난 전기세와 가스비를 부담해야 하기 때문이다. 옥탑방이 계절에 민감하다면 계절과 상관없는 '반지하'라는 공간이 있다. 지하도 1층도 아닌 애매한 공간을 일컫는 말이다. 햇빛도 들어오지 않고, 계절과도 상관없이 곰팡이를 벗삼아 살아가야 하는 반지하도 청년들의 일반적인 주거 형태다.

팍팍한 서울살이

2010년 〈주택 총조사〉에 따르면 최저 주거 기준 미달 가구에 살고 있는 청년[1]은 112만 명이다. 최저 주거 기준은 말 그대로 생활을 할 수 있는 '최저 기준'일 뿐이다. 1인 가구의 최저 주거 기준은 부엌이 딸린 3.6평짜리 공간이다. 그런데 24~35세 청년 112만 명이 최저 기준에도 미치지 못하는 집에 거주하고 있다. 쪽방이나 비닐하우스, 고시원, 여관 등에 거주하는 청년까지 포함하면 그 수는 139만 명으로 늘어난다. 전체 청년 중 14.7%가 주거 빈곤에 놓여 있는 것이다. 이 중 부모 혹은 동거인과 같이 살고 있지 않은 1인 청년 가구[2]의 주거 빈곤율은 23.6%에 달한다. 이는 전체 인구 주거 빈곤율인 13.1%의 2배에 가까운 수치다.

또한 서울은 다른 지역에 비해 주거 빈곤율이 월등히 높다. 서울의 전체 주거 빈곤율은 20%이며 1인 청년 가구의 경우 36.3%로 평균보다 10% 가량 높다. 이런 현상은 대학과 일자리가 수도권에 밀집한 한국사회의 상황이 고스란히 반영된 것이다. 대학에 진학하거나 일자리를 찾기 위해서 수도권으로 올라온 청년들 상당수는 1인 청년 가구에 속하며, 이들은 새로운 주거 빈곤층으로 대두되고 있다.

타워팰리스보다 비싼 고시원?

또 다른 문제는 최저 주거 기준에도 미치지 못하는 열악한 주거 환경임에도 불구하고 집값이 결코 싸지 않다는 것이다. 대학 기숙사는 수용 인원도 적을 뿐만 아니라 비용도 싸지 않다. 대학교육연구소의 조사 결과 수도권 대학의 평균 기숙사 충원율은 2013년 기준 13.5%에 불과하고, 1인실 비용이 월 50만 원을 넘어선 대학은 고려대, 연세대 등 10여 곳에 달한다. 게다가 기숙사 비 상위 10개 대학 중 7개 대학이 민간 자본으로 지은 민자 기숙사로 운영되고 있다. 대학에서 수익을 위해 기숙사를 더 짓지 않거나, 짓더라도 민간회사에 위탁해 가격을 올리고 있는 것이다. 그 결과 본가에서 다니는 경우를 제외한 나머지 청년들은 자취, 하숙, 원룸, 고시원 등 높은 월세를 내는 집을 선택할 수밖에 없다. 2013년 주택산업연구원의 조사에 따르면 18~28세 청년층의 주거 형태는 보증금 있는 월세 비율이 높고, 29세 이상은 전세 비율이 높았다.

대부분의 청년들은 높은 전세금을 마련할 수 없어 소득이 없음에도 불구하고 비싼 월세를 선택할 수밖에 없다. 민달팽이유니온에서 서울 소재 40개 대학을 중심으로 권역별 180개의 저가 원룸의 시세를 조사한 결과 평균 월세가 41만 원이었다. 전기세, 수도세, 관리비와 같은 주거 유지비의 평균은 8만 2,000원이었다. 보증금에 따라 차이가 조금씩 나겠지만 월세와 주거 유지비를 더하면 월평균 50만 원 남짓을 주거비용으로 내고 있는 것이다. 2014년 기준 최저임금 5,210원으로 환산했을 때 100시간을 일해야 낼 수 있는 돈이다. 하루 4시간 파트타임으로 일한다면, 주말을 제외하고 25일을 꾸준히 일해야 낼 수 있는 비용이다.

대학가 주변 임대료는 일반적 주택 임대료에 비해서도 지나치게 높다. 민달팽이유니온과 대학생주거권네트워크에서 2012년 서울시 대학가 밀집 지역 11개 구를 조사한 결과에 따르면 자취,

하숙, 고시원의 평당 임차료는 15만 2,685원이었다. 한편 2012년 10월 네이버 부동산 시세에 따른 타워팰리스 평당 임차료는 11만 8,566원이었다. 대학가 고시원의 평당 임차료가 타워팰리스의 평당 임차료보다 1.28배 더 비싸다. 고가의 주상복합아파트보다 최저 주거 기준에도 미치지 못하는 고시원의 평당 임차료가 더욱 비싼 것이다.

왜 이런 현상이 나타난 것일까? 청년들에게는 주거를 선택할 수 있는 여지가 거의 없기 때문이다. 한국의 주택시장은 철저하게 수요와 공급 논리에 의해서만 움직인다. 청년들은 대학가 주변에서 찾을 수 있는 가장 저렴한 집을 찾고 있는데, 고시원은 평수를 줄이고 보증금을 받지 않는 대신 평당 임차료를 올린 것이다. 선택의 여지가 없는 청년들은 보증금이 없는 더 좁은 방을 선택할 수밖에 없다. 정부의 규제가 없고 임대인들이 담합하는 상황에서 청년들은 더 저렴한 곳을 찾아 벼랑 끝에 몰린 것이다.

천릿길도 한걸음부터

한국사회의 주거 빈곤 문제는 어제오늘 일이 아니다. 정부의 주택 정책은 공급 위주인 데다가 부동산 시장 활성화에 집중되어 있기 때문에 심각하게 낡은 기존 주택 개선이나 저렴한 임대주택 공급 정책은 거의 찾아보기 어렵다. 특히 몇 년 새 주택 가격이 정체되고 저금리가 장기간 지속되면서 전세는 줄고 월세가 늘어나고 있다. 이런 상황에서 청년들은 높은 월세 부담을 오롯이 짊어지고 있는 것이다.

　대학 기숙사는 수용할 수 있는 학생이 많지도 않을뿐더러, 기숙사비 역시 저렴한 편이 아니다. 기숙사에 들어가지 못한 상당수의 대학생들은 높은 월세의 자취방이나 결코 싸지 않은 고시원에서 생활할 수밖에 없다. 열악한 주거 환경에 내몰린 청년들은 과도한 임대료를 부담하거나, 아주 취약한 주거 환경을 감수하거나, 그것도 아니면 아예 집이라고 불리지도 못하는 쪽방이나 고시원을 전전해야 한다. 주택 가격 안정은 한국사회에서 실현해야 할 최우선의 과제로 꼽히고 있지만 정부의 정책은 번번이 실패하고 있다. 청년들을 위한 임대주택 사업을 활성화시키고, 대학 기숙사비를 비롯한 대학가 주변 집값을 안정화하는 정책이 필요하다.

1   청년 주거 빈곤

주거 빈곤은 명확하게 정의되어 있지 않은 개념이다.
일반적으로 주택 소유 여부, 주거 밀도, 주거비 지불 능력을
기준으로 주거 복지 수준을 측정하는데, 한국에서는 '최저
주거 기준'을 설정해 최소한의 주거 기준을 두고 있다.
사실상 절대적 주거 빈곤에 해당한다고 볼 수 있는 최저
주거 기준에 미달하는 주택에 거주하는 가구 수는 2012년
기준으로 총 가구 수 1,774만 가구의 7.2%인 128만
가구로 추정된다.
이러한 주거 빈곤 문제는 청년층에게 집중되어 나타난다.
20세 이상의 청년은 본인 스스로를 책임지는 성인 단계에
속하지만 학업과 취업을 준비하는 기간이 길어지면서
사회·경제적으로 취약한 상태다. 청년 주거 빈곤 개념은
20세에서 34세를 대상으로 하며, 최저 주거 기준에
미달하는 주택에 사는 청년, 지하 및 옥탑에 사는 청년,
비닐하우스나 고시원 등 주택 이외의 기타 거처에 사는
청년을 포함한다.

2   1인 청년 가구

'1인 청년 가구'란 1인 단독 세대주를 뜻하며, '청년 가구'는
1인 청년과 동거하는 청년, 결혼한 청년, 본가에 거주하는
청년 등 청년이 포함된 모든 가구를 의미한다.

20대 청년 고용률
55.8%,
문제는 눈높이가 아니다

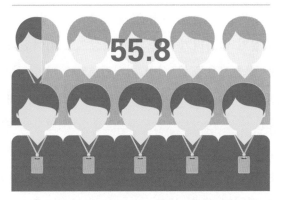

20대 청년 고용률 단위 (%)

55.8

자료—통계청, 〈경제활동인구조사〉, 2013

백수들의 대한민국

'20대 태반이 백수'라는 뜻의 '이태백', 일할 의지가 없는 청년 무직자를 뜻하는 '니트족NEET, Not in Education, Employment or Training' 등의 신조어는 이제 더 이상 새롭지 않다. 그만큼 청년 실업이 한국사회에서 오랫동안 지속되고 있다는 것을 말해 주는 것이기도 하다. 경제위기를 겪으면서 기업들은 비용 절감과 위기에 대한 대비를 이유로 정규직 신규 채용을 줄였고 이는 청년층이 선택할 수 있는 양질의 일자리가 감소되는 현상으로 이어졌다. 2013년 기준 20대 청년 고용률[1]은 사상 최저인 55.8%이며, 취업자 수는 349만 3,000명이다. 취업문은 갈수록 좁아지고 있다. 대한상공회의소와 취업 정보 사이트 〈인크루트〉가 2014년 1월 매출액 상위 500대 기업을 대상으로 〈일자리 기상도〉를 조사한 결과에 따르면 채용 계획을 확정한 243개 회사의 채용 예정 인원은 3만 902명으로 전년도 채용 실적(3만 1,372명)보다 1.5% 줄었다. 기업당 평균 채용 인원은 127.2명으로 129.1명이었던 전년도보다 1.9명 줄었다.

청년 고용률을 구체적으로 살펴보면, 2000년 60.1%였던 20대 청년 고용률은 2002년 61.3%를 정점으로 감소 추세를 보여 2012년에는 58.1%까지 떨어졌다. 전체적으로 인구가 감소하면서 청년층 취업 절대수가 감소한다는 주장도 있으나 인구 대비 고용률이 악화되는 것은 인구 감소 효과가 아니라 구조적으로 문제가 있다는 것을 의미한다. 또한 한국의 20대 청년 고용률은 OECD 회원국들과 비교했을 때 상대적으로 낮은 편에 속한다. OECD 자료에 따르면 한국의 20세 이상 25세 미만 연령대 고용률은 44.5%로 OECD 회원국 평균인 55.2%보다 낮았으며, 25세 이상 30세 미만 연령대의 고용률은 한국이 69.2%로 OECD 회원국 평균 71.9%에 비해 낮았다. 청년층의 낮은 고용률이 지속된다면 청년 실업을 비롯한 청년 고용 문제와 일을 해도 좀처럼 경제적 형편이 나아지지 않는 워킹푸어를 포함한 청년 빈곤 문제가 더욱 심화되는 것은 물론이고, 장기적으로는 경제성장에도 부정적인 영향을 미칠 수 있다.

청년, 구직을 포기하다

20대 청년층의 고용률이 하락하고 취업자 수가 감소하면서, 비경제활동인구[2]의 비중도 함께 증가하고 있다. 노동시장에 참여하고 싶지만 일자리를 찾지 못해 구직 활동을 지속하고 있는 실업자의 비중은 7%대를 유지하고 있는 반면, 노동시장에 참여할 의지가 없는 비경제활동인구의 비중은 2000년 35.1%에서 2000년대 중반에 33.7%로 낮아졌다가 다시 상승하면서 2012년에는 37.2%까지 높아졌다. 이렇게 실제 고용률과 통계상 실업률[3]의 격차가 크게 나는 이유는 좋은 일자리가 부족하고 '생애 첫 직장'의 중요성이 커서 장기간 취업 준비를 하거나 아예 취업을 단념하는 구직 포기자가 많은 한국사회의 특징 때문이다. 한국의 노동시장은 대기업·공기업·공무원 등 극소수의 좋은 일자리와 중소기업·비정규직·영세자영업 등 질 낮은 일자리로 양분되어 있으며, 생애 첫 직장이 결정되면 직업 이동이 좀처럼 쉽지 않다. 때문에 장기간 취업을 준비하는 소위 '취업 준비생'이 매우 많다. 대학원생, 휴학생, 고시생, 해외연수생 등이 해마다 늘고 있는 데다가 임신이나 출산, 육아로 경력이 단절된 여성과 높은 취업 문턱으로 취업 의지는 있으나 구직 활동을 하지는 않는 사람들이 포함되어 비경제활동인구는 점점 많아지고 있다.

문제는 눈높이가 아니다

비경제활동인구가 증가한 중요한 이유 중 하나는 청년층이 찾는 양질의 일자리가 줄어들었기 때문이다. 경제위기를 겪으면서 기업들은 비용 절감과 위기에 대한 대비를 이유로 정규직 신규 채용을 줄였고 이는 청년층이 찾는 양질의 일자리 감소로 이어졌다. 이렇게 양질의 일자리가 부족해지면서 소수의 좋은 일자리를 얻기 위해 많은 청년들은 대학에서 취업 준비에만 몰두하는 한편, 아예 취업을 포기하는 비경제활동인구가 증가하게 되는 것이다.

그런데도 정부는 양질의 일자리를 확대하기보다는 시간제 일자리만 양산하고 있으며, 오히려 일자리를 구하려는 청년들에게 눈을 낮출 것을 당부하고 있다. 정부에서 말하는 것처럼 청년들이 눈높이를 낮추면 해결이 될까? 학자금 대출로 생활비가 부족한데도 불구하고 각종 고시 학원이나 취업 학원을 전전하는 이유는 청년들의 눈이 높아서가 아니다. 매년 800만 원에 가까운 등록금과 높은 주거비용으로 학자금을 포함해 생활비까지 대출받은 학생이 2012년 기준 113만 6,000명 정도다. 2014년 3월 〈머니투데이〉 기사에 따르면 2013년 한국 대학생의 절반이 넘는 160만 명이 받은 학자금 대출의 총액이 10조 원 이상이고, 연 20% 이상의 고금리 대출을 받은 대학생도 9만 명에 이른다. 대학을 졸업하기도 전에 이미 몇 천만 원의 빚을 지고 있는 학생들이 안정된 직장을 구하기 위해 노력하는 것은 당연하다. 대학 등록금을 비롯해 취업하기 위해 들어간 교육비용을 갚는 것과 동시에 미래를 준비하기 위해서는 안정적인 일자리가 필수적이다. 특히 한국에서는 '생애 첫 직장'이 결정되면 직업 이동이 힘들기 때문에 취업을 늦추더라도 좋은 일자리를 찾으려고 하는 것이다.

가장 중요한 것은 양질의 일자리 확대를 통해 청년들이 노동시장에 제때 진출하도록 함으로써 청년 고용 문제를 완화시키는 것이다. 청년고용할당제를 통해 공기업·대기업에 청년층의 일자리를 만드는 한편, 중소기업 일자리를 양질의 일자리로 만들 수 있는 방안을 마련해야 한다. 사회서비스산업과 같이 민간 수요가 증가하고 있는 산업에서 양질의 일자리를 만드는 것도 중요하다. 또한 일자리를 구하려는 20대 청년들이 노동시장으로 쉽게 진입할 수 있도록 지원하는 적극적 노동시장 정책도 필요하다. 청년들이 원하는 일자리를 찾아 주고, 그 일을 하는 데 필요한 숙련을 제공하는 일자리 연계 시스템과 교육 훈련 시스템을 통해 청년들의 취업을 촉진할 수 있다. 청년층의 고용 문제는 일자리를 무작정 많이 양산한다고 해서 해결될 문제가 아니다. 일용직이나 계약직이 아닌 양질의 일자리를 양산하고 청년들이 그 일자리를 통해 미래를 준비할 수 있도록 하는 것이 바람직하다. 청년 고용 문제는 결코 청년들만의 문제가 아니다.

1   고용률

고용률은 만 15세 이상 인구 전체에서 취업자가 차지하는
비율로 취업률에 비해 실제 고용 상황을 더 잘 보여 주는
지표다. 실업률은 경제활동인구 대비 실업자 비율을 구하는
지표로 적극적인 구직 활동을 하지 않는 장기 취업생
등이 제외되기 때문에 고용률에 비해 고용 실태를 제대로
파악하기 어렵다.

2   경제활동인구와 비경제활동인구

경제활동인구란 만 15세 이상 인구 중 취업자와 일을 하지
않았으나 구직 활동을 하고 있는 실업자를 뜻한다.
즉 취업해 있거나 현재는 실직 상태이지만 적극적으로 구직
활동을 하는 사람을 의미한다. 이 경우 '적극적으로 구직
활동을 하지 않는' 사람들은 비경제활동인구, 즉 구직에
대한 의지가 없는 사람으로 계산에서 빠지게 된다. 지난
4주간 일자리를 찾아 적극적으로 구직 활동을 했던 사람이
아닌 취업준비생, 대학원생, 취업 의지는 있으나 일자리를
구체적으로 찾지 못하는 전업주부들은 실업률 계산에서
빠지게 되어 실업률이 낮아지는 효과가 있다.

3   실업률

한국의 경우 실업률은 2013년 11월 기준 2.7%로 5%인
독일, 4%인 일본, 6.6%인 미국에 비해 매우 낮다. 하지만
실제 취업된 인구의 비율인 고용률은 2013년 11월 기준
64%로 2012년 OECD 국가 중 20위다. 13개 국가가
70%를 넘은 것에 비해 매우 낮은 비율이다. 취업이 되지
않은 계층은 대부분 청년인 경우가 많다. 임신·출산으로
경력이 단절되는 여성, 장기적으로 취업을 준비를 하는
취업준비생, 많은 수의 대학원생, 청년 백수와 같이 구직을
단념한 경우 등이 대부분 청년층이기 때문이다. 이런 사회
현상은 높은 청년 실업률과 낮은 고용률이라는 객관적
지표를 통해 알 수 있다.

3장

**워킹푸어
권하는 사회**

열심히 일해도
가난한 이유

35세 '정규직' 씨와 '안정규' 씨는 같은 회사에서 일하는 초등학교 동창이자 동네 친구다. 하지만 두 사람의 인생은 판이하게 다르다. '정규직' 씨는 정규직 노동자, '안정규' 씨는 비정규직 노동자이기 때문이다. '정규직' 씨는 대학 시절 해외 어학연수도 다녀왔고, 오랜 시간을 두고 취업시장을 공략해 대기업에 정규직으로 입사했다. 하지만 '안정규' 씨는 대학에 입학하자마자 아버지가 퇴직하는 바람에 학비와 생활비를 벌어야 했다. 스펙이라는 것을 쌓을 시간도 여유도 없었다. 졸업과 동시에 학자금 대출 상환과 생활비 마련을 위해 빨리 돈을 벌어야 했던 '안정규' 씨는 쉽게 취직할 수 있는 대기업 파견업체 비정규직으로 첫 직장 생활을 시작했다.

현재 두 사람이 하는 일은 같다. 업무 내용과 시간은 물론이고, 전문성과 업무 강도도 차이가 거의 없다. 하지만 두 사람의 월급은 1.5배 가까이 차이가 난다. 대리 직급을 달고 있는 '정규직' 씨가 곧 승진을 하게 되면 그 차이는 더욱 커질 것이다. 회사에서 나오는 각종 수당과 복지 혜택은 '안정규' 씨에게는 해당 사항이 없다. 대출 받기도 쉽지 않아 전세비도 마련하지 못하는데 결혼은 사치라는 생각마저 든다.

차별의 다른 이름, 비정규직

일을 하는 노동자에게 가장 중요한 것 중 하나는 임금이다. 노동자에게 임금은 노동을 제공한 대가이자 생계를 유지하고, 여가를 누리며, 다시 일을 할 수 있도록 만드는 원천이다. 월급은 일의 강도나 노동 시간의 차이에 따라 달라지며, 오랜 기간 일한 노동자가 승진을 하고 더 많은 임금을 받는 것이 일반적이다.

그러나 한국에서는 일하는 기업의 규모에 따라 노동자의 임금이 크게 달라진다. 통계청에 따르면 기업 규모에 따라 월급은 크게 2배가 넘게 차이가 나기도 한다. 임금뿐만이 아니다. 사회보험 지원, 대출 이자율 등도 중소기업 노동자들에게 불리하다. 중소기업과 대기업 일자리의 노동환경 격차가 심해질수록 중소기업에서 일하는 것을 꺼리게 될 수밖에 없다. 청년 고용률이 엄청나게 낮아도 중소기업에서 사람을 구하지 못하는 이유가 단지 청년들의 눈이 높아서만은 아닐 것이다.

고용 형태가 정규직인지, 비정규직인지에 따라서도 임금이 차이가 난다. 2010년 울산과 아산 공장에서 일하는 현대자동차 비정규직 노동자들이 정규직 전환을 요구하며 투쟁했을 때, 비정규직 노동자들은 같은 생산라인에서 같은 시간 일을 하고도 정규직 노동자 임금의 50~60%를 받는 임금 차별과 관리자에게 당한 인격 모독을 토로했다. 임시직·파견직·시간제 노동자 등 정규직이 아닌 노동자를 의미하는 비정규직 노동자들은 고용이 불안정하기 때문에 언제든지 해고를 당할 수도 있으며 같은 일을 해도 정규직 노동자에 비해 적은 월급을 받는다. 한국의 비정규직 노동자 비율은 전체 임금 노동자의 절반에 육박한다.

일을 해도 가난한 사람들, 워킹푸어

중소기업·비정규직 노동자들이 같은 일을 하는데도 대기업·정규직 노동자에 비해 상대적으로 낮은 임금을 받는 임금 불평등은 저임금 노동자를 증가시키는 원인이기도 하다. 워킹푸어, 즉 일하는 빈곤층이 만들어지는 직접적인 원인이 여기 있다. 열심히 일해도 중소기업에 다닌다는 이유로, 비정규직 노동자라는 이유로 상대적으로 낮은 임금과 낮은 수준의 사회보험 혜택에 직면할 수밖에 없기 때문이다. 심한 경우 최저임금에도 미치지 못하는 임금을 받는 경우도 있다. 2013년 시간당 최저임금은 4,860원이었지만, 당시 이에도 못 미치는 임금을 받는 노동자가 200만 명이 넘었다. 전체 임금 노동자의 10%가 넘는 엄청난 숫자의 노동자가 최저임금도 받지 못하고 있는 것이다. 물론 아파트 경비원 등 감시·단

속 노동자들과 같이 합법적으로 최저임금 미만의 임금을 지불하
는 경우도 있지만, 중소기업·비정규직 노동자들이나 고용 취약계
층인 청소년·중고령·여성 노동자들을 상대로 최저임금제를 위반
하고 낮은 임금을 지불하는 경우도 많다.

한국의 노동시장에서 '동일노동 동일임금'의 원칙이 지켜지지
않는 원인은 기업이 지나치게 이윤을 추구하는 데 있다. 기업에
서는 더 많은 이윤을 내기 위해 임금을 최소한으로 주려고 한다.
때문에 정규직 노동자의 수를 줄이는 대신, 비정규직 노동자를
고용하는 것이다. 동일한 노동을 하는 노동자들을 정규직과 하
청업체 직원, 비정규직으로 양분하고 정규직을 줄이는 방식으로
지급하는 전체 임금의 몫을 줄이고 있다. '동일노동 동일임금'이
라는 최소한의 원칙조차 지키지 않고 무분별하게 이윤만을 추구
하는 기업들의 행태가 계속된다면 '안정규' 씨를 비롯한 수많은
노동자들이 아무리 일을 해도 가난에서 벗어날 수 없는 참혹한
현실은 나아지지 않을 것이다.

대기업 노동자 임금의
반도 못 받는
중소기업 노동자

**기업 규모별
비정규직 비율**

단위 (%)

5인 미만 사업장

79.5

300인 이상 사업장

15.3

357만

**기업 규모별
월평균 임금**

단위 (원)

130만

2.7배

자료—통계청,
〈경제활동인구조사〉,
2013

월급은 적고 복지는 없고

통계청의 2013년 3월 〈경제활동인구조사〉 부가 자료를 이용해 기업 규모별 임금 노동자의 월평균 임금을 계산해 보면, 10인 미만 중소기업 노동자들의 월평균 임금은 300인 이상 대기업 노동자들의 월평균 임금의 절반도 되지 않는다. 300인 이상 대기업에 종사하는 노동자들의 월평균 임금은 356만 7,000원이다. 이는 5인 미만 중소기업 종사자의 월평균 임금 129만 9,000원의 2.75배, 5인 이상 10인 미만 중소기업 노동자들의 월평균 임금 171만 8,000원의 2.08배에 해당한다.

이러한 임금격차는 중소기업 노동자들의 임금이 지나치게 낮기 때문에 나타나는 현상이다. 2013년 시간당 임금을 기준으로 했을 때 5인 미만 중소기업 노동자의 30.2%와 5인 이상 10인 미만 중소기업 노동자의 14.9%는 당시 최저임금이었던 4,860원도 받지 못했다. 게다가 직장으로부터 사회보험 지원조차 받지 못하는 중소기업 노동자들의 비중이 매우 크다. 5인 미만 중소기업 노동자의 31.6%, 5인 이상 10인 미만 중소기업 노동자의 60.4%만 직장으로부터 건강보험을 지원받고 있으며, 국민연금을 지원받는 5인 미만 중소기업 노동자는 28.3%, 5인 이상 10인 미만 중소기업 노동자는 56.6%였다. 고용보험을 지원받는 5인 미만 중소기업 노동자는 29.5%, 5인 이상 10인 미만 중소기업 노동자는의 57.8%에 불과하다. 반면 300인 이상 대기업 노동자의 96.4%가 직장으로부터 건강보험을 지원받고 있으며, 95.2%가 국민연금을, 76.7%가 고용보험을 지원받는다.

전체 임금 노동자 중 300인 이상 대기업에 종사하는 이들의
비중은 11.9%에 불과하다. 반면 5인 미만 중소기업에 종사하는
이들은 19.0%, 5인 이상 10인 미만 중소기업에 종사하는 이들은
17.3%다. 대기업 노동자들보다 훨씬 더 많은 수의 중소기업 노동
자들이 적은 임금을 받으면서 직장으로부터 사회보험 혜택조차
받지 못하고 있는 것이다.

차별 천지 중소기업

중소기업 노동자들이 직면하고 있는 이런 문제들은 이들의 고
용 형태와도 밀접한 관련이 있다. 5인 미만 중소기업의 경우 전
체 노동자들 중에서 비정규직 노동자의 비중이 79.5%이고, 5인
이상 10인 미만 중소기업의 경우 비정규직 노동자가 58.3%나 된
다. 이는 비정규직 노동자의 비중이 불과 15.3%인 대기업과 비교
했을 때 매우 높은 비율이다.

대기업 노동자들과 중소기업 노동자 사이의 차별뿐만 아니
라, 중소기업 내에서도 정규직 노동자와 비정규직 노동자의 차별
이 존재한다. 중소기업 내 비정규직 노동자들은 중소기업 정규직
노동자들의 임금의 60%도 안 되는 임금을 받고 있다. 5인 미만
중소기업에 종사하는 비정규직 노동자들의 월평균 임금은 111만
9,000원으로 정규직 노동자들의 월평균 임금인 200만 1,000원의

55.9%에 불과하다. 5인 이상 10인 미만 중소기업에 종사하는 비정규직 노동자들의 월평균 임금 역시 130만 9,000원으로 정규직 노동자 월평균 임금 229만 원의 57.2% 수준이다.

차별을 줄이려면

비정규직 종사자의 비중이 큰 중소기업의 현실을 고려할 때 비정규직 노동자에 대한 차별 해소와 비정규직 노동자를 줄이는 노력은 중소기업 노동자들이 직면하고 있는 문제를 해결하는 데 어느 정도 효과를 발휘할 수 있을 것이다. 이와 함께 중소기업 정규직 노동자들을 포함한 중소기업 노동조건과 운영에 대한 지원도 필요하다. 중소기업 정규직 노동자들 역시 중소기업 비정규직 노동자보다는 임금이나 사회보험 혜택 수준이 높지만, 대기업 정규직 노동자에 비할 바가 못 되며 대기업 비정규직 노동자들보다도 임금이나 사회보험 혜택 수준이 낮은 경우가 많다.

주 5일제, 육아휴직 등 기본 근무 조건, 노조 가입률이나 단체협약 적용률 등 기본적인 노동자의 권리라는 측면에서도 중소기업 노동자들은 차별을 받고 있는 것이다. 또한 상당수의 중소기업은 납품 가격 후려치기나 기술 빼내기, 대기업 계열사에만 일감 몰아 주기 등을 비롯한 대기업의 횡포로 인해 저임금이 아니고서는 기업을 운영하기 힘든 경우가 많다. 대기업에 유리한 관행을 개선하는 정책이나 중소기업을 상대로 한 대기업의 횡포를 근절시키는 정책 등을 통해 중소기업 스스로 노동환경을 개선시킬 수

있도록 해야 한다. 정부는 임금과 사회보험, 고용환경 개선을 위
한 지원 정책과 함께 지원받는 기업에 대한 철저한 관리를 통해
중소기업 노동자들이 직면하고 있는 차별을 줄여야 한다.

최저임금도
못 받는 노동자,
208만 8,000명

2013년 최저임금

4,860원

(2014년 7월 5일부터 5,210원)

자료—통계청, 〈경제활동인구조사〉, 2013

최저임금도 못 받는
임금 노동자

208만 8,000명

10명 중 1명 (11.8%)

최저임금도 못 받는
임금 노동자 비중
성별 비교

단위 (%)

7.6
남

17.4
여

최저임금도 못 받는
임금 노동자 비중
연령별 비교

단위 (%)

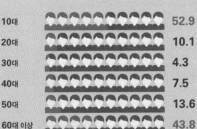

10대	52.9
20대	10.1
30대	4.3
40대	7.5
50대	13.6
60대 이상	43.8

최저임금조차 받지 못하는 노동자들

최저임금제는 노동자들로 하여금 노동에 대한 정당한 대가를 받을 수 있도록 하는 한편, 이들의 삶을 유지할 수 있도록 하기 위해 도입된 제도로 노동자들이 자신이 제공한 노동에 대해 받을 수 있는 최소한의 임금을 법으로 규정한 것이다. 최저임금법 제1조에는 "최저임금제는 근로자에 대하여 임금의 최저수준을 보장하여 근로자의 생활안정과 노동력의 질적 향상을 꾀함으로써 국민경제의 건전한 발전에 이바지하게 함을 목적으로"한다고 규정하고 있다. 그러나 최저임금제가 시행되고 있다고 해서 모든 노동자들이 최저임금 이상의 임금을 받고 있는 것은 아니다. 여전히 최저임금조차 받지 못하는 노동자들이 적지 않으며, 청년이나 여성, 중고령 노동자 등을 대상으로 최저임금보다 낮은 임금을 지급하는 고용주는 상당히 많다.

통계청 〈경제활동인구조사〉를 통해 최저임금 미만을 받는 임금 노동자의 규모를 계산한 결과 2013년 3월 기준 208만 8,000명의 임금 노동자들이 당시 최저임금 4,860원 미만의 임금을 받고 있었다.[1] 이는 전체 임금 노동자의 11.8%에 해당하는 비율이다. 이 비율에는 아파트 경비 노동자를 비롯한 감시·단속 노동자의 경우처럼 합법적으로 최저임금 미만의 임금이 주어지는 경우가 포함되어 있지만, 최저임금제를 위반해 그보다 적은 임금을 주고 있는 경우도 상당수 포함되어 있을 것으로 예상된다. 최저임금이 법으로 정해져 있음에도 적지 않은 임금 노동자들이 최저임금도 받지 못하고 있는 것이다.

또한 여성과 청년, 중고령 노동자일수록 상대적으로 최저임금 미만의 임금을 받을 가능성이 더 크다. 2013년 3월 〈경제활동인구조사〉에 따르면, 남성 임금 노동자 중에서는 7.6%가 최저임금을 받지 못하는 반면, 여성 임금 노동자 중에서는 17.4%가 최저임금을 받지 못하고 있었다. 연령별로 보면 30대와 40대 임금 노동자 중 최저임금을 받지 못하는 이들의 비중은 10% 미만인 반면, 20대는 10.1%, 50대는 13.6%였으며, 10대(15세 이상 20세 미만)와 60대 이상에서는 그 비중이 52.9%와 43.8%나 됐다. 청년과 중고령 임금 노동자의 40% 이상이 최저임금도 받지 못하면서 일하고 있는 것이다.

기업 규모별로 보면 기업 규모가 작은 사업체일수록 최저임금 미만을 받는 노동자들의 비중이 크다. 5인 미만 사업체 종사자의 30.2%, 5인 이상 10인 미만 사업체 종사자의 14.9%, 10인 이상 30인 미만 사업체 종사자의 8.8%, 30인 이상 100인 미만 사업체 종사자의 5.1%, 100인 이상 300인 미만 사업체 종사자의 3.4%, 300인 이상 사업체 종사자의 1.1%가 각각 최저임금을 받지 못하고 있다. 또한 최저임금 미만을 받는 임금 노동자 가운데 96%가 100인 미만 사업체에 종사하고 있었으며, 절반에 가까운 48.9%는 5인 미만 사업체 종사자였다.

지키라고 있는 최저임금'법'

사용자가 최저임금법을 위반할 경우 3년 이하의 징역이나 2,000만 원 이하의 벌금형을 받을 수 있다. 하지만 200만 명 정도의 임금노동자들이 최저임금도 받지 못하고 있다. 징역을 선고받거나 벌금을 내야 하는데도 왜 최저임금제를 지키지 않는 사업장이 많은 것일까? 정부가 관리·감독을 소홀히 하고, 또 사실상 처벌 수준이 지나치게 낮기 때문이다. 시간제 노동자나 취업이 힘든 여성·청년·중고령 노동자들을 대상으로 최저임금제를 지키지 않는 것을 제대로 단속하지 않는다. 또한 최저임금법 위반으로 단속당한다고 하더라도 2,000만 원보다 훨씬 적은 수준의 벌금만 내면 되기 때문에 사용자 입장에서는 벌금을 내고 최저임금법을 위반하는 것을 선택하기 쉽다.

물론 규모가 작은 중소기업의 경우 노동자들에게 최저임금을 줄 형편이 되지 않아 어쩔 수 없이 위반하는 것이라고 항변하기도 한다. 경영계는 매년 최저임금 인상안이 결정될 때마다 이미 정해진 최저임금 수준도 지키기 버겁다며 반대의 목소리를 낸다. 최저임금이 인상되면 최저임금을 제대로 줄 수 없는 사업자들이 범법자로 내몰린다는 것이다. 중소기업중앙회 역시 2012년 4월 중소기업을 대상으로 실시한 〈최저임금 의견조사〉를 예로 들며 전체 중소기업 사업자의 47.1%가 최저임금 동결을 희망하고 있으며 지금도 많은 중소기업들이 경영상의 어려움으로 인해 최저임금법을 위반하고 있다고 주장했다.

왜 열심히 일을 해도 가난할까

비정규직 노동자들, 시간제 노동자, 청소년 등을 비롯한 저임금 노동자들에게 최저임금은 그야말로 최대한으로 받을 수 있는 월급의 상한선이다. 지나치게 낮은 임금을 받는 노동자가 많아질수록 내수 시장을 위축시켜 경제성장에도 장애가 될 뿐더러 최소한의 생계유지가 어려운 계층의 증가는 한국사회가 직면한 불평등과 양극화, 빈곤 문제와 같은 사회적 문제의 원인이 된다. 1988년 시급 487.5원으로 시작한 최저임금제가 비정규직 등 저임금 노동자가 급증하기 시작한 1997년 외환위기를 거친 이후 2000년대 들어 주목을 받는 이유도 여기에 있다. 최저임금제가 "노동에 대한 정당한 대가를 받을 수 있게 하고 삶을 유지할 수 있도록 한다"라는 제도 본연의 목적을 달성하기 위해서는 가장 먼저 최저임금 기준이 인상되어야 한다. OECD에서는 최저임금을 전체 노동자 평균 임금의 50%로 제안하고 있다. 이 기준에 따르면 한국의 최저임금은 2014년 기준 시간당 5,910원, 월급을 기준으로 하면 한 달에 123만 5,190원은 되어야 한다. 하지만 2014년 한국의 최저임금은 5,210원, 월급 기준 108만 8,890원이다. 평균 임금의 40%도 안 되는 금액이다. 아무리 일을 열심히 해도 빈곤을 벗어날 수 없는 이유가 바로 여기에 있다.

정부는 최저임금법 위반에 대한 관리·감독과 단속을 강화하고 처벌 수준을 지금보다 강화해 사용자들이 쉽게 최저임금법을 위반하지 못하도록 해야 한다. 노동자들에게 최저임금도 주기 힘들다고 하는 중소기업의 경우 그 원인이 무엇인지 살펴보고 필요에 따라 정부가 개입할 수 있어야 한다. 지금의 한국사회는 대기업이 중소기업의 이윤을 가져가고, 중소기업은 심각하게 낮은 이윤으로 생존해야 하는 구조이기 때문이다. 따라서 시장에서는 공정하게 경쟁이 되고 있는지, 중소기업이 대기업으로부터 부당한 대우를 받고 있는 것은 아닌지, 해당 중소기업이 직면한 문제를 찾고 해결하려는 노력이 필요하다. 이런 노력이 있을 때 중소기업들이 최저임금제를 지키면서도 지속적으로 성장할 수 있는 발판이 만들어질 수 있다.

1   통계청의 각 연도 3월 〈경제활동인구조사〉 부가 자료를
        이용해 임금 노동자의 월평균 임금과 주간 노동 시간으로
        시간당 임금을 계산한 후, 그것을 법정 최저임금과 비교해
        최저임금 미만을 받는 임금 노동자의 규모를 추계한 결과다.

임시직 노동자 비율
OECD 최고,
23.76%

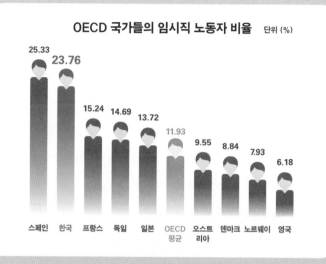

OECD 국가들의 임시직 노동자 비율   단위 (%)

자료—OECD 홈페이지, 2011

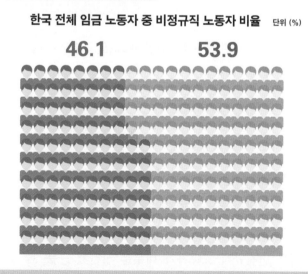

한국 전체 임금 노동자 중 비정규직 노동자 비율   단위 (%)

자료—한국노동사회연구소, 〈비정규직 규모와 실태〉, 2013

임금 노동자 2명 중 1명은 비정규직

OECD 통계에 따르면 2011년 한국의 전체 임금 노동자 중에서 임시직 노동자의 비율은 23.76%로 폴란드(27.0%), 스페인(25.33%)에 이어 OECD 회원국 중 세 번째로 높았다. (OECD 통계 홈페이지에서 2011년 임시직 노동자 비중을 제시하고 있지 않은 미국, 멕시코, 스웨덴을 제외한 통계다.) 임시직 노동자란 전체 임금 노동자 중에서 계약 기간이 제한된 노동자를 의미하는 것으로 근로계약 기간이 정해지지 않은 무기계약 노동자Permanent Worker와 구분되는 개념이다. OECD의 경우 비정규직을 임시직 노동자(유기계약 노동자), 파견 노동자, 계절 노동자, 호출 노동자로 규정하고 있다.

한국사회에서 일반적으로 사용되고 있는 '비정규직 노동자'라는 개념은 임시직 노동자와 함께 시간제 노동자, 파견 및 용역 노동자, 특수고용 노동자, 가내 노동자 등을 포괄한다. 이런 노동계의 비정규직 개념을 통해 추산해 보면 2013년 3월 기준 한국사회의 전체 임금 노동자 중 비정규직 노동자의 비중은 46.1% 수준이다. 임금 노동자 2명 중 1명이 비정규직 노동자인 것이다.

동일 노동 차별 대우

한국의 경우 비정규직 노동자의 규모를 국제적으로 비교하기 어렵다. 통계상 정의가 다르기 때문이기도 하지만 더 큰 문제는 외국의 경우 비정규직 노동자가 대부분 시간제 근무, 즉 짧은 시간

노동을 하고 적은 임금을 받는 노동자인 데 비해 한국은 같은 시
간 일을 하고도 고용 형태에 따라 불합리한 대우를 받는 경우가
대부분이기 때문이다. 그러니까 노동자가 본인의 사정에 따라 시
간제 근무를 비롯한 다양한 고용 형태를 정할 수 있는 외국과 달
리 한국은 대부분 같은 업무에 대해 장기임시고용, 기간제, 특수
고용, 파견, 용역 등의 편법적 일자리들이 많은 것이다.

  이런 상황을 감안하면 한국사회의 비정규직 노동자들이 받는
차별은 더욱 심각하다. 정규직 노동자와 비정규직 노동자의 임금
격차는 2배나 되는데도 그들의 노동 시간은 거의 차이가 나지 않
는다. 정규직 노동자의 주 평균 노동 시간은 42.7시간이고, 비정
규직 노동자의 평균 노동 시간은 40.8시간이다. 주 36시간 미만
단시간 노동자의 경우 비정규직 노동자의 비율(22.7%)이 정규직
노동자(0.2%)보다 많은 것을 감안할 때 전체 임금 노동자의 9.9%
를 차지하는 시간제 노동자를 제외하면 대부분의 비정규직 노동
자들의 노동 시간은 정규직 노동자들보다 더 많거나 비슷하다.

  심지어는 같은 사업장에서 같은 일을 하더라도 비정규직 노
동자들의 경우 정규직 노동자들에 비해 더 적은 임금을 받고 있
다. 자동차나 조선업 등의 제조업 생산 현장을 보면 같은 생산라
인에서 같은 일을 해도 정규직 노동자와 비정규직 노동자의 임
금과 사회보험 혜택이 차이가 난다. 통계청의 2013년 3월 〈경제
활동인구조사〉 자료를 통해 계산해 보면 정규직과 비정규직 노
동자 사이의 임금격차는 142만 원이다. 정규직 노동자의 월평

균 임금은 282만 7,000원인데 반해, 비정규직 노동자들의 임금은
140만 6,000원으로 정규직 노동자의 절반에도 미치지 못했다.

사회보험 가입 비율에서도 차이가 난다. 정규직 노동자 대
부분이 건강보험, 국민연금, 고용보험 혜택을 받고 있는 반면 비
정규직 노동자들의 경우 직장으로부터 이러한 보험 지원을 받는
이들의 비율이 매우 낮다. 2013년 3월 기준으로 고용 형태별 사
회보험 및 노동조건을 보면 비정규직 노동자들의 사회보험 가입
률은 국민연금 33.7% 건강보험 39.6%, 고용보험 37.9%로 평균
37%에 불과하다.

워킹푸어 줄이기

이렇게 비정규직 노동자들의 노동환경이 워낙 열악하다 보니, 비
정규직 고용이 늘어날수록 빈곤과 불평등, 양극화 등의 사회문
제로까지 이어질 수밖에 없다. 아무리 일을 해도 가난에서 벗어
날 수 없는 워킹푸어가 점점 늘어나기 때문이다. 이런 현실을 감
안할 때, 비정규직 고용을 줄이기 위한 정책이 필요하다. 가장 중
요한 것은 질 좋은 일자리를 늘리는 것이다. 특히 청년이나 여성,
중고령 노동자의 경우 다른 세대에 비해 비정규직 형태로 일을
하고 있는 경우가 많다. 이들이 비자발적으로 비정규직을 택하지
않도록 청년고용할당제 등을 통해 청년층에 정규직 일자리를 제
공하는 한편, 민간 수요가 증가하는 사회서비스업에 양질의 일자

리를 만들어 여성과 중고령 노동자 등 비정규직의 비율이 높은 취업 애로 계층에 양질의 정규직 일자리를 제공할 필요가 있다.

또한 비정규직 관련 규정을 엄격하게 적용해야 한다. 정해진 업종에 한해서만 임시직 고용을 허용하고, 장기적인 파견 노동자의 경우 정규직으로 전환해야 한다. 마지막으로 높은 고용 불안정성과 저임금, 낮은 사회보험 혜택 수준에 직면해 있는 비정규직 노동자들의 고용환경이 개선되어야 한다. 이를 위해서는 최저임금 기준을 인상하고, 저임금 노동자의 생활비를 보조해 주는 근로장려세제 등을 통해 근로빈곤 상황에 처한 노동자를 빈곤에서 벗어날 수 있도록 하는 소득 정책이 필요하다.

노조 조직률
10.3%,
OECD 최하위

자료—OECD 홈페이지, 2008

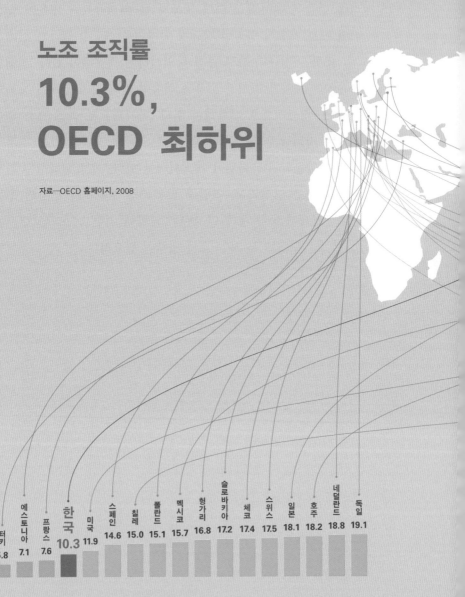

터키 5.8
에스토니아 7.1
프랑스 7.6
한국 10.3
미국 11.9
스페인 14.6
칠레 15.0
폴란드 15.1
멕시코 15.7
헝가리 16.8
슬로바키아 17.2
체코 17.4
스위스 17.5
일본 18.1
호주 18.2
네덜란드 18.8
독일 19.1

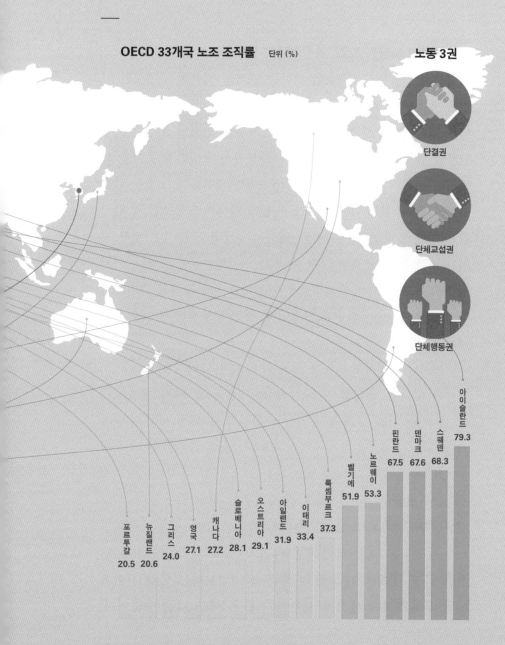

OECD 33개국 노조 조직률 단위 (%)

노동 3권

단결권

단체교섭권

단체행동권

포르투갈	뉴질랜드	그리스	영국	캐나다	슬로베니아	오스트리아	아일랜드	이태리	룩셈부르크	벨기에	노르웨이	핀란드	덴마크	스웨덴	아이슬란드
20.5	20.6	24.0	27.1	27.2	28.1	29.1	31.9	33.4	37.3	51.9	53.3	67.5	67.6	68.3	79.3

헌법에 보장된 노조, 불법파업의 아이콘

한국사회에서 노조(노동조합)이라는 단어는 여전히 부정적인 인식을 동반한다. 노조는 어느새 '불법파업'을 연상시키는 말이 되어 버렸다. 이런 사회적 상황은 노동자들이 헌법에 보장된 노동 3권[1]인 단결권과 단체교섭권, 단체행동권을 보장받지 못해도 묵인하는 분위기를 만들었다. 노동 3권이란 자유롭게 노조를 만들고 가입할 수 있는 단결권, 노조를 통해 회사와 노동조건 및 환경을 교섭할 수 있는 단체교섭권, 회사의 부당한 행동 혹은 생활 개선을 위한 쟁의 및 파업을 할 수 있는 단체행동권을 뜻한다. 이처럼 노조는 노동자가 주체적으로 단결하고 노동조건을 유지하거나 개선할 수 있는 일종의 단체이자, 헌법에 보장된 노동자의 권리이기도 하다.

그러나 한국사회의 노조 조직률[2]은 매우 낮다. 2008년 OECD 자료에 따르면, 한국의 노조 조직률은 10.3%로 터키, 에스토니아, 프랑스, 미국 등과 함께 OECD 회원국 중 가장 낮은 수준에 해당한다. (프랑스의 경우 노조 조직률은 낮으나 노조에 가입하지 않은 노동자도 단체협약 적용을 받는다는 측면에서 한국과 다르다고 할 수 있다.) 이러한 노조 조직률은 지속적으로 떨어지고 있다. 한국노동연구원의 〈노동 통계〉 결과에 따르면, 1990년 17.2%이던 노조 조직률은 계속 하락해 2011년 9.9%에 불과했다. 1990년 이후 가장 낮았던 9.7%를 기록한 2010년보다는 약간 나아졌지만 여전히 한국사회의 노조 조직률은 매우 낮은 수준이다.

노조? 우리 회사에는 없어요

노조 조직률이 낮은 이유는 사업체 내에 노조가 없거나 가입 대
상이 아니어서 가입할 기회조차도 주어지지 않는 경우가 많기 때
문이다. 가령 인사나 회계 관련 업무 종사자나 비서 업무 종사자
의 경우 '사용자를 위해 행동하는 자'로 분류되어 노조에 가입할
수 없다. 2013년 8월 〈경제활동인구조사〉 자료를 분석한 결과 전
체 임금 노동자 중에서 노조에 가입한 노동자는 12.4%에 불과했
다. 임금 노동자의 73.9%는 사업체에 노조가 없어서, 7.6%가 노
조 가입 대상이 아니라서 노조에 가입하지 않았다. 노조 가입 대
상이지만 가입하지 않은 임금 노동자의 비중은 6.1%에 불과했다.
특히, 노조 가입률이 낮은 비정규직 노동자들의 경우 대부분이
일하는 곳에 노조가 없거나 노조가 있다고 해도 가입 대상이 아
니기 때문에 가입할 기회조차도 없는 것이다.

　　한국의 낮은 노조 조직률은 기업에 대항하기 힘든 노동자들
의 현실을 반영한다. 노조의 목적 중 하나는 잘못된 자본의 횡포
에 대항하고 그것으로부터 피해를 입는 노동자들을 보호하는 것
이다. 결국 노조 조직률이 낮다는 것은 자본의 횡포에 대항할 수
있는 노동자들의 힘이 거의 없다는 것을 보여 주는 것이기도 하
다. 특히, 노조가 없는 사업체에서 일하는 노동자들의 경우 상대
적으로 적은 임금을 받으며 열악한 고용환경에서 일하면서도 자
신들의 권리를 지킬 수 없는 현실에 처한 경우가 많다.

노조는 권리다

임금이나 고용환경이 상대적으로 열악한 수준에 있는 비정규직 노동자들 혹은 중소기업 노동자들의 경우 해당 사업체에 노조가 없어서 가입의 기회조차 주어지지 않기 때문에 노조 조직률은 낮을 수밖에 없다. 즉 개별 기업에서 노동자의 지위가 매우 낮기 때문에 기업별로 노조를 만들기 어렵거나, 노조가 있다고 해도 단체행동을 할 수 있을 만큼 힘 있는 경우가 거의 없는 것이다. 따라서 비정규직이나 중소기업 등 노조를 결성할 수 있는 조건이 안 되는 직종에 종사하는 노동자들이 노조를 설립하고 가입하는 데 자유로울 수 있도록 법이 보장되어야 한다. 또한 노조 가입 대상을 특정하지 않고 비슷한 산업에 종사하는 노동자들이 직종과 기업을 초월해서 조직할 수 있는 산별노조나 직종이나 산업, 기업을 초월한 모든 노동자들이 가입할 수 있는 일반노조를 활성화시켜 법에서 보장하고 있는 노동자들의 기본적인 권리를 보호해야 한다.

1   **노동 3권**

노동 3권은 노동자의 인간다운 생활을 보장하기 위해
헌법에서 정한 단결권, 단체교섭권, 단체행동권을 말하며
노동조합법은 헌법에 의거하여 노동 3권을 보장하고
있다. 즉 단결해서 조직을 만들고, 협상을 통해 임금이나
노동조건을 협약하고, 협상을 위한 단체행동을 할 수
있어야 노동자의 기본 권리를 지킬 수 있는 것이다. 노동
3권이 지켜지지 못해 노조를 만들지 못하거나 파업 등의
단체행동을 하지 못해 노동자의 기본 권리를 보장받을 수
있는 단체협약을 하지 못하게 되면 저임금이나 취약한
노동조건, 낮은 복지 등의 문제를 해결할 수 없게 된다.

2   **노조 조직률** Union Density

노조 조직률은 전체 임금 노동자 중 노조에 가입한
노동자의 비중을 나타내는 지표다. 이는 임금 노동자 중
사용자와 노동자 사이의 단체교섭의 적용을 받는 비율인
단체협약 적용률Coverage Rate과 함께 노조의 영향력을
나타내는 지표로 많이 사용된다.

325시간
더 일하는
대한민국 노동자

한국과 OECD 국가 평균 연간 노동 시간   단위 (시간)

2,090 한국

1,765 OECD 평균

한국과 OECD 국가 평균 연간 노동 시간 차이

주 40시간 노동 기준

2달

325 = 8.1
시간　　주

자료―OECD 홈페이지, 2011

누구를 위한 노동인가

한 국가의 연간 노동 시간은 해당 국가의 노동자들이 1년 동안 사용자에게 고용되어 노동하는 시간이 평균적으로 얼마나 되는지를 의미한다. OECD가 조사한 연간 노동 시간 통계에 따르면 2011년 기준 한국에서 고용된 노동자들의 연평균 노동 시간은 2,090시간으로 OECD 평균인 1,765시간보다 325시간이나 더 많다. 노동 시간이 길다는 것은 그만큼 여가 시간이 적다는 것을 뜻하며, 그에 따라 삶의 질은 떨어질 수밖에 없다.

한국의 연간 노동 시간이 꾸준히 줄어들고 있는 것은 분명한 사실이다. 주 40시간제가 도입되고, 시간제 노동이 확대되면서 2000년 2,512시간에 이르던 연간 노동 시간은 2011년 2,090시간까지 줄어들었다. 하지만 노동 시간이 상대적으로 짧은 시간제 노동자가 증가하면서 전체 노동 시간 단축에도 영향을 끼친 것을 감안해야 한다. 통계청에 따르면 2003년 8월 92만 9,000명으로 전체 임금 노동자의 6.6%를 차지하던 시간제 노동자는 2013년 8월 188만 3,000명으로 전체 임금 노동자의 10.3% 수준으로 증가했다. 시간제 노동자 대부분이 매우 낮은 임금을 받고 있고, 전일제 근무를 하고 싶어도 하지 못하는 경우가 많은 것을 고려할 때 시간제 노동자가 확대되면서 노동 시간이 단축된 것은 크게 의미가 없다고 볼 수 있다.

또한 노동 시간이 단축됐다고 하더라도 한국은 여전히 OECD 국가들 중에서 연간 노동 시간이 긴 편에 속한다. OECD

국가들 중 연간 노동 시간이 가장 긴 멕시코보다는 짧지만 칠레, 그리스와 함께 연간 노동 시간이 2,000시간을 넘는 4개 국가 중 하나이며, OECD 평균 연간 노동 시간인 1,765시간보다 325시간 이나 더 길다. 주 40시간 노동을 기준으로 했을 때 한국 노동자 들은 OECD 평균보다 8.1주 이상 일하고 있는 것이다.

　　장시간 노동은 노동자들의 삶의 질을 저하시킨다. 장시간 일 을 하는 노동자들의 경우 건강상의 문제가 발생할 가능성이 크 며, 산업재해에 노출될 위험 또한 상대적으로 높다. 또한 노동자 들의 장시간 노동이 노동자들의 집중력 저하, 능력 개발 기회의 축소, 산업재해로 이어질 경우에는 생산성이 낮아져서 국가 혹은 기업에 부정적인 영향을 미칠 수 있다.

노동 시간이 길 수밖에 없는 이유

한국의 노동 시간이 지나치게 긴 이유는 법적으로 노동 시간 연 장을 광범위하게 보장하고 있기 때문이다. 근로기준법은 하루에 8시간, 1주일에 40시간이라는 법정 노동 시간을 정하고 있다. 하 지만 연장 노동 12시간과 휴일 노동까지 포함하면 1주일에 최대 68시간까지 늘어날 수 있으며, 노동 시간 특례 업종의 경우 법 정 기준 이외에 12시간을 초과할 수 있도록 되어 있어 노동 시간 이 더 늘어날 수 있다. 근로기준법에 따른 노동 시간 특례 업종은 '운수업, 물품 판매 및 보관업, 금융보험업', '영화 제작 및 흥행업, 통신업, 교육연구 및 조사 사업, 광고업', '의료 및 위생 사업, 접객업, 소각 및 청소업, 이용업', '그 밖에 공중의 편의 또는 업무의 특성상 필요한 경우로서 대통령령으로 정하는 사업' 등으로 지나치게 광범위하다.

한편 여전히 주 5일제가 전면적으로 실시되지 못하는 현실도 문제가 된다. 통계청의 2013년 3월 〈경제활동인구조사〉 자료에 따르면, 전체 임금 노동자 중 주 5일제를 시행하고 있는 기업에 종사하고 있는 임금 노동자의 비중은 65.8%다. 임금 노동자의 34.2%가 주 5일제가 실시되고 있지 않는 기업에서 일하고 있는 것이다. 기업 규모별로 보면 300인 이상 대기업에 종사하는 임금 노동자의 99.8%가 주 5일제를 실시하는 일자리에 종사하고 있지만, 5인 미만 사업체 종사자의 24.8%, 5인 이상 10인 미만 사업체 종사자의 46.3%, 10인 이상 30인 미만 사업체 종사자의 69.2%만이 주 5일제가 실시되는 일자리에 종사하고 있다. 기업 규모가 작아질수록 주 5일제를 실시하지 않는 경우가 많은 것이다.

저녁이 있는 삶을 위해

기업의 규모가 작을수록, 정규직이 아닌 비정규직 노동자일수록 주 5일제가 제대로 지켜지지 않고 있다. 뿐만 아니라 이들은 대기업 노동자 혹은 정규직 노동자들에 비해 임금도 적고 사회보험 혜택도 받지 못하고 있다. 더 적은 임금을 받고 혜택을 받지 못할 뿐만 아니라 노동환경조차 더 열악한 것이다. 모든 중소기업 노동자와 비정규직 노동자가 그런 상황에 처해 있다고 단정할 수는 없지만, 이들이 대기업 정규직 노동자들보다 더 열악한 환경에 처해 있는 것은 분명해 보인다. 임금 노동자 2명 중 1명이 비정규직 노동자라는 것을 감안할 때, 여전히 수많은 노동자들이 노동자의 기본적인 권리조차 누리지 못하고 있다고 볼 수 있다. 따라서 노동 시간 문제를 해결하는 데 단순히 노동 시간을 단축하는 것에 초점을 맞출 것이 아니라, 수많은 노동자들의 열악한 노동환경을 전반적으로 개선할 수 있도록 하는 방향으로 정책이 추진되어야 한다.

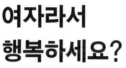

4장

여자라서
행복하세요?

한국에서
여성 노동자로
살아가기

여성이 일을 그만둘 때

'당당해' 씨는 학습지 교사로 3년째 일하고 있는 43세 여성이다. 학창 시절 성적은 늘 상위권이었고 부모님께 자랑스러운 딸이었다. 아들을 낳으려다 태어났다고 구박받았다는 친구들도 있었지만 대부분 큰 차별 없이 자랐고, 소위 말하는 좋은 대학도 들어갔다. '당당해' 씨는 좋은 성적으로 대학을 졸업해 대기업에 취직했다. 부러울 것이 없는 시절이었다. 회사에서는 능력을 인정받았고 회사 동료와 사내 연애도 했다. 하지만 1997년 외환위기는 모든 것을 바꿔 놓았다. 잘 버티는가 싶던 회사는 구조조정을 시작했고 사내 커플은 구조조정 대상 1순위였다. 마침 결혼 생각도 있고 직장생활에 지치기도 했던 '당당해' 씨는 1999년 사표를 내고 결혼과 동시에 전업주부가 됐다.

한국사회에서 여성의 지위가 예전에 비해 높아졌다는 주장이 많다. 하지만 객관적인 지표들을 보면 한국 여성의 권리와 지위는 다른 국가들에 비해 낮은 수준에 머물러 있다. 세계경제포럼(WEF) 이 발표한 〈2013년 세계 성 격차 보고서Global Gender Gap Report in 2013〉에 따르면 136개 조사 대상 국가 중 한국의 성평등 순위는 1년 전보다 3계단 하락한 111위였다. 조사 결과에 따르면 조사 1년 전과 마찬가지로 아이슬란드(1위), 핀란드(2위), 노르웨이(3위), 스웨덴(4위) 등 북유럽 국가들이 높은 순위를 기록했으며, 한국은 OECD 국가들 중에서도 가장 낮은 순위로 아랍에미리트(109위), 바레인(112위), 카타르(115위) 등의 아랍권 국가와 비슷한 수준이다.

특히 여성의 경제 참여도와 임금에서 낮은 점수를 받았는데, 한국 여성의 경제 참여도는 136개국 중 118위를 기록했으며, 남성 대비 여성 임금 수준도 120위에 그쳤다. 한국의 노동시장에서 여성들이 여전히 낮은 지위를 벗어나지 못하고 있는 것이다. 한국의 통계 자료를 봐도 이런 현상은 쉽게 알 수 있다. 여성 노동자들은 남성 노동자들에 비해 훨씬 적은 임금을 받고 있으며, 저임금 일자리에 직면해 있는 비중도 남성보다 훨씬 크다. 이러한 노동시장 내 여성 차별은 여성 빈곤 문제나 여성의 낮은 고용률로 이어지고 있다.

여성이 다시 일을 구하려고 할 때

2011년, '당당해' 씨는 다시 취업문을 두드렸다. 중학생, 초등학생인 딸이 둘인데 남편은 직장에서 몇 년 못 버틸 거라고 힘들어 하

고, 늘어나는 사교육비와 무리해서 받은 전세대출이 생활비를 압박
하는 지경에 이르렀기 때문이다. 집에서 놀고 있냐는 주변의 압박
과 생계를 책임져야겠다는 생각으로 취업시장에 다시 도전장을 던
진 것이다. 하지만 '당당해' 씨가 갈 수 있는 자리는 별로 없었다.
경력이 단절된 40대 여성이 선택할 수 있는 일자리는 비정규직이
거나 서비스 업종뿐이었다. 아이들은 여전히 손이 필요해 야근이
잦거나 출퇴근 시간이 긴 직장은 어려운 데다, 괜찮은 회사는 나이
제한으로 지원조차 하지 못했다. 열심히 살아온 인생이 허무해지는
순간이었다.

　　노동시장 내 여성 차별을 시정하기 위해서는 여성들이 직면해
있는 결혼, 출산, 육아, 가사 노동으로 인한 경력단절 문제를 해결
해야 한다. 한국의 경우 결혼이나 출산, 육아, 가사 노동에 대한 책
임이 여성에게만 전가되면서 여성들의 경력이 단절되고 있다. 경력
단절은 여성 경제활동 참가율에 부정적인 영향을 미치는 한편 노
동시장 내 여성들의 지위에도 영향을 미친다. 노동시장을 한 번 떠
났던 여성은 노동시장에 다시 진입하는 데 어려움을 겪기 때문이
다. '당당해' 씨와 같이 20대에는 정규직이었던 여성이라 하더라도
경력단절 이후 다시 노동시장에 진입할 때는 저임금 비정규직 일
자리밖에 얻지 못하는 경우가 많다.

　　'당당해' 씨는 그나마 몇 달을 전전긍긍한 끝에 학습지 회사에
취직할 수 있었다. 아이들 공부도 시킬 겸 잘되었다고 생각했지만
4대 보험도, 퇴직금도 없는 학습지 교사직은 중노동이나 다름없었

다. 학생 관리를 하는 것도, 이동할 때 드는 교통비와 식비도 모두 노동자의 몫이다. 늦은 시간에 수업 일정이 잡히는 탓에 퇴근 시간은 밤 9시를 넘기기 일쑤다. '당당해' 씨는 조금씩 쌓이는 통장의 돈을 보고 오늘도 교재를 들여다보지만 이 일을 언제까지 할 수 있을지 답답하기만 하다. 일을 다시 시작하면서부터 아이들의 생활도 흐트러지는 것 같고, 버는 돈에 비해 일의 강도가 너무 세다. 하지만 이 일을 그만두고 몇 년 지나면 지금보다 더 일자리를 구하기 힘들 것 같은 불안감에 오늘도 마음을 다잡는다.

성별 임금격차

37.4%

—

성별 임금격차 <small>단위 (%)</small>

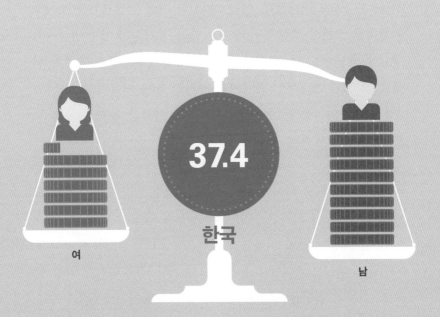

여   남

자료—OECD 홈페이지, 2012

성별 임금격차 37.4%, 단연 최고

전일제 노동자를 대상으로 했을 때, 2012년 한국의 성별 임금격차¹는 37.4%로 나타났다. 이는 OECD가 성별 임금격차를 조사한 회원국들 중에서 가장 높은 수치로 다른 국가들의 성별 임금격차 평균 비율보다도 약 2.5배나 더 크다. 일본이 26.5%로 한국의 뒤를 잇고 있지만, 1위인 한국과의 격차는 10% 이상이다. 2011년 3월 통계청의 〈경제활동인구조사〉 부가 자료를 통해 계산해 보면 정규직 노동자의 월평균 임금은 남성이 305만 4,000원, 여성이 200만 5,000원이었다. 남성 노동자와 여성 노동자의 임금이 100만 원 이상 차이가 난다. 이러한 성별 임금격차는 고용 형태에 따라 더 큰 차이를 보인다. 비정규직 남성이 월평균 156만 9,000원을 받는 반면 비정규직 여성은 106만 1,000원을 받는다. 비정규직 여성 노동자는 노동시장에서 가장 낮은 임금을 받고 있으며, 이들의 월평균 임금은 정규직 남성 노동자의 3분의 1 수준에 불과한 것이다.

남성과 여성의 임금이 이렇게까지 차이가 나는 것은 여성들이 꾸준히 일하기 힘든 현실을 반영한다. 67.8%였던 25~29세 여성 고용률은 30~34세에 53.2%로 갑자기 떨어진다. 임신·출산·육아 등으로 취업률이 감소했다가 아이가 성장하면서 본래의 일자리가 아닌 비정규직 고용 형태로 재취업하는 경력단절Career Interruption이 일어나기 때문이다. 자녀 양육 때문에 여성들이 노동시장에서 불리한 상황에 직면하는 일종의 '아동 패널티Child Penalty'

라고도 할 수 있다.

여성들이 직장에서 진급할 때 받는 차별도 심각하다. 대학을 졸업한 35~44세 한국 여성의 임금은 남성 임금의 84%로 OECD 평균인 71%보다 높다. 그러나 55~64세 여성의 평균 임금은 남성 임금의 58%로 OECD 평균 71%보다 훨씬 낮다. 남성에 비해 승진이 불리한 여성이 처한 현실을 일컫는 '유리천장'이 한국사회에 적나라하게 드러나는 수치다. 승진은 물론이고 기업에서 임원이나 간부로 진출하는 여성도 남성에 비해 현저히 적다.

유리천장을 깨기 위하여

특히 40~50대 남성과 여성의 임금격차가 더 큰 것은 여성들이 출산이나 육아로 경력이 단절되었다가 비정규직 고용 형태로 재취업하는 경우가 많기 때문이다. 이를 해결하기 위해서는 일과 가정을 양립할 수 있도록 양육과 관련한 복지제도를 개선하고, 여성 노동자들이 겪는 여러 차별들이 개선될 수 있는 법적 장치가 보장되어야 한다. 우선 여성 노동자들의 취업 비율이 높은 업종의 고용의 질을 높여야 한다. 여성 노동자의 비율이 높은 대표적인 업종은 돌봄서비스를 포함한 보건업 및 사회복지서비스업, 보육서비스업, 교육서비스업과 같은 사회서비스산업이다. 이러한 사회서비스산업이 질적으로 성장해야 여성이 가정과 일을 병행할 수 있는 조건이 만들어진다.

여성들이 아이를 위해 직장을 그만두는 것은 아이를 믿고 맡길 만한 제대로 된 보육서비스가 없기 때문이다. 따라서 서비스 산업의 노동환경이나 임금 수준을 개선해 질 좋은 사회서비스를 확대하는 것은 여성 노동자들의 고용의 질을 개선시킴과 동시에 일과 가정을 양립할 수 있는 복지제도를 튼튼하게 하는 지름길이 된다.

여성 노동자 비율이 높은 산업의 노동환경을 개선하는 것도 필요하지만 여성의 진입을 막고 있는 제도적 환경을 개선시키는 것도 중요하다. 과거보다 나아졌다고는 하지만 여전히 관리직이나 고임금 직종에서 여성의 진입 수준은 그리 높지 않다. 여성의 승진을 막는 유리천장, 그리고 여성의 직업 선택을 제한하는 유리벽을 깰 수 있는 정책을 통해 남성들에 비해 낮은 임금, 열악한 노동환경에 직면한 여성 노동자들의 상황을 개선해야 한다. 이와 함께 여성이 받는 차별을 개선하기 위해서는 기본적으로 가정과 일터에서 남성과 여성의 평등한 관계가 마련될 수 있는 토대가 구축되어야 할 것이다.

1   **성별 임금격차** Gender Wage Gap
    OECD에서는 성별 임금격차를 남성 노동자의
    평균 임금 대비 남성 노동자와 여성 노동자의 평균 임금의
    차이로 정의한다.

$$\frac{\text{남성 평균 임금} - \text{여성 평균 임금}}{\text{남성 평균 임금}} \times 100 = \text{성별 임금격차}$$

예를 들어, 남성 평균 임금이 300만 원, 여성 평균 임금이
200만 원일 경우 임금격차는 (300만 원-200만 원)/300만
원×100으로 계산되어 33.3%다. 이를 통해 OECD는
국가별로 남성과 여성의 임금이 얼마나 차이가 나고
있는지를 보여 주고 있다.

여성
10명 중 4명은
저임금 노동자

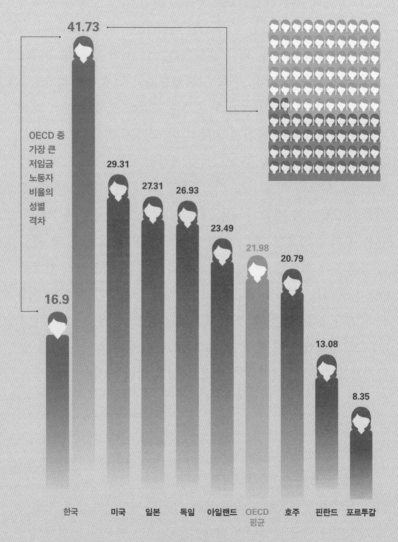

OECD 국가 여성 저임금 노동자 비율   단위 (%)

41.73

OECD 중
가장 큰
저임금
노동자
비율의
성별
격차

29.31

27.31

26.93

23.49

21.98

20.79

16.9

13.08

8.35

한국   미국   일본   독일   아일랜드   OECD   호주   핀란드 포르투갈
평균

자료—OECD 홈페이지, 2011

여성 10명 중 4명은 저임금 노동자

OECD 통계에 따르면 2011년 한국의 여성 임금 노동자 중에서 저임금 노동자[1]의 비율은 41.7%다. 여성 10명 중 4명 이상이 저임금 노동자인 것이다. 이는 해당 연도 OECD가 조사한 국가들 중 가장 높은 수치이며, 그 국가들 평균값의 약 2배에 해당되는 높은 수치다. 2011년 OECD가 조사한 국가들 중에서 한국 다음으로 여성 저임금 노동자의 비중이 큰 국가는 미국인데, 미국의 경우 전체 여성 노동자 중 29.3%가 저임금 노동자였다. 2위인 미국조차도 한국에 비해 10% 이상 낮은 수치이며, 여성 노동자 중 저임금 노동자의 비중이 40%가 넘는 국가는 한국이 유일하다. 같은 통계에 따르면 2011년 한국의 남성 임금 노동자 중 저임금 노동자의 비율은 16.9%이다. 이 역시 높은 수준으로, 한국은 OECD 국가들 중에서 상대적으로 저임금 노동자의 비중이 가장 큰 국가라고 할 수 있다. 또한 중위 임금(임금을 나열했을 때 가운데 값)으로 비교했을 때 한국은 OECD 회원국 중 남성과 여성의 임금격차가 가장 큰 국가였다. 이는 남성에 비해 여성의 임금 수준이 낮은 한국사회의 현실을 반영한다.

여성 노동자는 왜 가난할까

여성 저임금 노동자의 비중이 높은 이유는 여성들이 주로 진출하는 산업이나 직종의 임금이 상대적으로 적기 때문이다. 한국사회

는 여전히 여성 노동자와 남성 노동자의 노동시장이 나뉘어 있는
경우가 많을뿐더러 유리천장으로 인해 임금 수준이 높은 고위직
이나 관리직으로 진출하는 여성이 적은 것도 중요한 이유 중 하
나일 것이다. 또한 상당수의 여성 노동자들이 결혼·출산·육아로
인한 경력단절 이후 비정규직 고용 형태로 노동시장에 진입할 수
밖에 없는 현실 역시 여성 노동자들의 임금을 저하시키는 중요한
원인이다.

　　저임금 노동자들의 경우 일을 한다고 해도 낮은 임금을 받는
경우가 많아 빈곤에 빠지기 쉽다. 여성 저임금 노동자 비중이 큰
한국사회의 현실은 일을 해도 빈곤에서 벗어나지 못하는 근로빈
곤 문제로 이어지고 있다. 실제로 통계청의 2012년 〈가계동향조
사〉에 따르면 도시에 사는 2인 이상 가구를 기준으로 했을 때 남
성이 가구주인 가구에 속한 인구의 9.8%가 빈곤 상황에 처해 있
는 반면, 여성이 가구주인 가구에 속한 인구는 24.5%가 빈곤 상
황에 처해 있었다. 여성이 가구주인 가구가 남성이 가구주인 가
구보다 빈곤율이 훨씬 높은 것이다. 여성이 가구주인 경우에는
가구주인 여성이 일을 하는 경우가 많은데, 여성 노동자의 임금
이 높지 않다 보니 빈곤에 노출될 위험은 클 수밖에 없다.

성평등은 노동에서부터

여성 노동자들의 저임금 문제를 해결하기 위해서는 저임금 노동

자이자 비정규직 노동자를 양산하고 있는 여성의 경력단절을 막아야 한다. 정규직이었던 여성도 경력단절 이후 다시 노동시장에 진입하려고 할 때 비정규직 일자리를 선택할 수밖에 없는 경우가 많다. 결혼·출산·육아에 대한 책임이 주로 여성에게 전가된 한국 사회의 현실이 여성 노동자들의 열악한 노동환경의 주된 원인인 것이다. 이러한 문제를 해결하기 위해서는 결혼·출산·육아에 대한 책임을 남성과 여성, 그리고 사회가 함께 나누어야 한다. 한편에서는 기업이 결혼이나 출산, 육아 등을 이유로 노동자를 해고할 수 없도록 하는 제도적 방안을 강구해야 한다. 또한 여성이라는 이유로 승진이나 임금에 있어 차별적인 대우를 받는 현실을 시정해 노동시장 내에 존재하는 여성에 대한 차별을 줄여야 한다.

저임금 비정규직 노동자 중 여성 노동자의 비중이 큰 현실을 감안하면, 비정규직에 대한 차별 해소나 최저임금을 인상하는 것도 문제를 해결하는 데 긍정적인 역할을 할 수 있다. 이러한 대안들이 추진되면 저임금을 받고 있는 여성 노동자들의 임금을 인상시켜 아무리 일을 해도 빈곤에서 벗어날 수 없는 워킹푸어를 줄일 수 있을 것이다.

1   **저임금 노동자**

저임금 노동자란 전일제 노동자Full-time Workers 중위
임금Median Wages의 3분의 2 미만을 받는 노동자를
의미하며, 저임금 노동자의 비율은 상대적으로 적은 임금에
직면해 있는 노동자의 비중이 얼마나 얼마나 되는지를 보여
준다. 중위 임금이란 임금을 가장 많이 받는 사람부터 가장
적게 받는 사람까지 한 줄로 세웠을 때 가운데에 해당하는
사람의 임금을 의미한다. 한편 평균 임금이란 전체 노동자
임금의 산술적 평균을 의미한다. 따라서 중위 임금은
평균 임금에 비해 임금의 상대적 수준을 파악할 수 있는
지표다. 가령 고임금을 받는 소수가 늘어나면 평균 임금은
상승하지만 중위 임금은 낮아진다.

여성 경제활동, 결혼과 함께 사라지다

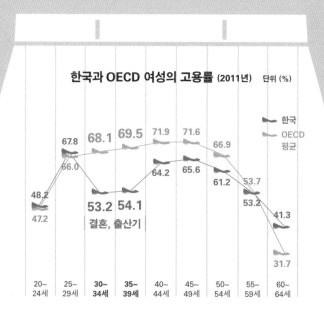

한국과 OECD 여성의 고용률 (2011년)   단위 (%)

한국
OECD 평균

| 20~24세 | 25~29세 | 30~34세 | 35~39세 | 40~44세 | 45~49세 | 50~54세 | 55~59세 | 60~64세 |

48.2 / 47.2
67.8 / 66.0
68.1 / 53.2
69.5 / 54.1
71.9 / 64.2
71.6 / 65.6
66.9 / 61.2
53.7 / 53.2
41.3 / 31.7

결혼, 출산기

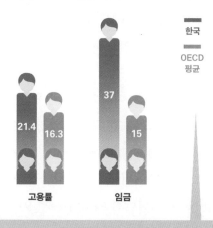

한국과 OECD 성별 격차 (2011년)   단위 (%)

한국
OECD 평균

고용률: 21.4 / 16.3
임금: 37 / 15

자료—OECD, <Labour Force Statistics Database>, 2013

경력이 단절되는 여성들, 한국에만 있는 예외적 현상

한국 여성들이 경험하는 경력단절 현상[1]은 일본을 제외하고 전 세계에서 찾아보기 드문 현상이다. 한국 여성들은 한창 일할 시기에 노동시장을 떠나는 경우가 많아, 30대 여성의 고용률이 20대 여성에 비해 급격히 하락한다. OECD 평균 여성의 고용률은 20대부터 40대까지 꾸준히 증가하지만, 한국 여성의 고용률은 25~29세 때 67.8%였다가 30대에는 53.2%(30~34세), 54.1%(35~39세)로 뚝 떨어진다. 경력단절은 노동시장을 떠났던 여성들이 재취업을 할 때에도 걸림돌로 작용한다. 결과적으로 한국의 15~64세 여성들의 고용률은 53.1%로 정체되어 있다. 이는 OECD 국가들의 평균 여성 고용률 59.7%를 크게 밑도는 수준으로 한국은 터키, 멕시코와 함께 전 세계 국가들 중 꼴찌에 속한다.

경력이 단절된 여성 노동자들의 규모는 적지 않다. 통계청에 따르면 2013년 15~54세의 기혼 여성 971만 3,000명 중에서 406만 3,000명이 취업을 하고 있지 않았다. 이 중에서 결혼·출산·육아 등의 이유로 직장을 그만둔 경력단절 여성은 195만 5,000명으로 전체 기혼 여성의 20.1%에 이른다. 연령별로 살펴보면 30대 여성의 경력단절 규모가 가장 크다. 30대 경력단절 여성은 108만 1,000명으로 전체 경력단절 여성의 55.3%를 차지하고 있다. 그 뒤를 이어 40대 경력단절 여성은 53만 2,000명(27.2%), 10~20대 경력단절 여성이 21만 9,000명(11.2%), 50대 경력단절 여성이 6,300명(6.3%)이다.

결혼과 함께 직장에서 사라지는 여성들

결혼은 전 연령대에 걸쳐 여성이 노동시장을 떠나는 데 가장 큰 영향을 주는 요인이다. 경력단절 여성의 45.9%가 결혼 때문에 경력단절을 경험했다. 40~50대 여성들 대부분이 경력단절을 겪은 지 20년 이상 되었다면, 20~30대 여성들은 경력단절을 겪은 지 길어야 5년 내외가 많다. 40~50대 여성들이 결혼과 동시에 일을 그만둔 경향이 높았다면, 20~30대 젊은 층은 결혼 이후에 임신이나 출산, 육아 등을 경제활동과 동시에 수행하는 데 어려움을 겪으면서 경력이 단절되는 경우가 많다.

경력단절은 여성과 남성의 임금격차와도 밀접한 연관이 있다. 세계적으로 고학력 여성들의 경제활동이 확대되면서 성별 임금격차도 확연히 개선되고 있다. 그러나 한국의 경우 여전히 남성이 여성에 비해 상대적으로 학력·경력·근속연수 등에서 우위에 있으며, 그에 따른 성별 임금격차가 심각하다. 20대는 고학력 여성들이 일찍 경제활동을 시작하면서 임금이나 경제활동 참가율이 남성보다 높다. 그러나 이러한 수치는 여성이 20대 후반과 30대에 경력이 단절되는 시기를 거치면서 달라진다. 경력단절 시기 여성의 경제활동 인구는 남성의 57.8%에 불과하며, 임금도 남성의 82.4%에 그친다. 경력단절 시기 이후 40대 여성의 경제활동 인구는 남성의 68.6%로 약간 회복되지만, 임금은 남성의 58.1%로 오히려 더 떨어진다. 30대에 경력단절을 겪은 40대 여성들은 같은 연령대 남성에 비해 경력이나 근속연수가 낮은 데다, 비정규직 일자리로 재취업하기 때문에 성별 임금격차는 더 커질 수밖에 없다. 결국 여성의 경력단절 현상이 단순히 근속연수에만 영향을 주는 것이 아니라, 일자리의 안정성마저 흔든다는 사실을 확인할 수 있다.

일과 가정의 양립, 가능할까?

경력이 단절된 여성들의 경우 대부분 결혼이나 출산, 육아가 경력단절의 원인이 된 경우가 많기 때문에 재취업을 하더라도 가정생활과 일을 병행할 수 있는지 여부가 일자리를 선택하는 주요 기준이 된다. 때문에 전문직이나 기능직을 떠났던 여성들은 같은 업무로 복귀하는 경우가 많지 않다. 여성들이 재취업을 하기 쉬운 일자리는 육아와 관련한 직종, 가령 가사도우미나 돌봄도우미 등의 단순 노무직이나 서비스업이다.

게다가 경력단절로 인해 생겨난 성별 임금격차는 좀처럼 좁혀지지 않는다. 여성들이 결혼과 육아 등의 문제로 비교적 시간을 자유롭게 쓸 수 있는 시간제 일자리를 찾는 영향도 있지만, 근본적으로 저임금 비정규직 일자리 이외에는 다른 선택이 불가능한 노동시장의 여건도 성별 임금격차를 키우는 요인이 되고 있다. 한국의 성별 고용률 격차는 21.4%로 OECD 평균 16.3%보다 5.1%나 높고, 성별 임금격차는 한국이 37%로 OECD 평균 15%보다 22%나 높다.

경력단절 여성들의 재취업을 돕는 정책도 중요하지만, 애초에 경력이 단절되지 않도록 하는 정책과 법적 제재를 마련하는 것이 우선이다. 가장 먼저 여성들의 육아와 가사 노동 등의 부담을 줄여 주는 것이 중요하다. 아이를 믿고 맡길 수 있는 질 좋은 보육시설이나 돌봄도우미와 같은 양육서비스를 확대하고 남성들도 육아와 가사에 참여할 수 있는 노동환경으로 변해야 한다. 기업들은 산전후 휴가나 육아휴직을 보장하지 않아도 법적인 처벌을 받지 않는다. 그렇다고 정부의 휴직급여 수준이 높은 것도 아니다. 육아를 위한 직장 내 보육시설이나 국공립 보육시설도 부족해 이용이 어렵고, 개인 도우미를 활용하는 것은 경제적 부담이 너무 크다. 이러한 상황에서 한국 여성들은 결혼과 육아를 맞닥뜨리면 경력단절을 선택할 수밖에 없다. 일과 가정을 양립할 수 있도록 한국사회의 기반을 다시 다져야 한다.

1   여성의 경력단절 현상

한국사회에서 여성들은 결혼·출산·육아 등의 이유로 다니던 직장을 그만두는 경우가 많다. 이 때문에 20대 후반에서 30대 여성들의 취업률이 갑자기 뚝 떨어지는 현상을 보이는데, 이를 여성의 경력단절 현상이라고 한다. 여성들의 경력단절 현상은 여성의 경제활동 참가율을 떨어뜨리고 20~30대 경력단절 시기 이후 남녀 간의 노동이나 임금 등의 불평등을 키우는 주요 요인으로 꼽히고 있다. 통계청 〈지역별 고용조사〉에서는 15~54세 기혼 여성 중 현재 비취업자인 여성들 중에서 결혼, 임신 및 출산, 육아, 자녀 교육 때문에 직장을 그만둔 여성을 표본으로 조사하고 전국 비율로 추정하고 있다.

—

맞벌이 부부,
집안일은 여자가?

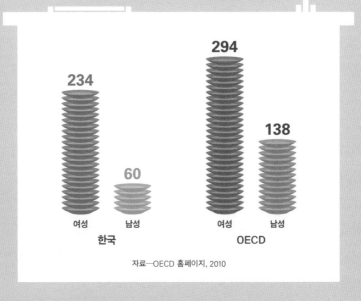

한국과 OECD의 하루 평균 무급 노동 시간 단위 (분)

234
60
294
138

여성 남성 여성 남성
한국   OECD

자료—OECD 홈페이지, 2010

맞벌이 가구의 성별 하루 평균 가사 노동 시간 단위 (분)

200 37

여성   남성

자료—통계청, 〈생활시간조사〉, 2009

가사 노동은 누구의 책임인가

일과 가정생활을 양립하기 위해서는 가정생활이 가능할 정도의 시간적 여유가 보장되어야 한다. 한국은 OECD 국가들과 비교했을 때 유급 노동 시간은 길고 무급 노동[1] 시간은 짧다. 한국의 유급 노동 시간은 하루 평균 5시간 48분으로 6시간 16분인 일본 다음으로 길며, OECD 평균인 4시간 30분에 비해서는 1시간 18분이나 길다. (OECD에서 발표하는 노동 시간은 유급 휴가 기간, 식사 시간, 출퇴근 시간을 제외한다.) 반면, 한국의 무급 노동 시간은 2시간 16분으로 OECD 국가들 중 가장 짧다. 한국인들은 평일의 대부분을 임금노동에 할애하며 장시간 노동에 시달리고 있다. 이렇다 보니 가사 노동이나 돌봄 노동 등 무급 노동이나 개인의 여가에 사용할 시간은 상대적으로 부족할 수밖에 없다.

다른 국가들에 비해 유급 노동 시간이 긴 것도 문제지만, 특히 남성과 여성의 무급 노동 시간이 지나치게 차이가 나는 것도 문제다. 가정 내 무급 노동의 부담을 대부분 여성들이 지고 있는 것이다. 한국 남성의 경우 무급 노동에 참여하는 시간은 가정 관리 48분과 가족 보살핌 12분을 더한 1시간 정도다. 반면에 한국 여성은 무급 노동에 평균 3시간 54분을 사용하는데, 남성과 4배 가까이 차이가 난다. OECD 국가 남성의 무급 노동 시간은 하루 평균 2시간 18분으로, 한국 남성보다 2배 이상 많다. 한국은 남성 중심의 경제활동이 우세하고 여성의 경제활동 참가율이 높지 않다 보니, 남성과 여성의 무급 노동 시간은 더 차이가 난다. 여성들이 경력단절 시기를 겪으면서 재취업을 포기하는 경우가 많아 무급 노동을 담당하는 전업주부의 비율이 높은 것이다.

맞벌이 부부지만 집안일은 여성이?

맞벌이 부부조차도 여성이 남성에 비해 훨씬 많은 가사 노동을 하고 있다. 2009년 통계청의 〈생활시간조사〉에 의하면 한국 맞벌이 가구의 여성은 하루 평균 무급 노동 시간이 200분이었지만, 남성은 37분에 그쳤다. 맞벌이임에도 불구하고 기본적인 가사 노동에 여성이 남성보다 5배 이상 많은 시간을 투입하고 있다. 한국사회에서 가족 내 성별 분업이 여전히 강하게 자리 잡고 있는 것이다.

한국의 맞벌이 가구는 꾸준히 증가해서 500만 가구에 달한다. 그럼에도 불구하고 가사 노동이나 돌봄 노동을 비롯한 무급 노동은 여전히 여성들의 몫으로 남아 있다. 맞벌이를 하는 여성이 감당해야 할 가사 노동과 돌봄 노동에 대한 이중 부담은 여전하며, 이 때문에 여성의 경제활동은 더 정체된다. 앞서 살펴봤듯이 결혼과 출산, 육아 등의 상황은 30대 여성들의 경력이 단절되는 중요한 요인이기도 하다.

유독 한국사회에서 남녀의 무급 노동 시간이 4배 이상 차이가 난다는 점은 여러모로 곱씹어 봐야 한다. 이런 현상은 여성이 무급 노동의 일차적인 책임자로 남아 있다는 것을 보여 준다. 가족 안에서 고정된 성역할이나 인식을 개선해 집안일을 나누고, 가정 관리나 가족 돌봄에 대한 정부의 지원이 강화된다면 일하는 여성들의 이중 부담은 충분히 줄어들 수 있다.

이와 함께 유급 노동 중심의 환경도 바뀔 필요가 있다. 한국의 유급 노동 시간이 지나치게 길어서 상대적으로 무급 노동에 시간을 내기가 어렵기 때문이다. 유급 노동 시간을 줄이는 것과 동시에 남성들도 직장에서 벗어나 가정에 시간을 쏟을 수 있도록 육아휴직 등의 시간을 보장해야 한다.

결국 여성들에게만 전가된 가사 노동 부담과 경력단절 현상, 여성 저임금 노동자의 증가, 남성과 여성의 임금격차가 커지는 문제들은 구조적으로 연결되어 있다. 결혼과 출산 이후 육아를 비롯한 가사 노동을 책임져야 하는 여성들은 직장을 그만두게 되고, 그에 따라 경력이 단절된다. 자녀가 학교에 가기 시작하면 재취업을 시도해 보지만, 저임금 비정규직 일자리밖에는 선택의 여지가 없다. 때문에 여성 노동자들은 직장에서 꾸준히 경력을 쌓아온 남성 노동자들에 비해 임금이 낮을 수밖에 없다. 이런 문제들을 해결하기 위한 단기적인 방안들도 중요하지만, 특히 여성들이 처한 현실과 구조적인 상황을 이해하고 그에 맞는 대안을 찾을 필요가 있다.

1   무급 노동

무급 노동이란 시장에서 판매하지 않는 상품이나
서비스를 생산하는 노동을 말한다. 요리, 정원 손질,
집안 청소 등 일상적으로 되풀이되는 가사 노동과 돌봄
노동이 대표적이다. OECD 사회정책과에서는 각 나라의
〈생활시간조사Time-use Survey〉를 모아 15세 이상 성인의
주 행동 시간을 비교하고 있다. 유급 노동 시간, 무급 노동
시간, 개인 유지(개인 위생, 외모 관리, 건강 관리 등), 여가,
기타 시간 등 5가지로 분류해 조사한다. 특히 성별 무급
노동 시간을 비교해 각 국가의 가족지원 정책, 여성 정책
등에 시사점을 주고 있다.

5장

가계 부채라는
시한폭탄

어느
부자(父子)의
저녁

'고부채' 씨(68세)와 그의 아들 '고민남' 씨(30세)가 함께 텔레비전을 보고 있다. 보통은 광고가 나오면 채널을 돌리기 마련이지만 아버지도, 아들도 광고에서 눈을 떼지 못하고 있다. 이제 음악도 귀에 익숙한 '○○머니', 007처럼 제때에 귀신같이 나타나서 돈을 빌려주는 '○○캐피털' 광고다.

신용카드와 함께하는 적자 인생

'고민남' 씨는 빚을 진 지 오래됐다. 고등학교 3학년이었던 1999년, 길거리에서 신용카드를 말 그대로 '나눠' 줬다. 모집원은 지나가는 그의 팔을 끌었고, 고등학생이라고 했는데도 문제없다고 했다. 고등학생 때는 카드를 쓸 일이 별로 없었지만 대학에 들어가자 카드는 구세주와 같았다. 하루하루 카드빚이 쌓여 갔지만 결제금의 10%만 지급해도 연체가 되지 않는 리볼빙으로 카드를 계속 쓸 수 있었다. 2003년 신용카드 대란이 일어났을 때 '고민남' 씨의 카드빚은 300만 원이 넘었다. 결국 그는 '고부채' 씨에게 사실을 털어놓고 빚을 갚을 수 있었다. 문제는 학자금 대출이었다. 취직은 했지만 야근수당을 다 합해도 월급은 200만 원이 넘지 않는다. 학자금 대출의 이자와 원금을 갚느라 생활비는 계속 적자다.

'고부채' 씨 역시 대부업체 광고를 유심히 살펴보고 있다. '고부채' 씨의 빚은 2000년대 중반 부동산 가격이 급등하면서 시작됐다. 회사 동료 김 부장은 돈을 빌려서 집을 샀는데 1년 동안 집값이 1억 원이 넘게 올랐다고 했다. 대출을 갚고도 이자의 몇십 배 되는 돈을 벌었다고 자랑했다. 전세에 살던 그는 김 부장의 말에 솔깃해서는 결국 2006년, 3억 원을 빌려 5억 원짜리 집을 샀다. 집값이 오르면 은행 대출을 갚고도 내 집이 생기는 게 아닌가! 대출금 상환이 문제가 되면 집을 팔면 그만이었다. 하지만 당시 5억 원이었던 집은 지금 3억 5,000만 원이 됐다. 지금 팔면 이제까지 낸 대출 이자를 포함해 2억 원이 넘는 손실을 입는다.

빚을 갚아야 하는 두 부자의 수입은 아들 '고민남' 씨의 200만 원이 채 되지 않는 월급, '고부채' 씨가 직장생활을 할 때 넣었던 국민연금과 기초연금을 합한 40만 원 정도가 전부다. 그나마 기초연금이 올라서 40만 원이 되었지만 국민연금을 받는 사람은 기초연금을 줄여서 준다고 하니 '고부채' 씨가 받는 연금은 고작 10만 원이 늘어났다. 두 부자의 빚을 합한 대출 이자와 원리금 상환에 매월 150만 원 이상을 쓰고 있는 상황에서 마이너스 통장을 쓰지 않을 수가 없다. 집을 팔아서 빚을 청산하고 싶지만 집값은 이미 떨어졌다. 팔 시점을 놓친 것이다. 빚을 갚느라 생활비가 부족해지자 이자가 비싼 마이너스 통장이나 신용카드 현금서비스를 이용할 수밖에 없다.

빚 갚으려 사는 인생

한국사회 가계의 원리금 상환 부담률은 19.5%이다. 벌어서 쓸 수 있는 돈의 약 5분의 1을 빚 갚는 데 쓰고 있다는 얘기다. 고 씨 부자는 한국의 가계 전체를 소득순으로 줄을 세워 다섯으로 나눴을 때 두 번째로 못사는 집단(2분위)에 속한다. 그런데 가계소득의 평균 4분의 1을 원리금 상환에 쓰고 있다. 이 부자는 조만간 제2금융권의 돈을 빌려서라도 원리금 상환을 해야 할 것이다. 만일 이들이 대부업체에서 돈을 빌린다면 그 이자율이 무려 38.1%다. 3년이 지나면 원금보다 많은 이자를 내야 한다.

문제는 이 빤한 비극이 한국사회 도처에서 벌어지고 있다는 것이다. 가계 부채와 관련된 정부의 정책은 제1금융권인 은행에만 맞춰져 있다. 은행에 문제가 생기면 시스템의 위기가 오기 때문이다. 은행의 건전성이 의문시되자 2009년 12월, 정부는 은행의 대출을 억제하는 정책을 시행했다. 결과적으로 이 정책은 저소득층을 제2금융권으로 몰아넣었다. 대학 등록금, 전세자금 등 기본 생활비가 부족한 이들에게 은행 문턱이 너무 높아졌기 때문이다. 이제 가계 부채에서 제2금융권이 차지하는 비중은 절반에 육박한다. 특히 가계가 대부업체에서 빌린 돈은 33조 원에서 72조 원으로 2배 이상 늘었다. 이자율이 엄청나게 높고 추심도 무자비한 악성 부채는 특히 저소득층에 몰려 있다.

노동자들의 임금이 오르지 않으니 생활비 대출은 늘어난다. 전세비용을 비롯한 주거비나 대학 등록금과 같이 갑작스러운 목돈이 필요한 서민들은 대출에 손을 뻗을 수밖에 없다. 빚을 내서 집을 사고, 신용카드와 마이너스 통장으로 소비를 이어 간다. 은행을 비롯한 금융권은 서민들에게 대출과 신용카드를 남발하면서 이자 장사, 수수료 장사를 하고 있다. 정부는 이런 상황을 막기는커녕 부동산 가격을 떠받치느라 오히려 이런 분위기를 조장하고 있다. 점점 커지는 가계 부채는 서민들의 삶을 실질적으로 위협하고 있다. 대부분의 가계에서 빚을 지고 있는 한국사회의 모습은 마치 터지기 직전의 시한폭탄처럼 보인다.

저소득층 가계 부채,
연소득의
2배

저소득층(소득 하위 20%)의 가계 부채

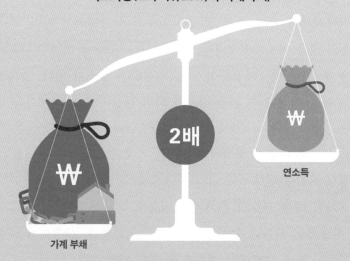

소득 분위별 소득 대비 부채 비율 단위 (%)

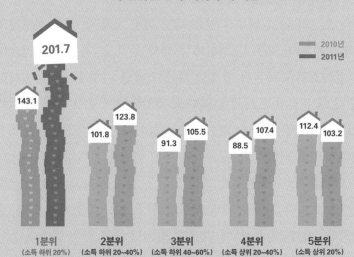

자료—통계청, 〈가계금융조사〉, 2011

언제 터질지 모르는 시한폭탄, 가계 부채

한국사회에서 가계 부채[1] 문제는 갈수록 심각해지고 있다. 저소득층의 경우 연소득의 2배가 빚일 정도다. 소득에 비해 지나치게 높은 부채 비율은 사람들의 삶을 위협하는 요소가 된다. 소득으로 부채를 해결할 수 없을 정도가 되면 일상적인 삶 자체가 흔들리는 것은 당연하다. 가계 부채 비율이 날이 갈수록 증가하는 현상은 부실한 대출이 한꺼번에 터지는 경제위기 상황을 초래할 위험성도 가지고 있다.

가계 대출 규모의 증가는 서민들이 이자가 높은 제2금융권을 이용하는 비율이 높아지면서 더 가속화됐다. 신용도가 낮은 서민들이 일반 은행에서 대출을 받기가 어려워지면서 신용이 낮아도 대출을 받을 수 있는 제2금융권을 찾기 시작한 것이다. 소득은 오르지 않고 아무리 일을 해도 돈을 모을 수 없는 상황에서 서민들은 당장 필요한 생활비나 대학 등록금·전세자금·의료비 등 갑작스럽게 목돈이 필요할 때마다 비싼 이자를 감수하고서라도 제2금융권이나 사채에 가까운 대부업체에 손을 뻗을 수밖에 없다. 서민들은 원금을 갚기는커녕 늘어나는 이자조차 감당하지 못하고 언제 터질지 모르는 가계 부채 폭탄을 기다리고 있다.

특히 저소득층일수록 대출 원금을 갚지 못하고 부채가 끝도 없이 늘어나는 가계 부채의 폭탄을 안고 있을 가능성이 크다. 통계청의 〈가계금융조사〉에 따르면 2010년 소득 하위 20%의 소득 대비 부채 비율은 143.1%였고, 2011년에는 부채 비율이 201.7%

나 된다. 이는 저소득층의 가계 부채가 연소득의 2배가 넘는다는
것을 뜻한다. 소득에 비해 지나치게 높은 부채를 가지고 있는 가
계는 빈곤이나 신용불량자로 전락할 위험성이 매우 높을 수밖에
없다. 아무리 열심히 일을 해도 대출 이자만 간신히 내고 있는 가
정에서 구성원 중 누군가가 아프거나 대학에 진학하는 등 갑자기
목돈이 필요한 일이 생기면 어쩔 수 없이 제2금융권이나 대부업
체를 찾게 된다. 부채가 늘어날수록 원금은 물론이고 이자를 갚
는 것조차 힘들어지는 악순환이 반복된다.

　더 큰 문제는 이자와 수수료가 높고, 조건을 따지지 않고 무
조건 대출을 해 주는 악성 부채가 제2금융권에 몰리게 되면, 약
간의 위기 상황에서도 거품이 터지는 경제위기가 발생할 수 있다
는 점이다. 2008년 미국에서 시작된 금융위기 역시 저소득층에게
무분별하게 대출을 해 주었다가 그 돈이 상환되지 못하면서 시작
됐다. 대출을 해 준 금융기관에서부터 금융 상품을 구매했던 은
행, 증권사, 기업들이 줄도산하게 된 시작점은 바로 가계의 악성
채무였다. 한국의 경우 가계 대출에서 저축은행, 신용카드사, 차
나 집을 담보로 돈을 빌려 주는 할부금융사를 비롯한 제2금융권
이 차지하는 비중이 높기 때문에 다중채무자들이 연체하거나 파
산할 경우 언제든지 경제 전체가 위기에 빠질 수 있다.

누가 시한폭탄을 만들었나

부실한 대출로 인해 금융회사의 안전성이 흔들리면 그 책임은 누구에게 있을까? 한국의 경우 대출을 받는 사람들에게 모든 책임을 묻는다. 부실한 대출을 남발하고 위험한 투자로 회사를 어렵게 만든 장본인인 은행이나 보험사가 위험에 빠지면 정부는 공적자금을 쓰면서까지 그 손실을 보상해 준다. 하지만 금융회사에서 남발한 대출을 더 이상 갚지 못하게 된 대출자는 신용불량자가 되어 도덕적·경제적 책임을 피할 수 없을 뿐더러 일상적인 삶을 영위할 수조차 없다. 이런 상황에서 금융회사들은 경제 여건이 어려운 틈을 타 이자와 수수료율을 과도하게 책정하며, 위험한 금융 상품을 파는 등 수익 추구에만 매달리고 있다.

가계 부채라는 시한폭탄이 터지는 것을 막기 위해서는 저소득층에게 기본적인 소득을 보장해 주어야 한다. 물가에 비해 지나치게 적은 임금이 올라야 하며, 비정규직 노동자·자영업자·실업자들 또한 기본적인 소득을 보장받을 수 있도록 큰 틀에서 접근하는 것이 중요하다. 또한 주거비나 의료비를 비롯해 필수적으로 목돈이 들어갈 수밖에 없는 서비스들은 국가가 공적으로 보장해 주어야 한다. 소득이 많지 않은 서민 가구의 경우 가족 구성원 중 누군가가 큰 병에 걸리면 가계가 파탄이 날 정도다.

뿐만 아니라 무분별한 대출이나 신용카드, 대출서비스의 과도한 이율과 수수료 등 제2금융권이나 대부업체의 불공정한 영업을 규제하는 것도 중요하다. 금융당국(정부와 중앙은행)도 이에 대한 언급을 부쩍 늘리고 있지만 아직은 금융소비자를 위한 전담 조직도 없는 상황이다. 은행이나 보험회사 등 금융기업이 위기에 처하면 공적자금으로 대책을 마련해 주지만 금융소비자가 위기에 처하면 개인에게 책임을 미룰 뿐이다. 가장 중요한 원칙은 무분별하게 대출을 허용한 금융회사 또한 대출에 대한 책임을 지게 하는 것이다. 제2금융권, 신용카드사 영업에 대한 합리적 기준과 소비자 보호 정책도 필수적이다. 일반 은행에서 돈을 빌릴 수 없어 제2금융권에 손을 뻗을 수밖에 없는 저소득층에게 기생해서 수수료와 이자로 영업이익을 얻어 가는 금융회사들을 규제하는 것이야말로 국가의 책무다.

1   가계 부채
가계가 은행이나 금융기관으로부터 대출받은 모든 금융 부채를 가계 부채로 통칭한다. 가계 부채 비율은 실질소득 대비 가계 부채(금융 부채)를 의미한다. 즉 실제 사용할 수 있는 소득 대비 부채 비율을 알 수 있는 지표로서, 일반 가정에서 빚을 얼마나 지고 있는지를 보여 준다.

가계 부채 부담,
OECD 국가들의
2배

한국과 OECD 국가들의 채무 상환 비율   단위 (%)

자료—통계청, 〈가계금융조사〉, 2012년 4사분기
/ IMF, 〈Financial Soundness Indicators〉,
2012년 4사분기

심각한 가계 빚 부담

2008년 미국에서 시작된 금융위기 이후 세계적으로 저금리 정책이 실시되고 있지만, 한국 가계의 부채 부담은 떨어지지 않고 있다. 2012년 한국 가계의 채무 상환 비율[1]은 19.5%로, 비교 가능한 OECD 국가들에 비해 2배 이상 높은 상태다. 한국 가계들이 다른 국가의 가계보다 빚에 대한 부담과 압박이 2배 이상 심하다는 의미다. 독일과 포르투갈과 비교하면 그들보다 6배 이상으로 부채 상환 압박을 받고 있다. 유독 한국에서 많은 가계들이 부채 상환 부담을 크게 느끼는 이유는 대출 이자가 지나치게 많기 때문이다. 또한 만기 일시 상환(33.7%)과 이자만 내는 대출 비중(73.2%)이 압도적으로 높은 것도 문제다. 금융감독원에 따르면 2014년에 만기가 되는 일시 상환 주택담보대출 규모가 40조 원에 달할 전망인데 이 중 상당수가 원금 상환 능력이 없는 저소득층이 받은 대출이다. 특히 저소득 가구 및 자영업자의 부채 부담은 다른 가계들보다도 심각한 상태다. 소득 하위 20%인 1분위 가구의 채무 상환 부담은 22.1%로 소득 상위 20%인 5분위 가구보다 2배 이상 높고, 자영업자 가구의 채무 상환 비율은 26.6%로 노동자 가구의 14.7%보다 거의 2배 가까이 높은 수준이다.

2013년 3월 통계청과 한국은행이 공동으로 실시한 〈가계금융복지조사〉에 따르면 금융 부채를 보유한 가구 중 70.2%가 원리금 상환에 부담을 느끼고 있으며, 26.2%는 매우 큰 부담을 느끼고 있다. 생계에 부담을 느끼고 있는 가구 중 80.5%가 원금 상

환 및 이자 지급 부담으로 가계의 저축 및 소비 지출을 줄이고
있으며, 자영업자의 27.8%가 생계에 매우 큰 부담을 느끼고 있
는 상태다. 또한 원리금 상환 부담이 실질소득[2]의 40%가 넘는 부
채 상환 취약 가구의 비중이 11.8%이며, 금융 부채를 보유한 가
구 중 8.1%는 대출 상환이 불가능할 것이라고 답했다. 10가구 중
1가구 이상이 빚에 찌들어 살고 있는 것이다.

소득은 줄고 부채는 늘고

한국에서 가계 부채가 급증하게 된 원인은 크게 2가지다. 하나는
집값이 계속 오를 거라는 기대로 시세 차익을 얻고자 대출로 집
을 사는 주택담보대출이 비약적으로 증가했기 때문이고, 다른 하
나는 저소득층의 생계형 신용대출이 많아졌기 때문이다. 따라서
과도한 대출을 통해 집을 사는 것을 조정하고 과도한 채무를 가
지고 있는 주택을 점차적으로 매각해 가계 부채를 줄이는 정책과
저소득층의 소득을 올리는 정책이 필요하다. 하지만 박근혜 정부
의 가계 부채 대책은 주택 가격 부양 정책에 초점이 맞춰져 있다.
집값이 오르면 대출을 갚을 수 있다고 보는 것이다. 이 정책이 효
과를 보기 위해서는 주택을 처분하는 것이 용이해야 하고, 주택
가격이 대출 이자보다 올라야 한다. 그러나 한국의 주택 가격은
이미 소득에 비해 지나치게 높다. 소득은 정체되어 있고 가계 부
채가 1,000조 원이 넘는 상황에서 주택 가격을 부양시키는 정책

은 오히려 가계 부채를 악화시키게 된다.

여기해 더해 가계 부채가 늘어나는 상황에서 원리금 상환 부담, 즉 실질적 채무 상환 부담이 더욱 높아지는 이유는 금융회사들이 지나치게 이윤을 추구하기 때문이다. 중앙은행의 저금리 정책에 따라 대출 금리가 내려가야 함에도 은행이 가산 금리, 즉 대출 금리를 정할 때 기준 금리에 덧붙이는 위험 가중 금리를 부당하게 인상해 예대 금리차(대출 금리와 예금 금리의 차이) 폭리를 누리고 있기 때문에 가계의 실질적인 채무 부담이 올라가는 것이다. 그 결과 2012년 가계의 총 이자 부담은 45조 원으로 가구당 연간 이자 부담이 250만 원 수준이 됐다. 이는 실질소득 대비 6.1%로, OECD 평균 2.7%보다 2.2배 높다. OECD 24개국 평균 소득 대비 이자 부담 비중은 저금리 기조에 따라 2008년 5.2%에서 2012년 2.7%로 줄어들었지만, 한국은 7.18%에서 6.11%로 감소하는 데 그쳤다.

미국의 경우, 기준 금리를 인상하면서 2006년 중반 채무 상환 비율이 최고치에 달하자 빚을 갚지 못하는 비율이 늘어났다. 주택 가격 하락과 가계 부채 조정은 2007년이 되어서야 시작되었고, 2008년에는 결국 대출 원리금을 상환하지 못해 가계와 대출은행과 금융회사가 한꺼번에 주저앉은 서브프라임 사태가 터졌다. 이후 부동산 가격 하락과 중앙은행의 저금리 정책으로 부채의 총량과 실질적 채무 부담을 조정함에 따라 금융위기 이후 미국의 실질소득 대비 가계 부채 비율은 2010년 132%에서

2012년 110% 수준으로, 채무 상환 부담은 14%에서 10%까지 떨어졌다. 하지만 한국의 실질소득 대비 가계 부채 비율은 2013년 6월 기준 137%로 2012년 말 136%에 비해 1% 올랐고, 채무 상환 부담도 2011년 17.2%에서 2012년 19.5%로 2.3% 상승했다. 이런 상황에서도 한국의 가계 부채 대책은 부동산 가격을 올리는 것과 금융회사의 이윤을 보존해 주는 것이 전부다.

금융민주화가 필요하다

실질적인 수입에 대비해 빚을 갚아야 하는 부담을 줄이기 위해서는 가계소득이 더 많이 늘어날 수 있는 방향으로 정책을 추진해야 한다. 가계의 소득을 올리기 위한 소득 정책, 일자리 창출, 그리고 경제민주화 정책이 가계 부채를 해결하기 위한 중심 대책으로 자리 잡아야 한다. 부채가 있더라도 열심히 일하면 어느 정도 갚을 수 있는 조건을 만드는 것이 최우선이다.

가계의 부채 자체를 조정하는 정책도 필수적이다. 경기 침체가 장기화되고 단기간에 소득 양극화 문제를 해결하기 어려운 상황에서 높은 부채 부담은 심각한 내수 침체의 덫에 빠질 수 있는 원인이 되기 때문이다. 또한 부채가 과다한 상태에서 금리 급등, 경기 침체, 인구구조 변화 등과 같은 충격이 발생하면 한국에서도 미국처럼 언제든지 금융위기가 터질 수 있다. 이를 막기 위해서는 이명박 정부에서 수차례 반복된 주택 가격 부양 기조의 부동산 대책을 전면 수정해, 주택 가격의 하향 안정화를 유도하는 방향으로 정책 기조를 전환해야 한다. 세계적으로 경기가 침체되고 있는 데다가 빠르게 고령화가 진행되고 있는 상황에서 장기간에 걸친 주택 가격의 지속적인 하락은 피할 수 없는 현실이다. 따라서 주택 가격을 상승시키기 위해 집값이 오르기를 기대하는 정부의 잘못된 부양 정책이 멈추어야만 주택 처분을 통해 가계 부채가 조정될 수 있을 것이다. 미국의 경우에서 보듯이, 결국은 주택 가격이 하락하고 부채가 조정되어야만 부동산 시장도 활성화될 수 있다.

과도한 이자 부담을 조정하는 것도 중요하다. 가계 부채 규모에 비해 원리금 상환 부담이 과도하게 큰 것은 금융권이 약탈적으로 이자를 책정하기 때문이다. 은행에 예금하는 사람들에게는 저금리를 적용하고, 돈을 빌리는 사람들에게는 고금리를 적용하는 것이다. 가계의 원리금 상환 부담을 경감하기 위해서는 중앙은행의 지속적인 저금리 정책과 더불어 금융권의 과도한 이윤 추구를 규제할 수 있는 금융민주화 정책이 결합되어야 한다. 주택담보대출의 폭발적 증가와 저소득·저신용 계층의 제2금융권 및 대부업 이용 확대는 은행의 외형 확대 경쟁, 약탈적 대출, 공공 기능 약화 등이 복합적으로 작용한 결과로 은행의 책임 또한 적지 않다. 따라서 은행의 과도한 수수료, 가산 금리, 배당을 규제하기 위한 금융당국의 효과적인 감독이 필요하다. 제도적으로는 국회에 계류된 금융민주화를 위한 각종 법률을 통과시키고,

금융소비자의 권익을 실질적으로 보호할 수 있는 금융소비자 보
호청을 설립해야 한다.

1   **채무 상환 비율 DSR, Household Debt Service Ratio**
    가계 원리금 상환 부담률이라고도 한다. 실질소득 대비
    갚아야 할 부채의 원금과 이자가 얼마인지를 보여 주는
    지표로서, 가계 부채의 위험 수준을 나타낸다. 일반적으로는
    가계 부채 위험 수준을 보기 위해 가계의 실질소득 대비
    가계 부채 총액의 비율을 활용한다. 그러나 채무 상환
    비율은 기준 금리와 시중 금리의 변동을 반영하기 때문에
    실제로 더 유용하다. 빚이 늘어나도 이자가 낮고 원리금
    상환 시기가 길면 가계의 실질 부담액은 낮아진다. 그러나
    한국의 경우 대출 이자가 높고 원금 상환 기간이 짧기
    때문에 가계 대출의 실질적 부담률은 다른 나라의 2배가
    넘는다.

2   **실질소득**
    개인가처분소득 PDI, Personal Disposable Income
    이라고도 한다. 개인이 임의로 소비와 저축으로 처분할
    수 있는 소득을 실질소득이라고 한다. 소득은 보수(월급
    등), 영업이익, 재산소득 등 경제활동에 따른 대가,
    기초노령연금, 고용보험금, 산재보험금 등의 사회수혜금,
    기타 경상이전소득(아무런 대가 없이 받은 돈)을 더한
    것이다. 이러한 소득에서 각종 세금, 건강보험료 등의
    사회부담금, 기타 경상이전지출(아무런 대가 없이 준 돈)
    등을 뺀 값이 실질소득이 되며, 소비와 저축을 더한 값과
    같다.

제2금융권에서
돈 빌리는 가계,
50%

제2금융권 가계 대출 비중 단위 (%)

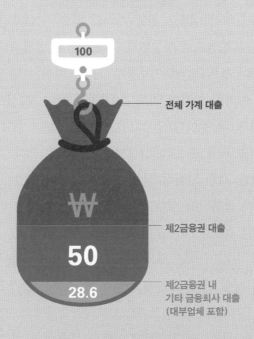

100

전체 가계 대출

₩

제2금융권 대출

50

28.6

제2금융권 내
기타 금융회사 대출
(대부업체 포함)

제2금융권 가계 대출 추이 단위 (%)

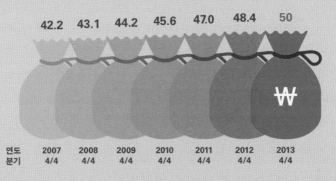

42.2   43.1   44.2   45.6   47.0   48.4   50

| 연도
분기 | 2007
4/4 | 2008
4/4 | 2009
4/4 | 2010
4/4 | 2011
4/4 | 2012
4/4 | 2013
4/4 |

자료—한국은행, 〈가계신용조사〉, 2013

2가구 중 1가구는 제2금융권 대출

제2금융권에서 대출을 받는 가계의 비율은 2008년 세계 금융위기 이후 본격적으로 상승했다. 경제위기로 실직자나 소득이 감소한 계층이 늘어나면서 저소득층·저신용자의 은행권 대출이 어려워지자 이자는 높지만 쉽게 돈을 빌려 주는 제2금융권으로 대출이 몰리게 된 것이다. 2000년대 중반 40% 수준이던 제2금융권 가계 대출 비율[1]은 2013년 4사분기 50%로 역대 최고치를 기록하고 있다. 특히 사실상 사채 수준의 고리대 영업을 하고 있는 대부업체가 포함되어 있는 '기타 금융회사'의 대출 비중은 2006년 23%에서 2013년 4사분기 28.6%로 5% 넘게 증가했다. 금액으로 봐도 증가 추세는 명확하다. 2008년 세계 금융위기 이후부터 2013년 사이 가계 대출은 279조 원(40.9%) 증가했다. 이 중 시중은행 가계 대출은 93조 원(23.8%)이 증가했고, 제2금융권은 무려 187조 원(63.3%)이 늘었다. 특히 사실상 사채놀이를 하고 있는 대부업체가 포함된 기타 금융회사의 가계 대출은 33조 원에서 72조 원으로 2배 이상 늘어났다.

급전이 필요한 생계형 대출 외에 주택담보대출 또한 제2금융권에서 차지하는 비중이 2007년 25%에서 2013년 33.1%로 증가했다. 신용도가 낮고 금리가 높은 제2금융권의 대출 비중이 상대적으로 높아졌다는 것은, 가계의 원리금 상환 부담이 증가하고 가계 대출의 건전성도 갈수록 나빠지고 있음을 의미한다.

대출 장사로 돈 버는 은행

게다가 한국은행이 저금리 정책으로 기준 금리를 2.5% 내렸는
데도 불구하고, 대출금에 대한 금리인 대출 금리와 은행이 저축
한 예금주에게 주는 금리인 수신 금리의 차이인 예대마진[2]은 세
계 금융위기 전보다 높은 상태다. 다시 말해 은행에 예금하는 사
람들에게는 낮은 이자를 주고 은행에서 돈을 빌리는 사람들에게
는 비싼 이자를 받고 있다는 말이다. 저금리 정책으로 기준 금리
는 낮지만 대출 이자는 높게 받기 때문에 편법적으로 이자 차액
으로 인한 수익을 챙기고 있는 것이다. 특히 상호저축은행의 경
우, 금융위기 이전 5% 수준이었던 예대 금리는 2013년 1사분기
12.03%로 역대 최고치를 기록하기도 했다. 결과적으로 가계와
중소기업의 이자 부담은 거의 줄어들지 않았고 은행의 이자 수익
만 증가하게 되었다.

　한국은행이 기준 금리를 내리는 목적은 이자 부담을 줄여 시
중에 돈이 잘 돌게 하려는 것이다. 하지만 중간에서 실질적으로
돈을 빌려 주는 은행에서 대출 이자를 높게 받으면 저축하는 사
람들의 이자만 떨어지고 돈을 빌린 사람들은 높은 이자를 내야
하는 것이다. 은행은 높은 이자로 수익을 내고 있다. 최정욱 대신
증권 연구원에 따르면 2010년부터 3년 동안 각국 금융업의 수익
구조를 분석한 결과 국내 은행들은 수익의 85.3%를 순이자 이익
으로 올리고 있으며 비이자 이익(각종 수수료, 외환 관련 수익, 신용
카드 관련 수익 등)은 고작 14.7%에 불과했다. 국내 은행의 비이자

이익의 비율은 전체 이익의 44%와 38%를 각각 비이자 부문에서 올리는 영국이나 독일 은행들에 비해·월등히 낮다.

효과 없는 은행 규제

2008년 국내 은행 예대마진율(이하 예대율)은 135.8%로 아시아 국가 평균(82%)을 훨씬 초과했다. 은행은 예금을 유치해서 그 돈을 대출해 주는 차액으로 수익을 냈고 대출 중심의 자산 운용은 은행의 유동성 불안을 초래했다. 즉 부실 대출이 늘어나면서 대출을 갚지 못하는 비율이 늘어나면 바로 은행이 위험해지는 것이다. 이에 금융당국은 2009년 12월 15개 국내 은행에 대한 예대율 규제를 도입했다. 그 결과 시중은행의 대출 증가율은 둔화되었으나, 대출 금리가 높은 제2금융권 가계 대출이 폭발적으로 증가했다. 즉 과도한 은행의 대출 장사로 은행의 재정 건전성이 취약해지자 정부에서 예대율을 규제했고 은행은 신용 등급이 낮은 사람들에게 대출을 축소하기 시작한 것이다. 그 결과 대출이 필요한 사람들은 제2금융권으로 쏠릴 수밖에 없게 되었다.

사태가 악화되자 금융당국은 2011년 6월 제2금융권 건전성 규제를 강화했다. 그 결과 2012년 4사분기 은행권과 비은행권 가계 대출은 각각 3%, 7%로 증가율이 둔화됐으나, 신용카드사·할부사·대부업 등이 포함된 기타 금융기관의 가계 대출 증가율은 21.1%로 오히려 상승했다. 흡사 풍선과 같이 한쪽을 줄이면 다른 한쪽이 늘어나는 형국이다. 금융기관의 예대율 및 건전성을 규제하자 비교적 규제가 없는 제2금융권, 대부업체 등으로 대출자들이 쏠리는 것이다. 결국 대출 장사 중심으로 운영해 왔던 은행의 구조적 문제를 해결하지 못한 채 효과 없는 규제만 추진하다 보니 가계의 원리금 상환 부담은 갈수록 가중되고 있다. 또한 금융당국의 정책 실패에 더해 부동산 시장에 투자했다가 손해를 본 자금을 만회하기 위해 저축은행은 가계 대출과 예대마진을 대폭 늘렸다. 이는 가계의 채무 부담 가중과 연체율 상승으로 이어지고, 은행은 다시 가계의 신용 리스크 증가를 명목으로 가산 금리를 인상하는 악순환에 빠지고 있다.

은행의 공공성 회복하기

제2금융권의 가계 대출 건전성과 예대마진 문제를 해결하기 위해서는 몇 가지의 정책 전환이 필요하다. 우선 가계가 빚을 낼 필요를 없게 만드는 것이 중요하다. 빚이 필요한 사람들이 많으면 규제가 낮아 쉽게 빌려 주는 금융기관을 찾아 나설 수밖에 없고, 규제가 낮은 금융기관은 대부분 대부업체나 사채업자들이다. 가계가 빚을 지지 않고 생활할 수 있으려면 서민들의 기본적인 소득이 보장되어야 하고 주거·의료·교육 등의 분야의 복지가 확충되어야 한다.

또한 규제를 기관에 따라 할 것이 아니라 기능에 따라 해야 한다. 지금은 제1금융권과 제2금융권의 규제 정도가 다르다. 규제 수준에 따라 대출받을 수 있는 사람이 나뉘기 때문에 신용도가 낮은 금융기관으로 쏠리게 된다. 기관에 따라 규제를 차등할 것이 아니라 일관된 금융 상품의 규제 기준이 필요하다.

금융기관은 수익성 위주의 경영 행태에서 은행 본연의 공공적 역할을 확대해야 한다. 가계와 중소기업에 투명한 정보를 공개하여 금융기관 간 투명한 금리 경쟁을 유도하고, 가산 금리 산정과 운용에 대한 적정성 및 평가 기준을 마련해 대출 금리 인상에 대한 감독 및 규제를 강화해야 한다. 은행 공공성 회복에서는 서민 금융이 활성화되는 것이 중요하다. 빚을 내서 주택 투기를 하거나 과도한 소비를 하는 행위는 문제가 되지만 생활이나 창업에 필요한 돈을 낮은 금리로 빌릴 수 있는 서민 금융은 매우 중요하다. 자본적정성이나 자산건전성, 수익성 등 수익 위주의 지표로 은행 건전성을 감독하면, 이자율이 높은 대출을 계속 유치해 가계 부실을 확대하는 결과를 낳게 된다. 은행의 경영 실태를 평가하는 기준에 예대마진, 사회공헌활동, 성과급 및 배당 운용 적정성, 고용 창출 등 공공성 역할을 강화하는 지표를 추가해 은행의 공공성을 확대하는 노력이 절실하다.

마지막으로 정부의 공적 금융 기능을 강화해 서민들에게 절실한 대출을 국가가 낮은 이자로 제공해 주어야 한다. 중·저소득층 가계 대출의 상당 부분을 차지하는 전세대출 금리는 시중은행이 5.5~6%, 저축은행이 7~15%에 달하는 반면, 국민주택기금의 노동자·서민 전세대출 금리는 3.3%로 은행보다 2~3% 낮고, 저축은행보다는 4~11% 낮다. 5,000만 원 원금에 3% 금리 차이는 연 150만 원에 해당한다. 적지 않은 액수다. 정부는 주택금융공사, 자산관리공사 등 공적 금융기관의 출자금을 늘려서라도 중산층까지 공적 금융의 수혜가 확대될 수 있는 금융 복지를 실현해야 한다.

1   제2금융권 가계 대출 비율
제2금융권 가계 대출 비율이란 전체 가계 대출에서 비은행예금취급기관(저축은행, 신협, 상호금융, 새마을금고 등)과 기타 금융기관(보험사, 신용카드사, 주택이나 차 등 고가의 물건을 살 때 돈을 빌려 구매를 하게 해 주는 할부금융사, 증권사, 대부업체 등)에서 받은 가계 대출이 차지하는 비중을 의미한다. 일반적인 은행인 제1금융권에 비해 제2금융권에서 돈을 빌리면 높은 이자와 낮은 회사 신용도로 인해 같은 금액을 빌리더라도 갚아야 하는 돈이 훨씬 많아져 악성 채무자가 될 가능성이 높다. 제2금융권 대출이 증가하는 것은 가계 부채의 질이 나빠지고 있다는 것을 보여 주는 지표다.

2   예대마진
금융기관이 대출로 받은 이자에서 예금에 지불한 이자를 뺀 나머지 부분으로 금융기관의 수입이 되는 부분이다. 대출 금리가 높고 예금 금리가 낮을수록 예대마진이 커지고 금융기관의 수입은 그만큼 늘어나게 되므로 금융기관의 수익성을 나타내는 지표가 된다.

서민 상대 돈 장사,
대부업체 이자만
2조 8,000억 원

금융기관별 신용대출 이자율   단위 (%)

자료—한국은행, 〈금융안정보고서〉, 2013

최고이자율 변화에 따른 대부업체 대부 잔액과 신용대출 이자율   단위 (%)

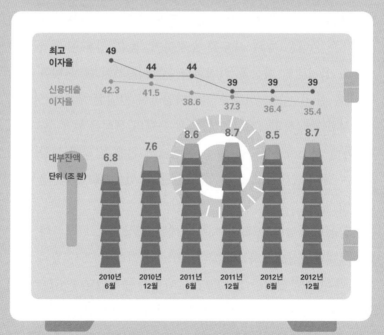

자료—금융감독원, 〈사금융이용실태조사〉, 2013

단박 대출, 몰려드는 서민들

한국은행의 2013년 〈금융안정보고서〉에 의하면 금융기관별 개인 신용대출 연평균이자율은 대부업체 38.1%, 저축은행 29.9%, 캐피털사 24.2%, 상호금융사 7.4%, 은행 6.9% 순이었다. 금리가 제일 낮은 은행의 경우에도 신용 등급에 따라 20%가 넘는 이자율을 내야 하는 경우도 있다. 가계 부채가 1,000조 원에 달하는 지금, 높은 이자율은 서민들에게 많은 부담이 될 수밖에 없다.

대부업에 집중해 조금 더 살펴보자. 사실상 사채 수준인 38%가 넘는 이자를 물고서라도 대부업체를 이용하는 사람들이 느는 이유는 무엇일까? 은행에서 돈을 빌리기가 어렵기 때문이다. 기존 은행은 높은 신용을 요구하며, 높은 신용은 곧 일정한 소득과 안정적인 자산을 의미한다. 주택 가격이 높아 빚을 내야만 집을 살 수 있고, 비정규직과 저임금이 만연한 데다가 고용이 불안정한 한국사회에서 서민들에게 은행의 문턱은 너무 높다. 서민, 특히 저소득층일수록 일반 은행에서 돈을 빌리기 힘들기 때문에 이율이 높더라도 돈을 쉽게 빌릴 수 있는 제2금융권을 찾을 수밖에 없다.

금융감독원이 등록된 대부업체를 대상으로 반기마다 실시하는 〈대부업실태조사〉가 있다. 2012년 하반기 조사 결과 전국의 등록된 대부업체는 1만 895개, 이용자 수는 250만 6,000명이었다. 대부 잔액[1]은 8조 6,904억 원이며, 이 중 신용대출이 7조 3,152억 원이고 담보대출이 1조 3,752억 원이었다. 신용대출 평균이자율은 35.4%, 담보대출 평균이자율은 17.8%였다. 대부 잔액과 이자율을 곱해 총 이자액을 계산해 보면 신용대출자들이 지불해야 할 이자액이 약 2조 5896억 원(7조 3,152억 원×35.4%), 담보대출자들이 지불해야 할 이자액은 2,448억 원(1조 3,752억 원×17.8%)으로 총 약 2조 8,000억 원에 달했다.

대출 이자를 '리드'하는 대부업체

대부업 역시 양극화가 심해 100억 원 이상 자산 규모의 대형 대부업체 89개가 차지하는 비중이 대부 잔액 기준으로 87%, 이용자 기준으로 91%를 차지했다. 그중에서도 자산 순위 상위 5대 대부업체인 A&P파이낸셜대부(러시앤캐시), 산와대부(산와머니), 웰컴크레디라인대부(웰컴론), 바로크레디트대부(바로론), 리드코프의 대부 잔액은 3조 5,201억 원으로 40.5%를 차지했다. 이들의 2012년 매출액 대비 영업이익률은 산와대부가 30.3%, A&P파이낸셜대부가 19.6%, 웰컴크레디라인대부가 18.9%, 바로크레디트대부가 16.1%, 리드코프가 13.9% 등으로 평균 19.8%에 이르렀다. 같은 해 상장기업의 평균 영업이익률 5.2%와 비교하면 4배나 많은 이익을 거두었다.[2] 이런 와중에 A&P파이낸셜대부(러시앤캐시), 산와대부(산와머니), 미즈사랑대부(미즈사랑), 원캐싱대부(원캐싱) 등은 최고이자율[3] 39%를 초과하는 이자를 받아 30억 6,000만 원의 부당 이익을 얻었다.

한편 2013년 8월 금융감독원은 〈사금융이용실태조사〉 결과
도 발표했다. 사금융에는 등록된 대부업체뿐 아니라 미등록 대부
업체와 개인 간의 거래까지 포함된다. 138명이라는 매우 적은 수
를 대상으로 조사가 이루어졌다는 한계가 있지만, 조사 결과 1인
당 사금융으로부터 평균 2,378만 원을 대출받았으며, 평균 이자
율은 연 43.3%에 달했다. 이자율을 세부적으로 살펴보면 등록된
대부업체가 38.7%, 미등록 대부업체가 52.7%, 개인 간 거래가
38.5%였다. 이 중 이자율이 가장 높았던 미등록 대부업체의 경
우 100% 이상의 고금리 대출 이용자 비중도 20%나 되었다. 현
행 이자제한법에서 미등록 대부업체에 규정하고 있는 최고이자
율 30% 수준조차 전혀 지켜지지 않고 있는 것이다.

고리대부업의 고리 끊기

고금리로 인한 피해를 줄이는 첫 번째 대책은 최고이자율을 낮
추는 것이다. 다행히도 2013년 대부업법 개정을 통해 대부업 및
금융기관의 최고이자율이 34.9%로 낮아졌다. 하지만 1997년 외
환위기 전 이자제한법에서는 25%로 규정하고 있었던 것에 비하
면 여전히 높은 수준이다. 연 34.9%의 이자율이란 대출을 받은
후 3년이 지나면 원금보다 많은 이자를 내야 한다는 것을 의미한
다. 다시 말해 3년 만에 빌린 돈의 2배를 갚아야 한다는 것이다.
34.9%로 개정된 이자율조차 절대 낮은 수준이 아니다.

다른 국가와 비교했을 때도 한국의 최고이자율은 매우 높다. 일본은 100만 엔 이상의 대출에는 15%, 10만 엔 이상 100만 엔 미만의 대출에는 18%, 10만 엔 미만의 대출에는 20%의 최고이자율을 적용하고 있다. 미국의 경우 주마다 달라 뉴욕 6%, 캘리포니아와 텍사스 10%, 코네티컷과 버지니아 12% 등이며 최고 18%를 넘지 않는다. 독일의 최고이자율은 12%이며, 프랑스는 중앙은행이 이전 분기에 고시한 평균 시장 금리의 3분의 1 수준을 넘지 않는 범위를 최고이자율로 정하고 있다. 즉 다른 국가들의 최고이자율은 대체로 20%를 넘지 않는다. 한국도 이 정도 수준으로 낮출 필요가 있다.

상식적으로 생각해도 기준 금리가 2.5%이고, 은행의 신용대출 금리가 7%인데 대부업체에게만 40%에 가까운 이자율을 허용할 이유가 없다. 대부업체들이 빌려 줄 돈을 조달하기 위해 빌리는 돈의 금리 역시 연 9~10% 수준밖에 되지 않는다. 10%로 돈을 빌려 와서 40%에 빌려 주고 있는 것이다. 나머지 30%의 차익은 대형 대부업체들에게 돌아가고 있다. 이 차익을 줄여서 서민들이 감당해야 할 이자를 줄여야 한다.

한편에서는 대부업체의 이자율을 인하하면, 많은 대부업체들이 문을 닫거나 음성화되어서 오히려 서민들의 돈줄이 막힐 것이라는 반박도 끊이지 않는다. 그러나 대부업법에 규정된 최고이자율은 2002년 이후 계속 하락해 왔지만 대부업체들의 대부 잔액은 계속 늘어나고 있다. 최고이자율이 49%였던 2010년 상반기

6조 8,000억 원이었던 대부 잔액은 최고이자율이 39%로 낮아진 2012년 하반기에는 8조 7,000억 원으로 2조 원 가까이 증가했다. 또한 최고이자율에 맞춰서 대부업체들의 평균이자율도 낮아지고 있다. 최고이자율이 49%였던 2010년 상반기에는 신용대출 이자율은 42.3%에 달했지만 최고이자율이 39%로 낮아진 2012년 하반기에는 35.4%로 같이 낮아졌다. 이를 통해 이자율이 낮아진다고 대부업체가 큰 타격을 입지 않으며, 이자율 인하 정책이 실질적으로 이자율을 낮추는 효과를 가져 오고 있음을 알 수 있다.

1   대부 잔액

대부 잔액이란 대부업체에서 대출해 준 금액 중에
원금을 상환하고 남은 대출 잔액을 뜻하는 말로, 정확한
표현은 '대부업체 대출 잔액'이다. 대부 잔액이 많을수록
대부업체에서 빌린 돈이 많다는 것을 의미한다.

2   참고한 기사

⟨한겨레⟩, '삼성도 부러워할 대부업체 수익률',
2013. 7. 24.

3   최고이자율

한국은 1962년에 이자제한법이 만들어져 유지되다가,
1997년 외환위기 때 국제통화기금(IMF)이 시장 기능의
활성화를 이유로 이자제한법 폐지를 요구하면서 사라지게
되었다. 1997년 이자제한법에 의한 최고이자율은 연
25%였다. 하지만 이자제한법이 사라지자 연 수천 %에
이르는 고금리가 횡행하고, 사채 이자율 평균이 200%에
달했다. 사채에 시달리다가 자살하는 이들도 적지
않았고, 이는 사회 문제로까지 대두되었다. 이에 2002년
최고이자율을 연 66%로 규제한 대부업법이 도입되어
대부업 및 금융기관들에 적용되기 시작했고, 2007년에는
최고이자율을 연 30%로 하는 이자제한법이 추가로
도입되어 개인 간 거래에 적용되기 시작했다.
2013년 최고이자율에 관한 법이 개정되었다. 현재
한국에서 최고이자율은 2가지 법에 의해 규정된다. 하나는
대부업 및 은행, 고객에게 돈을 빌려 주는 여신 업무를 하는
금융기관 등에 적용되는 대부업의 등록 및 금융이용자
보호에 관한 법률(이하 대부업법)이고 다른 하나는 개인
간 금융 거래에 해당하는 이자제한법이다. 각각의 법에서
이자율은 연 39%와 연 30% 이내로 제한했었는데, 2013년
개정을 통해 연 34.9%와 25%로 줄어들었다.

6장

커지는 파이,
나눠지지 않는 파이

우리 동네
골목 풍경

경제학자인 '기막혀' 씨는 경기를 판단할 때 2가지 주먹구구를 참고한다. 호황이 언제 끝나는지를 알고 싶으면 어떤 사람들이 주식시장에 참여하는지 본다. 주식시장과 전혀 어울리지 않는 사람들이 주가를 들먹인다면, 그리고 급기야 쌈짓돈으로 주식을 산다면 호황은 절정에 달한 것이다. 소위 '개미' 투자자들이 주식시장에 몰릴 때 주가는 정점에 있지만 '개미'들이 가장 비싸게 주식을 사들인 후 곧 급락하게 된다. 불황의 끝은 동네 구멍가게나 음식점을 관찰하면 알 수 있다. 동네의 조그만 업소들의 주인이 얼마나 자주 바뀌는지는 경기의 중요한 지표가 된다. 만일 대다수의 자영업자가 6개월 이상 장사를 하고 있다면 경기가 호황인 것이다. 하지만 요즘은 이 두 주먹구구가 제대로 기능을 하지 못한다. 더 이상 옆집 아저씨가 주가를 물어 보지도 않고, 동네 가게들은 빈 곳이 상당히 늘어났는데 새로운 가계가 들어서지 않은 지 오래다.

기업만 잘나가는 수수께끼의 이면

하지만 기업의 사정은 다르다. 국민소득 증가율과 가계의 실질소득 증가율은 계속 하락하고 있지만 기업의 실질소득 증가율은 높아지고 있다. 성장률 전체가 하락하고 있고, 가계소득 증가율은 급격히 하락하고 있지만 기업소득 증가율은 늘어나고 있는 것이다. 도대체 왜 이런 수수께끼 같은 현상이 일어나는 걸까? 기업이 잘 나가면 임금이 올라가서 가계소득도 같이 늘어나야 정상이 아닌가? 실제로 1995년 이전까지 생산성과 실질임금은 거의 같은 속도로 늘어났다. 즉 생산성이 늘어난 만큼 기업의 이윤과 노동자의 임금이 비슷하게 증가했다. 아주 단순하게 말하자면 어느 해 생산량이 100 늘어났다면 노동자 임금으로 50, 기업 이윤으로 50이 분배됐다는 이야기다. 그런데 1990년대 중반부터 기업의 이익이 증가하는 것에 비해 노동자 임금 증가율이 뒤처지기 시작했고, 1997년 외환위기 이후에는 이 경향이 고착됐다. 시간이 갈수록 기업 이윤, 특히 대기업 이윤은 매년 사상 최고를 기록하는데 노동자의 삶은 별로 나아지지 않고 영세자영업자, 비정규직 노동자, 실업자를 비롯한 서민들의 삶은 최악으로 치닫고 있다.

신자유주의 정책의 배경에는 기업이 돈을 벌면 투자와 고용을 늘려 일자리가 늘어나고 그에 따라 경제도 성장하게 된다는 '낙수효과'라는 믿음이 있다. 신자유주의 정책과 더불어 한국 경제구조의 중심에는 수출이 자리 잡고 있다. 따라서 정부의 정책 또한 대기업이 수출을 통해 돈을 버는 것에 집중되었다. 기업들이 수출 경쟁력을 가지려면 노동자들의 임금을 낮추어야 한다. 따라서 임금을 낮추기 위해 비정규직 노동자를 비롯해 하청·용역·특수고용 형태의 노동자를 늘리고 대규모 구조조정을 추진했다. 노동시장이 유연해진 것이다. 한편 기업에는 대규모 감세 혜택을 주고 각종 규제를 완화했다. 말 그대로 한국은 '기업하기 좋은 나라'였다. 정부는 그것도 모자라 튼튼한 국가산업마저 대기업들에게 넘겨주고 있다. 전기·수도·가스·철도·공항 등 국민들의 생활과 직결되면서도 수익이 안정적인 산업들을 사기업에 넘기는 민영화가 박근혜 정부에서 적극적으로 추진되고 있다.

신자유주의 정책으로 노동시장이 유연화되면서 실직자는 물론이고 최저임금도 받지 못하는 워킹푸어 노동자들이 엄청나게 증가했다. 기업은 정부로부터 온갖 혜택을 받으며 소득을 늘려 가는데, 노동자들의 임금은 급격하게 줄고 가계 부채는 큰 폭으로 증가했다. 상위 1% 대기업에 모든 부가 집중되고 있는 것이다.

국가 경제 말아먹는 대기업의 이윤 독식

지금 한국사회에서 경제성장의 열매는 기업, 그중에서도 삼성과 현대로 대표되는 상위 대기업이 독식하고 있다. 이 상황이 지속되면 결과는 자명하다. 경제가 붕괴된다. 노동자의 임금은 제자리걸음인데 교육비, 주거비, 의료비 보장은 거의 없다. 그러면 가계는 빚이 늘어나고 소비를 줄일 수밖에 없다. 내수가 바닥을 치는 이유다. 게다가 한국의 수출 증가율은 제자리걸음이다. 세계적으로 경기가 침체되어 있어서 수출로 활로를 찾기가 어렵기 때문이다. 그렇다면 생산된 상품을 어디에다 팔 것인가? 소비와 저축을 할 수 있는 정도의 소득이 있어야 경제가 잘 굴러간다는 것은 상식이다. 지금보다 수출을 늘리기 어려운 상황에서 내수가 심각하게 침체되면 활로를 찾을 길이 없다. 심각한 소득 불평등은 경제를 망치는 지름길이다.

물론 이 현상은 한국에서만 일어나는 일이 아니다. 전 세계가 노동시장 유연화와 산업 민영화에 온 힘을 기울였기 때문이다. 2008년 미국에서 시작된 경제위기의 원인 역시 심각한 소득 불평등이었다. 세계적으로 경기가 회복기라는 진단이 나오고 있지만 지금도 빈부격차는 심해지고 있기 때문에 반짝 회복에 그칠 가능성이 높다. '기막혀' 씨 동네의 빈 업소가 채워지고 자영업자들의 얼굴에 웃음꽃이 피기 전에 경기는 회복되지 않을 것이다.

부자 기업,
가난한 가계

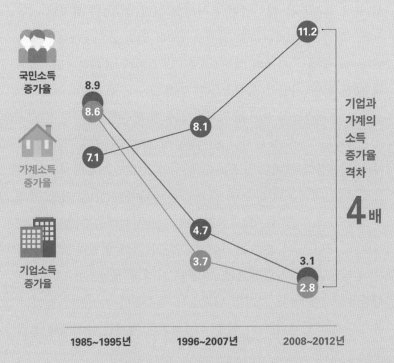

국민소득·가계소득·기업소득 증가율   단위 (%)

국민소득
증가율

가계소득
증가율

기업소득
증가율

8.9
8.6

7.1

8.1

11.2

4.7
3.7

3.1
2.8

기업과
가계의
소득
증가율
격차

4배

1985~1995년   1996~2007년   2008~2012년

자료—한국은행, 〈국민계정–제도부문별 소득계정〉, 각 연도

대기업만 누리는 경제성장의 열매

2008년 미국에서 시작된 세계 금융위기에 따라 침체에 빠진 경기는 2010년에 들어서면서 점차 회복되고 있다. 하지만 경제성장의 열매 대부분을 대기업이 독식하고 있다. 2010년 한국의 실질소득, 즉 부채를 제외하고 실제로 쓸 수 있는 소득은 6.2% 성장했다. 이 중에서 가계의 실질소득은 그 절반에 불과한 3.2% 성장에 그친 반면 기업의 실질소득은 무려 25.3% 증가했다. 즉 기업소득과 가계소득의 증가율 격차는 22%가 넘는다.

경제는 기업, 노동자(가계), 정부의 상호작용으로 성장한다. 따라서 성장의 열매는 노동자에게는 임금으로, 정부에게는 세금으로, 기업에게는 이윤으로 골고루 분배되어야 한다. 한국 경제의 황금기라고 할 수 있는 1985~1995년 사이에는 기업소득, 가계소득, 국민소득[1] 증가율 사이에 격차가 거의 없었다. 국민소득은 연평균 8.9% 성장했으며, 가계와 기업의 실질소득 증가율은 각각 8.6%, 7.1%로 가계의 실질소득 증가율이 기업보다 높았다. 하지만 1997년 외환위기 이후 경제성장의 열매는 대기업에만 집중되고 있다.

1997년 외환위기 이후 가계소득 증가율은 국민소득 증가율의 하락 추이보다 더 빨리 하락하여 고도성장기의 3분의 1 수준에도 미치지 못하고 있다. 하지만 이와는 정반대로 기업소득 증가율은 가파르게 상승해 고도성장기보다 60% 정도 더 높아졌다. 국민소득 증가율은 외환위기 이전(1985~1995년) 연평균 8.9%에

서 외환위기 이후 4.7%, 이명박 정부 집권 기간(2008~2012년)에
는 3.1%로 계속 하락하는 추세를 보인다. 그런데 이와는 정반대
로 외환위기 이전 7.1%, 이후 8.1%였던 기업의 실질소득 증가율
은 이명박 정부 집권 동안에만 11.2%로 더욱 급격하게 증가했
다. 즉 이명박 정부 내내 기업과 가계소득의 증가율 격차는 8.4%
로 성장의 수혜가 기업에 집중됐다는 것을 알 수 있다. 반면 가
계소득 증가율은 국민소득 증가율 하락 추이보다 더 빨리 하락하
여 이명박 정부 집권 동안의 증가율(2.8%)은 고도성장기(8.6%)의
3분의 1도 되지 않는다.

낙수효과는 없다

기업과 가계의 소득이 불평등한 원인은 일차적으로 기업이 노동
자에게 줄 몫을 주지 않기 때문이다. 국민소득에서 기업의 영업
이익 비중이 1996년 16.5%에서 2012년 27.8%로 10.3% 증가하
는 동안 임금 분배율은 75.2%에서 63.7%로 11.5% 떨어졌다. 기
업이 수익을 내면 노동자 실질임금이 올라가야 한다. 노동자들
의 임금이 올라야 소비가 활성화될 수 있으며 경제를 성장시키는
기본 동력이 된다. 그러나 '국가경쟁력'을 내건 김영삼 정부 이
래 한국 정부는 노동자의 임금 억제를 기조로 노동 유연화, 법인
세 인하 등 친기업 정책을 실시했다. 국가가 임금을 억제하고 기
업을 지원해 생산성 이득이 가급적 기업의 이윤에 귀결되도록 한

것이다. 그 결과 경제성장의 수혜가 기업에만 집중됐다. 기업과 가계의 소득 불평등 현상이 뚜렷해진 것이다.

정부에서 기업에게만 혜택을 주는 이유는 단순하다. 낙수효과에 대한 믿음 때문이다. 규제를 풀어 기업을 지원하면 기업이 이윤을 내고 경제가 성장한다는 것이다. 그리고 이렇게 경제가 성장하면 기업의 투자가 늘어 고용이 늘고, 다시 경제가 선순환할 것이라는 믿음이다. 하지만 현실은 다르다. 기업이 혜택을 받아 이윤을 내면 그 열매를 사회와 나누는 것이 아니라 다시 기업이 가져가고 있다. 투자를 하지도, 고용을 늘리지도, 이윤을 노동자 혹은 사회와 나누지도 않는다. 삼성이나 현대를 비롯한 대기업이 성장한다고 해서 국민소득이나 가계소득이 늘어나지 않는다는 것은 이미 명확한 사실이다. 정부가 주장하는 낙수효과는 사실상 평계에 불과하다. 대기업의 이해관계를 충실히 대변하는 경제 관료들이 친기업 정책을 추진하기 때문이다. 한국에서 경제 관료와 대기업 주주 및 임원들은 이해관계로 엮여 있으며 정부 관료들은 퇴직 후 대기업으로 진출하는 경우가 많다. 경제 정책을 담당하는 사람들이 사실상 대기업의 이해관계자들인 것이다.

성장보다 분배가 필요하다

임금은 늘지 않고 기업만 배불리는 상황이 가속화되는 것은 경제에 전혀 도움이 되지 않는다. 앞서 말한 낙수효과를 기대할 수 없다면 노동과 가계 친화적인 소득 정책을 실시해야 한다. 즉 '소득 주도 성장'이라고 이론화된 국가의 적극적 소득 정책이 필요하다. 이는 기업의 수익을 노동자의 임금으로 분배해서 노동자들의 소비 여력을 회복시키자는 것이다. 즉 노동자의 소비를 통해 경제를 활성화시켜 투자와 고용을 확대하고 생산성을 증가시키는 선순환 고리를 회복해야 한다는 이야기다.

소득 주도 성장을 위한 1차 소득 정책은 정부의 지원과 개입을 통한 것이다. 노동시장 내에서 분배를 정상화하기 위한 최저임금 증가, 노조의 협상력 제고를 위한 비정규직 해소 등이다. 그리고 최근 사회적 이슈로 대두되는 재벌·금융·조세 개혁 등은 2차 소득 정책에 포함될 수 있다. 마지막으로 실업급여를 비롯한 사회보험 취약계층 문제를 해소하고, 근로장려세제 확대를 통해 저임금 노동자와 자영업자의 가계소득을 지원해야 한다. 가계의 견고한 소득 증가는 침체된 내수와 가계 부채 문제를 해소하고 사회적 통합에 기여하는 근본이 될 수 있다.

1   **국민소득**
국민소득이란 한 국가에 있는 가계, 기업, 정부 등 모든 경제 주체가 일정 기간(보통 1년)에 새로 벌어들인 소득의 총합이라고 할 수 있다. 국가 경제에서 발생하는 소득의 원천은 기업의 생산과 가계의 소비에 있다. 기업은 생산한 재화와 서비스를 가계에 판매하여 소득을 획득하며 가계는 기업에 생산요소를 제공하고 소득을 얻는다. 기업이 노동자의 임금으로 얼마를 분배하는지, 세금으로 얼마를 내서 가계에 2차적으로 돌아가는 분배 몫이 얼마가 되는지에 따라 가계와 기업의 몫은 달라진다.

삼성전자 임원 연봉,
노동자 연봉의
137배

삼성전자 임원 연봉과 노동자 연봉 (2012년)   단위 (원)

137배

3,800만

노동자 평균 연봉
(5인 이상 사업장)

52억

삼성전자 임원 평균 연봉

자료—금융감독원,
전자공시시스템, 2012 /
고용노동부,
〈사업체 노동력 조사〉, 2012

서울시 예산보다 많은 한국 최고 부자 4인의 자산 (2013년)   단위 (원)

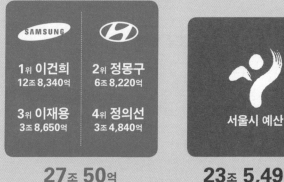

SAMSUNG

1위 이건희
12조 8,340억

2위 정몽구
6조 8,220억

3위 이재용
3조 8,650억

4위 정의선
3조 4,840억

서울시 예산

27조 50억

23조 5,490억

자료—재벌닷컴 / 서울특별시 홈페이지

경제위기의 진짜 원인은 소득 불평등

2008년 세계 금융위기는 단순히 금융산업만의 위기로 끝나지 않고 전 세계 경제 시스템의 장기적인 침체로 이어지고 있으며, 그 원인이 소득 불평등[1] 때문이라는 시각이 부각되고 있다. 무분별한 금융 투기 이면에는 실물경제 부문에서 소득 불평등이 확대되고 있었고, 이를 감추기 위해 그만큼의 자산 거품과 부채를 일으켰다는 것이 알려지면서 소득 불평등이 경제위기의 가장 큰 원인으로 지목되고 있는 것이다. 경제적 부가 1%에게 집중되면서 그 1%는 자산을 더욱 불리기 위해 무분별한 금융 투자로 금융 불안정성을 키워 왔고, 99%는 소득이 점점 줄고 오히려 빚이 늘었다. 결국 기업과 고소득층에 집중된 막대한 자금은 실물경제에 투자되지 못하고 금융 상품 투자로만 빠졌고, 부동산 자산 거품과 가계 부채를 막지 못하면서 엄청난 위기가 일어난 것이다.

삼성전자 임원, 노동자 평균 연봉의 137배

그렇다면 한국사회에서 소득 불평등은 얼마나 악화되었을까? 한 사회의 불평등 정도를 알기 위해서는 일반적으로 지니계수나 상위 1% 소득 점유율 같은 지표를 참고한다. 하지만 한국의 경우 상위 1%의 소득을 국세청에서 공개하지 않거나 가계소득 조사에서 고소득층이 제대로 포함되었을 가능성이 적어 정확한 실태를 알기가 쉽지 않다. 그래서 최고 연봉을 받는 대기업 임원들의 소득과 평균적인 직장인들의 임금 총액을 비교해 보았다. 2012년 기준으로 수당을 포함한 직장인들의 연봉 총액은 평균 약 3,800만 원이었다. 반면 최고 연봉을 받는 삼성전자 등기 임원의 평균 보수는 약 52억 원이었다. (이건희 회장과 이재용 부회장은 비등기 임원이기 때문에 연봉을 알 수 없다.) 삼성에서 가장 많은 소득을 가져가는 직계 임원들을 제외하고도 무려 137배에 이르는 격차다. 과연 삼성전자 임원과 다른 노동자들의 능력과 성과가 이만큼이나 차이가 나는 것일까?

대기업 임원들과 노동자들의 부의 격차는 소득 격차를 훨씬 뛰어넘는다. 〈재벌닷컴〉이 2013년 7월 1일 개인 재산 1조 원 이상의 '슈퍼부자' 28명의 내역을 공개했다. 이에 따르면 1위는 이건희 삼성전자 회장이다. 그는 삼성전자를 비롯한 상장사와 삼성에버랜드 등의 비상장사 주식과 배당금, 서울 이태원에 있는 주택과 지방 소재 부동산 등을 합쳐 총 재산 12조 8,340억 원을 기록해 압도적 1위를 차지했다. 이어서 정몽구 현대그룹 회장, 이재용 삼성전자 부회장, 정의선 현대자동차 부회장 등 두 부자(父子)가 1위에서 4위 부자(富者) 순위를 독식하고 있다. 이들의 자산을 합한 27조 50억 원은 2013년 서울시 예산 23조 5,490억 원보다 많다. 반면 2012년 중간소득 가구의 자산은 부채를 포함하고도 약 1억 7,500만 원이었고, 소득 하위 20% 저소득층은 2,300만 원에 불과했다. 부채를 고려한 순자산으로 따지면 이보다 더 적어진다. 이건희 회장의 재산은 중간소득 가구의 약 8만 배에 가깝

고, 소득 하위 20% 저소득층 가구의 무려 55만 8,000배에 이른
다. 비교 자체가 무색하다.

불평등은 불가피한 것이 아니다

어떤 사람들은 자본주의 사회에서 일정한 불평등은 불가피하고,
심지어는 경쟁을 자극하기 때문에 필요하다고까지 한다. 물론 불
평등을 완전히 해소해 100% 평등한 사회를 만드는 것은 불가능
하다. 중요한 것은 불평등의 정도와 파급 효과다. 지금 한국사회
의 소득 불평등은 매우 심각한 수준이다. 상위 1%에 모든 부가
집중되고 있으며 임금 분배율, 가계 부채 등 불평등 지표는 갈수
록 악화되고 있다. 자본주의 역사를 볼 때 현재 수준의 불평등은
1929년 대공황 이래 처음이며 더 큰 문제는 해결의 기미 없이 더
악화되고 있다는 점이다. 사실상 해방 이후 최대의 불평등이다.

　부의 불평등이 미치는 파급 효과도 심각해지고 있다. 소득
불평등이 심화되면 가계의 소비 여력이 떨어져 경기가 침체된다.
그에 따라 제조업이나 사회서비스업 등 중산층이 구매할 수 있
는 시장이 위축되는 반면, 고소득층과 기업에 집중된 부는 또 다
른 이윤을 위해 금융 상품이나 부동산 등의 거품을 찾아 나선다.
가계는 기본 생활비가 부족해 빚을 질 수밖에 없고 투기성 금융
시장의 확대와 가계 부채 등으로 경제 안정성은 크게 흔들린다.
대공황이나 대침체로 이어지는 것이다. 소득 불평등이 건강 불평

등, 주거 불평등으로 이어지고 삶의 질이 악화되는 것은 더 말할 나위도 없다.

이 대목에서 노벨 경제학상 수상자 조지프 스티글리츠가 그의 저서 《불평등의 대가》에서 했던 주장은 우리가 불평등을 어떻게 받아들여야 하는지 함축적인 암시를 준다. "불평등은 단순히 자연력이나 추상적인 시장의 힘에서 비롯된 결과가 아니다. 우리가 설사 빛의 속도가 더 빨라지기를 바란다고 해도 이를 위해 할 수 있는 일은 아무것도 없다. 그러나 불평등은 대부분 과학 기술과 시장의 힘, 그리고 광범한 사회적 힘에 영향을 미치고 이를 견인하는 정부 정책에서 비롯한 결과다. 바로 여기서 희망과 절망이 교차한다. 이런 불평등이 불가피한 것이 아니며, 정책을 바꾸면 보다 효율적이고 보다 평등한 사회를 만들 수 있다는 점에서 우리에게는 희망이 있다."

1   **소득 불평등과 부의 불평등**
경제적 자산은 일반적으로 벌어들이는 소득과 가지고 있는 부로 구성되며 경제적 불평등은 소득과 부의 격차를 통해 알 수 있다. 따라서 경제적 불평등은 소득 불평등Income Inequality과 부의 불평등Wealth Inequality을 핵심 지표로 삼는다. 소득 불평등은 시장에서 경제활동을 통해 벌어들이는 시장소득의 격차로 측정하며, 부의 불평등은 각종 금융자산에 주택과 같은 비금융 유형 자산을 모두 합산한 것에서 부채를 뺀 것의 격차로 측정한다.

몰락하는 자영업

자영업자와 노동자의 실질소득 증가율   단위 (%)

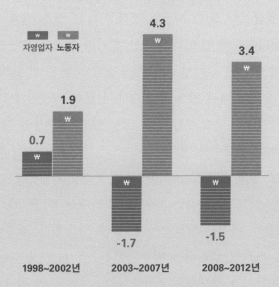

자료—한국은행, 〈국민계정–제도부문별 소득계정〉, 각 연도

자영업 가구와 노동자 가구의 소득 격차   단위 (만 원)

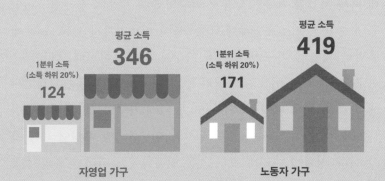

자료—보건사회연구원, 〈자영업자의 가구 소득 및 가계 지출〉, 2012

매년 줄어드는 자영업 소득

'노동자 월급보다 못한 자영업 소득'이라는 말은 이제 더 이상 낯설지 않다. '슈퍼 갑'이라 불리는 본사의 횡포로 고통받는 '을'의 표상이 되었던 편의점 체인 점주들의 소득은 월 150만 원도 안 되는 경우가 적지 않다. 편의점에서 일하는 시간제 노동자들에게 최저임금을 맞춰 주는 것도 쉽지 않아, 점주들이 직접 24시간 내내 일하는 경우도 많다.

한국은행에 따르면 신용카드의 무분별한 발급으로 신용불량자들이 무더기로 쏟아졌던 2003년 '카드대란' 이후 2007년까지 자영업자들의 연평균 실질소득[1]은 1.7% 감소했다. 또한 2008년 미국에서 시작된 금융위기 이후 2012년까지는 1.5% 감소했다. 특히 금융위기가 발생했던 2008년에는 무려 6.8%가 감소했고, 그 다음해인 2009년에도 2.2% 떨어졌다.

2011년 기준으로 노동자 가구의 월평균 소득이 419만 원인데 비해 자영업 가구는 노동자 가구의 80% 수준에 불과한 346만 원 수준이다. 저소득층에서 고소득층에 이르기까지 모든 소득 계층별로 자영업 가구가 노동자 가구보다 뒤떨어진다. 한국금융연구원의 〈50세 이상 자영업자 증가 현황과 대응 방안〉 보고서에 따르면, 전체 자영업 가구 459만 2,000가구의 31.6%인 145만 1,000가구가 연소득 2,609만 원 이하인 '생계형 자영업 가구'라고 한다. 상황이 이렇다 보니 소득 양극화에서 하위 계층의 소득 추락이 주로 노동자보다는 자영업에 의해 주도된 측면이 있다는

분석마저 나오고 있다. 2012년 한국개발연구원(KDI) 보고서 〈한
국의 소득 불평등〉에 의하면 1995년 소득 하위 10%의 월평균
실질소득은 75만 7,000원이었는데 2010년 67만 1,000원으로 감
소한 주요 이유가 자영업의 쇠퇴 때문이라고 한다.

실직한 노동자들, 창업을 꿈꾸지만

자영업 소득이 이처럼 노동자보다 못하게 된 이유는 노동자들의
소득이 급상승했기 때문이 아니라, 자영업 소득이 추락했기 때문
이다. 실제로 한국은행 〈국민계정-제도부문별 소득계정〉 자료를
보면 노무현·이명박 정부 10년 동안 노동자들의 실질소득은 조
금 증가했지만, 자영업자들의 실질소득은 오르기는커녕 오히려
더 떨어졌다.

한국사회 자영업의 위기는 취약한 노동시장에서 시작됐다
고 볼 수 있다. 1997년 외환위기 이후, 구조조정으로 실직을 했
던 많은 노동자들이 자영업 창업 전선에 나섰다. 2000년 초부터
불어 닥친 벤처 열풍과 경기 활성화를 위한 각종 신용 규제 완화
는 이런 현상을 가속화했고, 2001년에는 자영업자 수가 사상 최
대인 600만 명을 돌파하기도 했다. 한때 너도나도 창업을 시작할
정도로 창업 '붐'이 일어날 정도였지만, 이미 공급은 과잉 상태였
고 자영업자 대부분은 대출을 통해 창업을 시작했기 때문에 신용
이 좋지 않았다. 하지만 경기 부양을 위해 이런 구조적인 문제를

덮어 두면서 자영업 거품은 확대되었고, 2003년 카드대란으로 그 거품이 갑작스럽게 꺼지게 되었다. 부실 대출 거품이 터지고, 연쇄 부도 사태와 극심한 소비 위축으로 수십만 명의 자영업자들이 한꺼번에 폐업하는 '자영업 대란'이 터진 것이다.

이후 자영업 규모는 지속적으로 감소하고 있지만 여전히 국가 경제 규모에 비해 지나치게 비대하다. OECD 국가들과 비교해 보면 2010년 기준으로 한국의 비임금 노동자, 즉 자영업자의 비중은 28.8%로 그리스에 이어 두 번째로 높다. 이런 상황은 지금도 반복되고 있다. 경기가 위축되면 가장 먼저 발생하는 것은 대량 실직이다. 취약한 노동시장에서 조기 은퇴나 실직을 당하면 일단 창업을 떠올리게 된다. 그렇게 실직자들은 생계형 창업으로 내몰리게 되며 금융권에서는 이자 장사를 위해 무분별하게 대출을 남발한다. 그리고 높은 이자를 감당해야 하는 자영업자들은 수입이 조금만 떨어져도 월세와 이자를 내지 못하는 상황이 된다.

이미 포화 상태인 자영업 시장에서 살아남으려면 인건비를 아끼는 수밖에 없다. 가족 구성원의 무급 노동을 이용해 최소한의 생활비만 버는 가게를 유지하는 것이다. 이런 영세자영업자들은 경제가 조금만 나빠져도 생존이 어렵다. 경기가 나빠져서 사람들이 소비를 줄이면 가장 먼저 자영업자들이 타격을 받는 것이다. 내수가 극도로 위축되고 노동자들의 임금이 낮아진 상황에서 소비자들은 조금이라도 값이 싼 대형마트를 찾거나 아예 호주머니를 열지 않는다. 소비가 줄면 동네가게 손님이 가장 먼저 줄고 높은 월세와 이자 부담이 있는 자영업자들은 더 버티기가 힘들다.

자영업자, 벼랑에 서다

이처럼 저소득 영세자영업자들이 늘어나고 있지만, 자영업자를
위한 사회안전망은 임금 노동자에 비해서도 훨씬 더 열악하다.
소득이 낮은 것뿐만 아니라 장사가 안돼서 가게 문을 닫으면 당
장 먹고살 길이 없어진다. 노동자가 받는 실업급여도 없고, 국민
연금 가입률도 매우 낮다. 그나마 2011년부터 자영업 고용보험
이 실시되었지만 가입률은 여전히 저조하다. 1년 이상의 최소 가
입 규정, 월 3~5만 원 수준의 고용보험료, 자진 폐업의 경우 실
업급여 혜택이 없는 점 등 현실적으로 제약이 너무 크기 때문이
다. 자영업의 현실적 조건에 맞게 제약 요건들을 완화하고, 자영
업 고용보험 비용에 대한 정부의 보조를 확대해 자영업자들을 위
한 사회안전망을 구축할 필요가 있다.

1   **자영업자의 실질소득**
      임금 노동자와 자영업자의 소득을 비교할 수 있는 방법은
      많지 않다. 가능한 방법 가운데 하나는 한국은행이 집계하는
      〈국민계정-제도부문별 소득계정〉을 활용하는 것이다.

주식 부자
상위 1%가
시가총액의
81.8% 소유

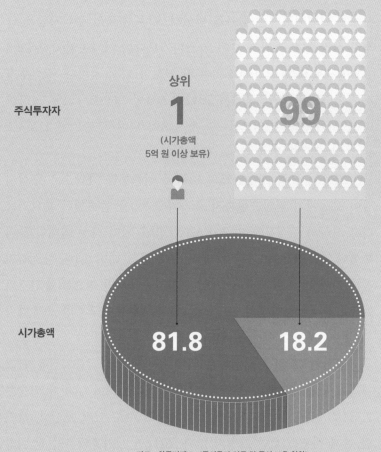

주식투자자와 시가총액   단위 (%)

주식투자자

상위
1
(시가총액
5억 원 이상 보유)

99

시가총액

81.8   **18.2**

자료—한국거래소, 〈주식투자 인구 및 주식 보유 현황〉, 2013

주식투자 인구 500만 시대

1997년 외환위기 이후 한국사회에서는 주식투자 열풍이 불었다. 합리적으로 투자한다면 소액 투자자도 주식시장에서 성공할 수 있다는 위험한 신념이 생겨났고, 주식에 관심이 없는 사람들은 시대에 뒤떨어졌다는 평가를 받았다. 이후 한국의 주식시장은 급격히 성장했다. 투자자 수가 늘었다기보다는 시가총액(주식시장에 상장된 전체 상장주식의 현재 가격)의 규모가 커진 것이다. 주식투자자는 2002년 397만 명에서 2012년 501만 명으로 126% 성장한 반면, 시가총액은 2002년 296조 838억 원에서 2012년 1,263조 4,161억 원으로 무려 426% 성장했다.

2011년 유럽 재정위기와 미국의 신용등급 하락으로 주식시장이 요동치기 전인 7월까지 주가가 2,200을 돌파했던 분위기를 타고 한국의 주식투자 인구가 520만 명을 넘어 사상 최대치를 기록했다. 2012년에는 총 502만 명으로 전년 대비 5.1% 감소하기는 했지만 전체 투자자 중 개인 투자자는 496만 명으로 총인구의 9.9%, 경제활동인구의 19.7%였다. 경제활동인구 5명 중 1명이 주식에 투자하고 있는 것이다.

그러면 그 많은 사람들은 과연 주식투자로 금융자산을 불려나가고 있을까? 2012년 한국의 주식 시가총액이 GDP와 비슷한 1,263조 원을 넘어갈 정도였으니 가능할 수도 있어 보인다. 하지만 실제 내용을 보면 그렇지 않다. 2012년 시가총액 5억 원 이상 고액 보유자는 5만 1,000명으로 전체 주식투자자의 1%에 불과하나, 이들이 보유한 시가총액은 1,034조 원으로 81.8%를 차지하고 있다. 이는 전년과 대비했을 때 2.2%가 증가한 비율이다. 반면 전체 주식투자자의 60.4%를 차지하는 302만 7,000명은 1,000만 원 미만의 소액 보유자이며, 이들의 시가총액은 1.1%밖에 되지 않는다. 결국 주식시장에서 돈을 가져가는 사람들은 1%뿐이며, '개미' 투자자들은 돈을 거의 벌지 못하고 있다.

주식시장의 양극화

그렇다면 주식시장의 큰손들은 누구인가? 2012년 기준 외국인 투자자는 3만 5,682명으로 전체 투자자 중 0.71%에 불과하나 주식 수로는 11.56%, 시가총액은 4,095억 원으로 32.41%를 소유하고 있다. 극소수의 외국인 투자자가 주식시장의 3분의 1을 점유하고 있는 것이다. 외국인 투자자 다음으로 큰 투자자는 바로 기업이다. 일반 법인 역시 1만 8,166개로 총 투자자의 0.36%에 불과하나 주식 수로는 24.61%, 시가총액으로는 3,093억 원으로 24.48%를 소유하고 있다. 마지막으로 투자를 목적으로 하는 금융회사 등의 기관들은 848개로 0.02%에 불과하지만 주식 수로는 11.38%, 시가총액으로는 200조 898억 원으로 무려 15.84%를 점유하고 있다. 더 큰 문제는 이런 큰손들의 지배력이 갈수록 커지고 있다는 점이다. 개인 투자자 시가총액이 2002년에서 2012년 사이 75조 6,447억에서 303조 694억 원으로 증가하는 동안, 외국인 투자자의 시가총액은 97조 898억 원에서 409조 5,340억 원으로 늘었고 일반 법인은 2002년 58조 6,831억 원에서 2012년 309조 3,132억 원 증가했다. 금융회사를 비롯한 기관 투자자는 2002년 45조 2,473억 원에서 2012년 200조 898억 원 늘었다.

개인에 한정해서 지역을 좁혀 보아도 주식투자의 양극화 현상은 어김없이 드러난다. 서울에서 주식투자를 하는 개인들은 145만 4,000명으로 다른 지역을 포함한 전체 투자자의 32.9%를 차지한다. 그 가운데 다른 지역에 비해 부유한 사람들이 많이 살고 있는 강남구, 서초구, 용산구에 살고 있는 투자자가 서울 지역 투자자의 5분의 1을 넘는 21.7%를 차지하고 있었다. 그런데 이들이 투자한 주식의 시가총액은 전체 서울 거주 개인 투자자 소유 주식의 57.8%였다. 결국 어느 정도 규모 이상의 주식투자를 하고 있는 개인 투자자 역시 고소득층일 확률이 높은 것이다.

재테크의 환상을 버려라

결국 종합하면 이렇다. 전체 주식 시가총액 1,263조 원의 32%는 외국인이 보유하고 있고, 일반 기업 법인이 24.5%, 기관이 15.89%, 그리고 전체 투자자의 98%에 달하는 개인은 나머지 24%를 가지고 있다. 그 개인 가운데에서 10만 주 이상 대규모로 보유한 개인 투자자가 주로 강남구, 서초구, 용산구에 거주하는 고소득층이며 이들은 서울에 거주하는 개인 투자자 소유 주식의

60% 가까운 주식을 보유하고 있는 것이다. 그리고 전체 주주의 절반(270만 명)인 500주 미만을 소유한 '개미'들은 2.2%, 전체 주주의 4분의 1 정도인 50주 미만을 가진 개미들 140만 명은 불과 0.2%의 주식만을 가지고 있을 뿐이다.

주식시장의 이런 양극화된 소유 구조는 어찌 보면 당연한 결과다. 주식시장에서 성공할 수 있는 사람은 자본과 정보가 풍부한 기업과 기관들이다. 사실 일반 법인, 외국인, 기관 투자자로 나뉘어 있는 이들은 사실상 모두 '기업'으로 묶일 수 있다. 2010년 한국의 총 금융자산 규모가 처음으로 '1경 원'을 넘었고 2013년 기준 1경 2,184조 원에 달한다. 이는 2012년 GDP 1,272조 원의 10배에 달하는 규모다. 전 세계적으로 실물경제에 비해 과도하게 금융자산이 확대되면서 2008년 세계 금융위기를 겪었지만 아직도 금융자산의 거품은 여전하고 한국의 상황도 다르지 않다.

주식시장에 대한 환상을 버리는 것이 중요하다. 경제활동인구 5명 가운데 1명이 주식투자를 할 정도로 주식투자가 대중적인 재테크 수단이 되었다는 언론의 주장은 주식시장의 특성을 제대로 말해 주지 않는 것이다. 주식은 저축과 달라서 수익뿐 아니라 손실을 동반할 수 있는 위험성 높은 투자다. 또한 주식시장 참여자들 사이의 상당한 정보 격차가 존재하고 있기 때문에 자금력뿐 아니라 정보에서도 열세인 개인 투자자들이 늘 불리할 수밖에 없다. 한국사회에서 소액의 개인 투자자는 수익을 거의 내지 못함에도 불구하고 그 수는 꾸준히 증가해 왔다. 전체 인구의 5분의

1이 주식에 투자하고 있을 정도로 주식투자는 일반화되어 있다.

서민들까지도 대출을 받아 부동산이나 주식에 투자하게 되면 금융자산은 지나치게 커질 수밖에 없다. 민간 소비나 수출입과 같은 실물경제에 기반하지 않은 금융자산이 지나치게 확대될 경우 약간의 충격에도 쉽게 신용이 경색되는 상태에 빠질 수 있다. 2008년 세계 경제위기는 부동산 대출에서 시작된 금융자산의 거품이 한꺼번에 꺼지면서 심각한 금융 불안 사태를 초래한 것이다. 이러한 금융 불안은 실물경제를 위축시켜 금융 불안이 장기화되는 경제위기로 이어질 수 있다.

경제 이론에서는 큰손들이 만들어 놓은 판에 개미들이 빚을 내 무리하게 참여하기 시작하는 현상을 경제위기의 징조로 봐야 한다고 할 정도다. 더구나 지금처럼 금융시장이 극히 불안정하고 경제가 장기적으로 침체된 시기에 주식투자를 권하는 사회는 건전한 사회라고 할 수 없다.

7장

대기업
공화국

갑과 을의
탄생

1979년생 청년 '억울해' 씨는 몇 해 전 명예퇴직을 한 아버지와 함께 30세가 되던 2010년, 편의점 사업에 뛰어들었다. 대학 졸업 후에도 아르바이트를 전전하던 '억울해' 씨는 취업이 쉽지 않자, 아버지의 은퇴 자금으로 함께 편의점을 낸 것이다. 가맹 본부와 5년을 계약하며 시작했다. 개업을 한 뒤 2년은 그런대로 장사가 됐다. 그런데 가맹 본부에서 바로 옆 자리에 직영점을 내자 손님이 줄기 시작했고, 결국 4년째 되는 해 폐점을 신청했다. 아르바이트생도 채용하지 않고 아버지와 둘이 밤을 새우며 가게를 지켰지만 인건비도 나오지 않았기 때문이다. 하지만 그만두는 과정에서 문제가 발생했다. 본사에서는 위약금과 철거비용 등 계약 위반에 따른 배상을 요구했고 부자는 위약금 2,500만 원에 철거비 300만 원까지 낸 후에야 장사를 접을 수 있었다. 초기 투자비용과 그동안 적자를 메우기 위해 들어간 돈까지 생각하면 손해가 너무 크다. '억울해' 씨 아버지는 심한 우울증으로 최근에는 치매 증상까지 보이고 있다.

빛 좋은 개살구, 프랜차이징

편의점은 경영학에서 말하는 프랜차이징 운영 방식에 속한다. 보통 가맹 본부(프랜차이저)는 재고 관리나 물품 공급과 같은 기본 시스템과 브랜드를 제공하고 가맹 점주(프랜차이지)는 점포에 대한 투자와 자신의 노동으로 매출을 올린다. 나오는 수익의 일부를 본부와 업주가 계약에 따라 나누는 시스템이다. 창업에 대한 지식이나 경험이 없는 퇴직자들, 그리고 청년 실업자들에게는 혼자 시작하는 것보다 훨씬 덜 위험한 사업으로 느껴진다. 게다가 가맹 본부는 '월 500만 원 수익 보장'이라는 식으로 이들을 유혹했다.

하지만 경제학 이론으로 한국의 프랜차이징 실태를 설명하기란 거의 불가능하다. 불공정한 계약 때문이다. 일반적으로 가맹 본부에서는 수익의 35~40%가량을 가져가는데 이는 지나치게 불공정한 수익 배분율이다. 그뿐만이 아니라 24시간 강제 영업, 영업 지역 미보호, 폐점 위약금, 상시적인 가맹 본부의 불공정 행위 등이 더해진다. 가맹점주는 '갑을' 관계에서 '을'이기 때문에 받아야 하는 불공정이 너무 심하다. 프랜차이징 계약이 아니라 노예 계약에 가깝다. 가맹 본부는 오로지 점포를 내는 데 필요한 비용을 뽑아내고 사업 실패의 부담을 떠넘기기 위해 가맹점 숫자를 늘린다. 경쟁이 심해져 개별 가맹점의 수익이 떨어져도 가맹점 숫자가 늘

어나야 본부에서 가져가는 총금액이 늘기 때문이다. 게다가 초기
투자금을 포기하기 어렵기 때문에 더더욱 이 계약 관계에서 벗어
나기 힘들다. 이런 계약은 약자가 일방적으로 발목이 잡힌 경우이
므로 불공정 계약을 넘어서 계약 자체가 사기라고 봐야 한다.

'대기업 신화' 깨기

이것이 경제민주화가 필요한 이유다. 대기업과 중소기업의 관계
도 마찬가지다. 가령 어느 중소기업이 각고의 노력 끝에 기술혁신
에 성공해서 과거에 1,000원에 만들던 부품을 900원에 만들 수 있
게 되었다고 하자. 하지만 납품을 받는 대기업이 그런 사실을 알고
하청 단가를 900원으로 후려치면 어떤 일이 일어날까? 중소기업의
노력은 고스란히 대기업의 이윤으로 돌변하고 중소기업은 기술 개
발에 투자한 돈도 회수하지 못한다. 1990년대 이후 중소기업이 대
기업에 납품을 하기 위해선 소속 노동자의 인적 사항까지 대기업
에 모두 알려야 했고, 그에 따라 대기업은 하청 기업의 기술 능력
등을 속속들이 파악하게 됐다. 심지어 대기업이 하청 단가를 깎아
중소기업이 정부로부터 받은 보조금도 대기업이 가로채고 있다. 이
런 상황이 지속되면 중소기업은 기술 개발의 여력과 의지마저 잃
어버리게 될 것이다. 생산성이 떨어지는 것도 시간문제다.

　　대기업이 경제성장의 열매를 독식하는 현상은 크게 두 방향
으로 진행된다. 하나는 노동자 임금을 줄이는 것이고, 다른 하나는
중소기업·하청·납품업체들의 이윤을 가로채는 방식이다. 공정한

경제 파트너가 아니라 명백한 갑과 을의 관계다.

　상황이 이런데도 정부는 투자 활성화를 내걸고 계속 대기업을 지원하고 있다. 2010년부터 2012년까지 3년 동안 기업에 대한 감세 규모는 총 24조 7,000억 원이었다. 그중 9조 원은 과세표준 5,000억 원 이상의 대기업에 감세 혜택을 준 것이다. 이런 세제 혜택까지 받은 대기업이 정작 한국사회에 기여하는 바는 별로 없다. 한국의 대표적인 대기업 삼성과 현대는 엄청난 이익을 얻었지만 국내가 아닌 해외에서 고용을 늘리고 있다. 정부가 애타게 바라는 투자 활성화는 바다 건너에서 이뤄지고 있는 것이다. 원청 대기업과 하청 중소기업 사이의 불공정 거래와 납품 단가 후려치기가 근절되지 않는 한 중소기업 일자리의 질도 오를 수 없다. 따라서 고용을 창출하려면 대기업에 혜택을 줄 것이 아니라 중소기업이 성장할 수 있는 환경을 만들어야 한다. 경제민주화는 한국사회가 생존하기 위한 전제 조건이다. 노동자와 기업가, 대기업과 중소기업의 상생과 협력은 필수다. 대기업을 밀어주면 일자리가 늘고 경제가 활성화된다는 미신에 가까운 신화, 이제 깰 때가 됐다.

10대 대기업 현금 창고엔
123조 7,000억 원

___

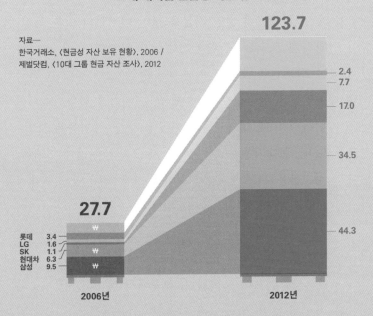

10대 대기업 현금성 자산 규모   단위 (조 원)

자료—
한국거래소, 〈현금성 자산 보유 현황〉, 2006 /
제벌닷컴, 〈10대 그룹 현금 자산 조사〉, 2012

123.7

- 2.4
- 7.7
- 17.0
- 34.5
- 44.3

27.7

롯데   3.4
LG   1.6
SK   1.1
현대차   6.3
삼성   9.5

2006년   2012년

10대 대기업 현금성 자산과 국가 예산 비교   단위 (조 원)

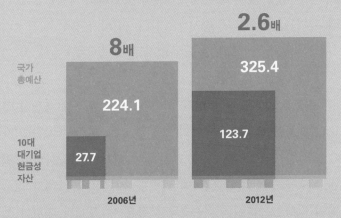

2.6배

8배

국가
총예산

325.4

224.1

10대
대기업
현금성
자산

123.7

27.7

2006년   2012년

자료—기획재정부, 〈국가 예산〉, 각 연도

6년 동안 3.5배 늘어난 대기업 현금 창고

대기업[1]의 현금 창고에 쌓인 자금을 보면 대기업의 이윤 독점 현상이 명확하게 드러난다. 한국거래소에 의하면 세계 경제위기가 있었던 2008년을 포함한 지난 6년 동안(2006~2012년) 한국의 10대 대기업들은 현금성 자산이 평균 3.5배가 늘었다. 2006년부터 2012년까지 10대 대기업들의 현금성 자산[2] 증가율을 보면, 삼성그룹 3.7배, 현대자동차그룹 4.5배, SK그룹은 무려 14.5배에 이른다. 삼성그룹은 44조 3,000억 원이 금고에 쌓여 있고 현대자동차그룹이 34조 5,000억 원으로 그 뒤를 잇고 있다.

2012년 10대 대기업 전체가 가지고 있는 현금성 자산은 무려 123조 7,000억 원이다. 27조 7,000억 원에 불과했던 2006년보다 무려 3.5배 가까이 늘어났다. 한국에서 한 해 동안 지출하는 예산과 비교해 보면 2012년에 지출된 국가 예산은 325조 원으로 10대 그룹 현금 창고 자금의 2.6배에 불과하다. 반면, 2006년 국가 예산은 224조 원으로 당시 10대 대기업이 보유한 현금보다 무려 8배가 많았다. 대기업 금고가 얼마나 빠르게 늘어났는지 짐작할 수 있다.

대기업들의 자본금과 대비해 비교해 봐도 현금성 자산이 얼마나 늘었는지 알 수 있다. 기업의 자본금 대비 현금성 자산 비율을 사내 유보율이라고 한다. 2012년 10대 대기업 상장사들의 평균 사내 유보율은 무려 1,442%에 달했다. 자본금의 14배가 현금으로 쌓여 있다는 이야기이다. 주목할 점은 이 통계가 대기업 계열사 전부가 아닌 상장기업에 국한한 자료라는 사실이다. 이 통계는 그룹 내 덩치가 큰 83개 상장사를 대상으로 한 것이지만 실제 10대 대기업 계열사는 629개(2012년 기준)에 이르기 때문에 10대 대기업 전체의 현금 규모는 더 커질 가능성이 높다.

늘어나는 이익, 쓰지 않는 기업

기업의 현금성 자산이 많아졌다는 것은 기업 활동으로 벌어들인 수익은 막대하게 늘어났는데, 늘어난 만큼 쓰지 않았다는 것을 의미한다. 노동자나 협력사에 분배하지도 않았고, 국가에 세금을 충분히 내지도 않았으며, 결정적으로 투자를 늘리지도 않았다. 기업의 호주머니만 채운 것이다. 이는 대기업 감세 혜택이 투자로 이어질 것이라는 기존의 논리가 명백히 잘못되었음을 보여주는 것이다. 한국의 대기업들은 은행에서 돈을 빌릴 필요도 없고, 세금을 면제받지 않으면 투자할 수 없을 만큼 자금 여유가 없는 것도 아니다. 돈이 없어 하청기업을 상대로 납품 가격을 후려치는 것도 아니다. 다만 경기가 안 좋고 마땅한 투자처가 없다는 이유로 막대하게 벌어들인 자금을 쌓아 두고 있는 것이다.

물론 경기가 좋지 않으니 '위험에 대비'하는 차원에서 현금을 비축한다고 말할 수도 있다. 그렇다면 국가는 더 이상 기업에 많은 혜택을 줄 필요가 없다. 한국의 대기업들은 '기업이 살아야 국가 경제가 산다'는 명목 아래 많은 혜택을 누려 왔다. 이명박 정부 때 기업 감세 규모만 해도 수조 원에 달하며, 박근혜 정부 역시 투자 활성화를 앞세우면서 대기업 감세 기조를 유지하고 있다. 2008년 세계 금융위기가 왔을 때도 정부가 제일 먼저 한 일은 공적 자금으로 기업을 구해 주는 것이었으며, 각종 감세 혜택이나 규제 완화도 여전하다. 2012년 대선에서 경제민주화가 핵심 공약이 되었던 이유가 무엇이겠는가? 사회에서 수많은 혜택과 지원을 받아 온 대기업이 사회적 책임을 다하지 않고 이윤만 챙겼기 때문이다. 노동자와 중소기업, 그리고 국가 경제는 수년째 경기 침체로 '위험에 노출'되어 있는데 소수 대기업만 '위험에 대비'한다고 대비가 될 수도 없다. 지금은 노동자와 하청기업, 국가 경제와 상생해 전체의 위험을 낮추는 길을 찾아야 한다.

기업의 이윤은 기업만의 것이 아니다

한국사회에서 대부분의 대기업들은 하청업체를 상대로 적정 납품가를 지키지도 않고, 노동자들을 고용할 때에도 불법 파견을 일삼는다. 또한 정부로부터 많은 감세 혜택을 받으면서도 기업의 이윤으로 노동자 임금을 올리거나 투자를 하는 것이 아니라 자신들의 현금 창고를 불리고 있다. 기업의 이윤은 주주나 경영진 소수의 능력이 뛰어나서 생긴 것이 아니다. 노동자, 소비자, 수많은 하청업체와 납품업체의 노력이 있었고 또 한편으로는 국가의 도움이 있었다. 국가가 제공하는 사회서비스와 사회안전망이 없으면 기업 활동도 불가능하다. 이렇게 얻은 이윤을 왜 소수가 독점하고 있는가? 기업의 이윤은 기업만의 것이 아니다. 기업이 불린 호주머니를 사회와 함께 나누어야 하는 이유이기도 하다.

1 대기업

대기업이란 '대규모 기업 집단'의 줄임말로, 자산 규모 5조 원 이상의 기업을 뜻한다. 공정거래법에 의하면 기업 집단은 '동일인이 대통령이 정하는 기준에 의해 사실상 그 사업 내용을 지배하는 회사의 집단'으로 정의되며, 계열사는 '둘 이상의 회사가 동일한 기업 집단에 속하는 경우'로 정의된다. 다시 말해 '동일인에 의해 운영되는 다양한 계열회사를 거느린 기업 집단 중 자산 규모 5조 원 이상이 되는 기업 집단'을 대기업 집단, 줄여서 대기업이라고 부른다.

한국사회에서는 대기업과 재벌이 흔히 혼용되기도 한다. 옥스퍼드 사전에 따르면 재벌이란 '가문이 소유한 한국의 대규모 기업 집단'을 뜻한다. 기업을 가문이 소유하고 있는 한국의 특징이 강조된 말이다. 재벌이란 용어는 '군벌', '학벌'과 같이 일본에서 유래했지만 한국의 독특한 소유 구조와 과도한 독점 집중을 가지고 있는 기업 집단을 이르는 용어가 되었다. 대기업이라는 용어 자체가 '집단', '동일인에 의한 지배' 등의 정의를 포함하고 있기 때문에 재벌과 동일하게 사용될 수 있다.

재벌은 대기업 집단의 과도한 독과점, 전근대적 혈연 중심 소유 구조, 국가의 전폭적 지원으로 형성된 역사 등을 포함한 비판적인 의미를 가지고 있으나, 이 책에서는 편의상 '대기업'이라는 용어로 통일해서 사용하고 있다.

2 현금성 자산

현금성 자산이란 '대차대조표상의 현금 및 현금성 자산에 단기 금융 상품을 더한 합계' 금액을 말한다. 다시 말해서 기업의 영업이익 가운데에서 투자되거나 배당으로 지불되지 않고 금고에 쌓인 자금이라고 할 수 있으며, 사업상 필요에 따라서 쉽게 동원할 수 있는 예치 자금이기도 하다. 기업은 영업이익을 남기면 국가에는 세금을, 주주들에게는 배당을 지급한다. 그리고 나서 시설 투자, 금융 투자, 부동산 투자를 하거나 사내에 현금을 유보하게 된다. 이렇게 쌓인 돈을 현금성 자산이라고 할 수 있다.

2000년대 중반 이후 주요 대기업의 현금성 자산은 계속해서 증가해 왔다. 대기업의 현금성 자산이 늘어났다는 것은 결국 정부가 대기업에 법인세 인하 등의 혜택을 주었음에도 불구하고 그 이익이 투자나 고용 창출로 이어지지 않고 대부분 기업에 남아 있다는 것을 의미한다. 즉 정부가 투자 활성화나 고용 창출을 목표로 추진한 대기업 지원 위주의 정책이 전혀 효과가 없었다는 것을 보여 준다.

세금은 국민이,
혜택은 대기업이

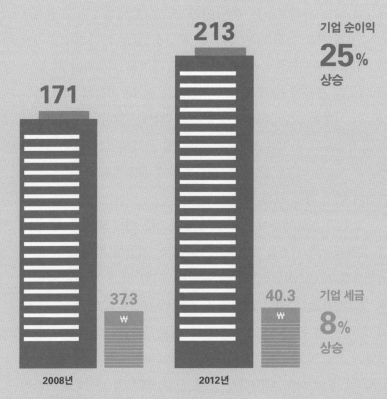

기업 순이익과 법인세 단위 (조 원)

213

기업 순이익
25%
상승

171

37.3
₩

40.3
₩

기업 세금
8%
상승

2008년   **2012년**

자료─국세청, 〈국세통계〉, 2013

크게 낮아진 법인세 실효세율

기업의 해당 기간 순이익을 뜻하는 당기순이익은 2008년 171조 원에서 2012년 213조 원으로 25% 늘어났다. 또한 법인세 부과 대상이 되는 과세표준은 같은 기간 182조 원에서 240조 원으로 32% 증가했다. 그런데 기업이 낸 세금은 같은 기간 8% 증가했다. 여기서 과세표준이란 과세 물건의 세액을 계산하기 위해 수치화한 각 세목의 세액 계산의 기준으로, 실제 기업이 내야 하는 세금의 기준이 되는 소득의 총합을 의미한다. 그러니까 기업들이 기업 활동으로 이익이 25%, 과세표준상 소득이 32% 증가했는데 세금은 8%만 더 낸 것이다. 이는 법인세 실효세율[1]의 인하와 대기업에 대한 각종 세제 혜택 덕분이다.

법인세 실효세율이란 기업의 실질소득 대비 기업이 실제 내는 실질세금의 비율을 보여 주는 지표로, 기업이 실질소득 중 몇 퍼센트를 세금으로 내는지 알려 준다. 기업 감세 정책의 영향으로 실효세율은 2008년 20%에서 2012년 16.9%로 평균 3%가 떨어졌다. 특히 과세표준이 5,000억 원을 초과한 대기업의 실효세율은 17.7%로 3.4%가 하락했다. 2011년 기준으로 과세표준 5,000억 원 이상의 대기업은 전체 기업 수의 0.01%에 불과하지만 당해 연도 소득은 전체 기업소득의 34.3%에 달했다. 과세표준 500억 원 이상의 대기업 또한 전체 기업 수의 0.09%에 불과하지만 소득은 전체의 55.2%를 차지했다. 전체 기업의 1%가 전체 기업소득의 89.5%를 차지하고 있는데도 엄청난 세제 혜택을 받고 있는 것이다.

이명박 정부의 부자 감세가 실시되기 전인 2008년 대비 2010년 총 감세 규모[2]는 7조 1,000억 원으로 이 중 32%인 2조 2,000억 원의 감세 혜택을 42개 대기업이 가져갔다. 2011년에는 감세 규모가 9조 1,000억 원으로 더 확대되었고, 이 중 39%인 3조 6,000억 원의 감세 혜택을 53개 대기업이 가져갔다. 2011년 법인세 실효세율이 조금 올라갔지만 2012년 감세 규모는 7조 9,000억 원이었고, 이 중 40%인 3조 2,000억 원의 감세 혜택을 60개 대기업이 차지했다. 법인세 최고세율 인하와 대기업에 유리한 각종 비과세 및 세액공제 특혜에 따라 대기업들은 천문학적인 감세 혜택을 받고 있는 것이다. 과세표준 5,000억 원 초과 대기업은 2010년에서 2012년까지 각각 평균 540억, 670억, 530억 원의 감세 혜택을 받은 셈이다.

소득이 있는 곳에 세금을

기업의 영업이익이 늘어났는데도 세금이 늘지 않은 원인은 정부가 대기업에 유리한 세액공제나 법인세율 인하 등의 감면 정책을 실시했기 때문이다. 먼저 대기업의 최고세율은 2009년 25%에서 2012년 22%로 3% 인하됐다. 지방세를 포함한 한국의 법인세 최고세율은 2012년 기준 24.2%로 OECD 34개국 평균(25.6%)에도 미치지 못한다. 일본이나 미국의 법인세율은 40%에 달하며, 유럽 대부분의 국가들은 28~33% 수준을 유지하고 있다. 그에 비해 한국의 대기업들이 가지고 있는 사회에 대한 책임 의식은 턱없이 부족하다.

대기업들은 법인세 인하뿐만이 아니라 각종 세액공제를 비롯한 세금 감면 혜택도 받고 있다. 2008년 전체 감면액 규모는 6조 7,000억 원으로, 이 중 40%인 2조 7,000억 원을 47개 대기업이 차지했다. 전체 기업 수의 0.01%에도 미치지 못하는 47개 대기업이 평균 570억 원씩 감면을 받은 것이다. 2012년 전체 감면액 규모는 9조 5,000억 원으로 전년 대비 42% 증가했다. 전체 감면액 중 절반인 4조 7,000억 원은 53개 대기업이 가져가 평균 886억 원씩 감면받았다. 최고세율 인하를 논외로 하더라도, 각종 세액공제 및 감면 혜택 확대만으로도 평균 235억 원씩 세제 혜택을 받은 것이다. 즉 최고세율 인하로 53개 대기업은 연간 2조 원의 법인세 인하 혜택을 누렸으며, 세액공제 및 감면 확대로 연간 1조 2,000억 원의 추가 혜택을 누렸다고 볼 수 있다.

삼성과 중소기업, 동일한 법인세율

한국 경제는 소수 대기업에 이윤이 집중되는 구조다. 2012년 말 62개 대기업의 1,586개 계열사(금융기업 제외)의 총 자산 규모가 한국의 비금융 법인 순자산의 57%에 이른다는 것은 소수 대기업에 경제력이 집중되었다는 것을 단적으로 보여 준다. 이러다 보니 대기업과 나머지 중소기업들의 격차는 더욱 벌어진다. 한국의 4대 대기업인 삼성, 현대, LG, SK의 자산은 2008년 한국의 총 자산의 18.49%였으나 2012년에는 총 자산의 25.63%로 크게 증가했다. 대기업 전체로 확대하면, 2001년 국가 총 자산의 46%였던 대기업 전체 자산은 2012년 말 총 국가 자산의 57.37%로 크게 늘었다.

그럼에도 불구하고 순이익 2억 원을 초과하는 중소기업과 순이익이 40조 원에 달하는 삼성전자가 동일한 법인세율을 적용받고 있다. 과세 형평에 분명 문제가 있다. 경제민주화, 재정건전성, 그리고 복지 확충을 위해 과세표준 500억 원을 초과하는 대기업에 적용하는 최고세율을 최소한 이명박 정부의 감세 정책 이전인 25%로 되돌려야 한다. 또한 투자 유인을 명목으로 대기업에 유리한 각종 세액공제 및 감면을 확대하는 정책도 없어져야 한다. 과세표준 500억 원을 초과하는 400여 개 대기업에만 이명박 정부의 감세 정책 이전으로 최고세율을 환원하면 재정 수입을 약 5조 4,000억 원이나 늘릴 수 있다. 과세표준 5,000억 원 초과 대기업 54개로만 한정해도 약 3조 6,000억 원의 재정 수입을 늘릴 수 있다. 500억 원 초과 대기업은 전체 기업의 0.1%에 해당하며, 5,000억 원 초과 대기업은 전체의 0.01%에 불과하다.

정부가 법인세율 인하나 세액공제 등 대기업에만 온갖 혜택을 주는 이유는 기업의 이익이 경제 활성화로 이어지는 낙수효과를 기대하기 때문이다. 그런데 대기업의 이익이 투자나 고용 확대 등의 형태로 사회에 환원되지 못하고 있는데도 정부는 대기업 지원을 멈추지 않는다. 이명박 정부의 대기업 감세 정책의 최대 수혜자는 소수의 대기업이었으며, 박근혜 정부 역시 일부 대기업들에 매년 수백억 원에 달하는 감세 혜택의 선물을 주고 있다. 대기업 감세는 결국 세수 부족으로 이어져 복지를 확충하지 못하는 데 큰 걸림돌이 되고 있다. 복지를 확대하지 못하는 가장 큰 이유는 바로 대기업에서 내야 할 세금을 내지 않고 있기 때문이다. 법인세율은 인상하고 각종 감면 제도를 재편해 대기업으로부터 정당하게 세금을 받아야 한다. 대기업의 사회적 책임 확대, 그 출발은 정당한 세금 납부다.

1   **법인세 실효세율**
     법인세 실효세율은 과세표준 대비 총부담세로 계산한다.
     기업의 실질소득 가운데 몇 퍼센트를 세금으로 내는지 알 수
     있어 기업의 사회 기여 수준과 감세 규모를 파악할 수 있는
     자료가 된다.

2   **감세 규모**
     감세 규모는 실효세율을 낮추지 않았다면 적용됐어야 할
     실효세율 대비 세금이 얼마나 감액되었는지를 보는 것이다.
     이명박 정부에서는 2008년과 2009년에 세법 개정을 통해
     감세 정책을 추진했다. 대표적 법인세 감세는 2009년이지만
     2008년에 종합부동산세, 과세표준별 소득세율 등 일부
     비율을 감액했기 때문에 본문에서는 2008년을 기준으로
     했다.

삼성 스마트폰

10대 중
1대만 국내 생산

삼성 스마트폰 국내외 생산량

국내 생산은 10대 중 1대

━ 국내 생산
━ 해외 생산

자료—〈한국경제신문〉, '삼성, 휴대폰 해외 기지 구조조정', 2012.03.20.

삼성전자 국내외 고용 증가율 비교 (2006~2011년)   단위 (%)

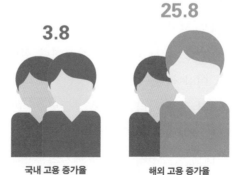

3.8

25.8

국내 고용 증가율   해외 고용 증가율

자료—〈조선일보〉, '삼성전자·현대차 고용현황 살펴보니 국내서 1명 뽑을 때 해외선 4명 채용', 2012.09.04.

한국을 대표하는 대기업, 생산은 해외에서?

한국을 대표하는 기업이 어디냐고 묻는다면 10명 중 9명은 삼성 전자를 떠올릴 것이다. 삼성전자는 반도체와 디스플레이, 스마트 폰을 중심으로 쟁쟁한 일본 기업들을 연이어 따돌리고 세계 점유 율 1위를 기록하면서 미국 기업 애플과 세계 시장을 놓고 겨루고 있다. 삼성전자와 함께 대표 기업으로 손꼽히는 현대자동차 역시 품질 경쟁력 등을 개선하며 중하위 그룹의 이미지를 벗고 최고의 영업이익률을 기록하고 있다. 세계적인 기업들과 경쟁을 해도 뒤 지지 않는 삼성전자와 현대자동차의 성장을 보며 한국 국민들 대 다수는 삼성과 현대가 성장할수록 한국사회와 국민들에게 좋을 것이라고 생각한다.

하지만 여기에는 함정이 있다. 한국 대기업이 글로벌 기업으 로 성장한다고 해서 한국 국민이 같이 부유해지는 것은 아니다. 1990년대 신자유주의의 확대로 노동시장은 점점 더 유연해졌고, 기업은 조금이라도 값싼 노동력을 찾아 동남아시아 등에 해외 생 산 체제[1]를 구축하기 시작했다. 이제 삼성이나 현대와 같은 대기 업의 성장은 더 이상 국내 경제에 긍정적으로 작동하지 않는다. 대기업이 성장하면 그에 따라 고용이 확대되고, 고용이 확대되면 국민들의 소득과 구매력이 증가해 수요가 확대되고, 나아가 생산 과 이윤까지 확대되는 긍정적 순환이 깨졌다는 의미다. 대기업이 생산 기지를 해외로 옮기고 있기 때문이다.

삼성 스마트폰, 10대 중 9대는 해외 생산

2011년 기준으로 삼성의 스마트폰은 전 세계적으로 1억 대 가까이 팔렸다. 그러나 10대 가운데 1대 정도만이 삼성 구미 공장에서 한국 노동자들이 만든 스마트폰이다. 나머지 9대는 중국, 베트남, 브라질, 인도 등을 비롯한 해외에 있는 삼성 공장에서 그 나라 노동자들이 생산한 것이다. 세계적인 경제위기에도 불구하고 삼성의 스마트폰이 선전했다고 박수를 쳤지만 사실 국내에 고용 창출 등의 효과는 거의 없다.

사정은 재계 순위 2위인 현대자동차도 비슷하다. 세계 경제 위기 속에서 현대자동차 역시 상당히 선방했지만 사실 자동차 생산의 대부분은 해외 공장에서 이루어졌다. 현대자동차가 2007년에 국내에서 생산한 자동차는 170만 대였고 2011년에는 190만 대였다. 4년간 국내에서 생산된 자동차가 약 20만 대 늘어난 것이다. 그런데 같은 기간 해외에서 생산된 자동차는 90만 대에서 220만 대로 무려 130만 대나 늘었다. 현대자동차 역시 중국, 미국, 인도, 터키, 러시아 등지에 있는 공장에서 해당 국가 노동자들의 노동력으로 생산을 늘린 것이다. 그 결과 2010년에는 사상 처음으로 현대자동차의 해외 생산 비중이 국내 생산 비중을 넘어섰다.

이들은 2006년에서 2011년 사이에 해외 생산 기지를 빠르게 증가시켰고 그 결과 국내 고용은 거의 늘지 않았다. 이 기간 동안 현대자동차가 국내에서 고용한 노동자는 2006년 5만 5,000명에서 2011년 5만 7,000명으로 약 2,000명 정도가 늘었다. 연평균 증가율이 0.8% 정도다. 그런데 같은 기간 해외 공장의 고용은 2만 명에서 2만 9,000명으로 늘어났다. 매년 증가율이 평균 9.4%에 이른다. 삼성전자도 마찬가지다. 같은 시기 삼성전자가 국내에서 고용한 노동자는 8만 5,000명에서 10만 명으로 1만 5,000명 정도가 늘었다. 이 수치만 보면 적지 않아 보인다. 그러나 해외에서 고용한 노동자는 2006년 5만 명에서 2011년 12만 명으로 2배가 넘게 늘었고, 연평균 증가율이 25.8%나 된다.

아웃소싱? 인소싱이 대세다

2012년 재선에 성공한 오바마 미국 대통령은 산업 생산의 무대를 국내로 돌리겠다는 '기업의 재이전Relocalization 전략'을 세우고 당시 공화당 후보 롬니와 치열한 논쟁을 벌였다. 오바마는 롬니가 창업한 베인캐피털이 중국과 인도로 일자리를 이전한 기업에 투자했던 전력을 공격의 대상으로 삼았던 것인데, '롬니는 아웃소싱 대장', '오바마는 인소싱을 믿는다'는 문구의 텔레비전 광고를 공격적으로 내보내기도 했다.

이런 현상은 한국 역시 산업 생산의 무대를 국내로 돌리려는 움직임이 필요하다는 것을 시사한다. 한국은 더 이상 외국 자본이 필요한 나라가 아니다. 오히려 대기업들이 국내에서 축적된 자본을 해외에 가지고 나가 해외에서 생산 기지를 건설하는 해외

투자 국가의 반열에 들어섰기 때문이다. 삼성이나 현대 같은 대
기업들의 매출과 수익이 높다고 해서 국내에서 고용이 증가하거
나 투자가 활성화되는 것이 아니다. 대기업은 점점 이익이 늘어
나는데, 고용은 늘지 않고 국민들의 소득도 정체해 있었던 모순
의 비밀이 바로 여기에 있다.

　더 이상 기업이 생산을 해외로 돌리는 것은 대세가 아니다.
소득 양극화와 그로 인한 극심한 내수 침체, 금융 산업의 과도한
거품으로 인한 부채와 해외시장 불안정성 증가 등 급변하는 세계
의 경제 환경 속에서 자국의 질 좋은 일자리 창출이 많은 국가들
의 경제 정책의 핵심 목표가 되어가고 있다. 기업 입장에서도 세
계적으로 불안정한 경제 상황에서 불안정한 해외 수요를 대체하
는 안정된 내수 창출을 고민해야 할 시점에 있다.

1　　대기업의 해외 생산 체제
　　신자유주의 경제 체계의 특징 중 하나인 세계화는 생산과
　　판매, 자본 축적에서 더 이상 하나의 국가에 기반을 두지
　　않는 다국적 기업을 활성화시켰다. 다국적 기업들은 더 값싼
　　노동력과 낮은 세금, 규제 완화를 찾아 생산 기지를 옮겨
　　다닌다. 공장과 설비를 해외에 투자하고, 투자한 국가의
　　노동자를 고용해 생산한 제품을 더 많은 이윤을 남길 수
　　있도록 다양한 국가에 판매하는 전략을 취하고 있는 것이다.
　　한국의 대기업들은 주로 2000년대 이후 해외 생산 체제를
　　급격히 늘리고 있다. 생산 기지를 옮기게 되면 국내 노동자
　　고용이 감소하고 세금이 줄어들어 국내 경기가 위축되는
　　결과를 낳으며 다양한 납품업체, 하청업체, 중소기업,
　　대기업으로 이어지는 건전한 경제 생태계가 파괴되는
　　문제가 생긴다.

4년 동안
2배 이상
증가한
기업형 슈퍼마켓

대형 유통업체 증가 추이 단위 (개)

기업형
슈퍼마켓
(SSM)

2007년　354

2011년　980

체인형
편의점

2007년　11,917

2011년　21,879

대형마트

2007년　375

2011년　472

백화점과 대형마트 1곳당 직원 수 단위 (명)

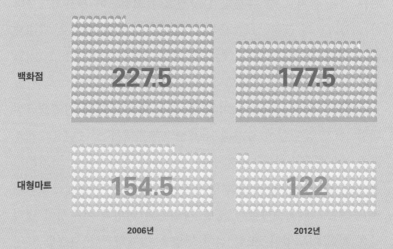

백화점

227.5　177.5

대형마트

154.5　122

2006년　2012년

자료—통계청, 〈사업체총조사〉, 각 연도

거침없는 대기업의 골목 상권 진입기

대기업이 이제는 골목 상권까지 장악했다. 대형마트는 물론이고, 대형마트보다 규모가 조금 작은 기업형 슈퍼마켓SSM, Super Supermarket (이하 SSM)마저 늘어나고 있다. 정부에서도 대기업의 골목 상권 진입을 막기 위해 몇몇 법안을 입법했지만 결과적으로 대형 유통기업들의 탐욕을 억제하기에는 역부족이었다. 2009년 7월 처음으로 인천과 부평에서 SSM 입점을 저지하기 위한 중소 상인들의 저항이 시작된 이래 전국 곳곳에서 유사한 사업 조정 신청이 쇄도했다. 그 첫 결실로 2010년에 전통시장으로부터 500미터 이내 대형마트나 SSM 입점을 제한할 수 있고, 대기업이 개점 비용의 51% 이상을 부담한 가맹점 SSM도 사업 조정 신청 대상에 포함시키는 것을 골자로 한 유통법과 상생법이 제정되어 부분적으로나마 대형마트의 골목 상권 잠식을 억제할 수 있을 것으로 기대했다. 그러나 적어도 2011년 말까지 대형 유통기업의 팽창[1]은 거침없이 진행되었다.

백화점은 물론이고 이미 한참 전에 포화 상태에 진입했다던 대형마트도 끊임없이 증가해 2007년 375개에서 2011년 472개로 거의 100개가 늘었다. 특히 중소 상인들이 필사적으로 저지하려고 했던 SSM의 팽창 속도는 경이적이다. 4년간 354개에서 980개로 무려 2.7배가 증가했다. 중소 상인들의 비명과 아우성이 괜히 나온 것이 아니었다. 또한 심야 영업을 강제하거나 사소한 규정 위반이나 경영이 어려워 폐업을 해야 할 때에도 과도하게 위약금을 물리는 등 사실상 노예 계약 수준임이 밝혀진 편의점들도 폭발적으로 증가했다. 2007년까지만 해도 1만 1,917개에 불과하던 체인형 편의점이 2011년 말 기준으로 2만 1,879개로 증가했다. 자고 일어나면 주위에 편의점이 생긴다는 누군가의 말이 명확한 수치로 입증된다. 그에 반비례해서 동네 슈퍼마켓들은 계속 줄어들고 있다.

놀라운 사실은 SSM의 경우 중소 상인들의 저항이 본격화되었던 2010년에도 200개가 새로 생겼고 유통법과 상생법이 발효되던 2011년에도 100개 이상이 생겼다는 것이다. 이는 대형 유통기업의 탐욕을 억제하기에는 정부와 국회의 의지나 노력이 턱없이 부족했음을 잘 보여 준다. 2012년 이후 대형마트에 대한 부분적 일요 휴무제가 강제되고 유통법과 상생법이 다소 보강되었지만, 골목 상권을 지키기에는 여전히 역부족이다. 여전히 SSM 상호는 그대로 쓰면서 운영 형태만 직영점이 아닌 가맹점 형태로 교묘하게 바꿔 의무휴업제 등의 규제를 피해가는 편법적인 SSM 추가 입점이 계속되고 있다.

팽창하는 유통기업, 줄어드는 고용

유통기업들의 과잉 팽창을 규제하려는 사회적 움직임이 일자, 대기업에서는 대형마트나 SSM이 출점하면 그만큼 고용이 창출될 것이라고 주장했다. 그러나 백화점과 대형마트가 늘어남에도 불구하고 고용은 오히려 줄어들고 있다. 2006년에는 백화점 1곳당 227.5명의 직원이 있었는데, 2012년에는 177.5명으로 줄었다. 대형마트 역시 2006년에는 1곳당 154.5명의 직원이 있었지만, 2012년에는 122명으로 줄었다. 게다가 그렇게 큰 마트에 겨우 직원이 100여 명밖에 되지 않는다는 사실이 의아하지 않은가? 이는 일하는 사람들은 훨씬 더 많지만 대다수가 매장에 입점한 업체의 직원들이거나 압도적으로 비정규직 노동자의 수가 많기 때문이다. 예를 들어 2012년 기준 전국에 146개 점포를 갖고있는 이마트도 정규직 노동자는 매장당 102명에 불과한 반면, 비정규직 노동자는 그 2배를 웃도는 260명에 달했다. 비정규직 노동자 가운데 9,100명이 2013년 정규직이 되었다고 언론에서 크게 보도했지만 실상은 정규직 전환이 아니라 '신규 채용', 즉 기존 경력은 무시된 채용이었다.

골목 상권 지키기

대형 유통기업들의 탐욕이 커지면 커질수록 자영업자들은 생존의 위협을 받는다. 개인 사업자들의 폐업이 증가하는 것이 그 단적인 사례다. 2011년 한 해 폐업 건수는 2008년에 비해 약 10만 건이 더 늘어난 84만 건에 이른다. 1분마다 1.6명의 개인 사업자가 폐업한다는 것을 의미한다. 그러면 어떻게 해야 할까? 사실 처음부터 정답은 있었다. 대형 유통기업이 입점을 원하기만 하면 신고로 끝내는 지금의 방식을 허가제로 바꿔 기존 중소 상인들

에게 현저한 피해가 예상되면 입점을 억제하는 것이다. 허가제는
처음 SSM 규제 얘기가 나오던 2009년부터 중소 상인들이 일관되
게 주장해 왔던 사항이다. 정부와 정치권이 이를 무시하고 우회
적인 방안들로 솜방망이 입법을 했지만 그로부터 4년 동안 대형
유통기업의 골목 상권 잠식도 막지 못했고 중소 상인들의 생존도
제대로 지켜 주지 못했다. 허가제라는 원칙으로 다시 돌아와야
한다.

1   대형 유통기업의 팽창
      대형 소매점은 백화점과 통상 '대규모 점포
      (3,000제곱미터 이상)를 개설한 대형마트'로 나뉜다.
      한국에 있는 대표적인 대형 소매점은 신세계 이마트,
      롯데마트, 그리고 영국계 테스코가 소유한 홈플러스
      등이다. 대형 소매점들이 포화 상태에 이르자
      이마트와 롯데, 홈플러스와 GS리테일 등 4개 대형
      유통기업들은 골목 상권을 잠식하기 위해 대체로
      990~3,300제곱미터(300~1,000평) 규모인 SSM을
      공격적으로 열기 시작했다. 한편 세븐일레븐, 바이더웨이,
      CU 등 대형 유통기업들의 체인형 편의점들 역시
      폭발적으로 성장하면서 기존의 골목 슈퍼마켓을 대체해
      나가고 있다.

8장

이상한 나라의
집값

나락으로
떨어지는
무주택자의 삶

'무주택' 씨, 드디어 집을 마련하다

"7% 경제성장, 1인당 국민소득 4만 달러, 세계 7위 경제 강국을 만들겠습니다." 이명박 전 대통령이 '747'을 띄우던 2007년, '무주택' 씨가 드디어 집을 샀다. 5억 원짜리 아파트를 장만하면서 3억 원 정도 빚이 생겼다. 그 빚을 갚기 위해 20년 동안 매달 200만 원 이상의 원리금을 갚아야 해서 좀 버거웠지만, 옆 동네 먼 친척의 아파트 가격이 3년 사이 2배 가까이 오르는 것을 보고 결심했다.

2008년, 미국에서 '서브프라임 모기지 사태'가 발생했다. 주택 담보대출을 받은 사람들이 돈을 갚지 못해서 생긴 문제였는데, 전 세계적으로 경기가 얼어붙기 시작했고, 끝없이 오를 것만 같던 서울의 아파트 가격이 떨어지기 시작했다. 하지만 이명박 전 대통령 은 "지금 주식을 사면 대박"이라면서 곧 경기가 회복될 것이라고

'무주택' 씨를 안심시켰다.

2009년, 아내가 아이를 낳으면서 일을 그만두었다. 수입의
3분의 1이 줄어들어서 주택을 담보로 빌린 대출금을 갚는 것이 더
욱 버거워졌다. 아파트 관리비는 왜 그렇게 많이 나오는지……. 시
세 차익은 고사하고 원래 값도 받지 못할 수 있다는 생각이 드니
한 달에 수백만 원씩 나가는 원리금이 더 버겁게 느껴졌다. 계산해
보니 수입의 절반 가까이를 대출금 갚는 데 쓰고 있었다. 불현듯
은행 소유의 집에 턱없이 비싼 월세를 주고 산다는 생각이 들었다.
'무주택' 씨는 계속 무주택자였는지도 모른다.

집을 사니 더욱 가난해지다

불경기가 지속되면서 회사 사정이 어려워지기 시작했다. 2010년부
터는 월급이 줄기 시작했고, 대출금을 갚고 나면 생활을 꾸리는 것
조차 어려워졌다. 결국 부족한 생활비를 마련하기 위해 여기저기
돈을 꿔서 메워야 하는 지경에 이르렀다. '경제민주화'를 기치로 내
건 박근혜 대통령이 취임하던 2013년 2월, '무주택' 씨는 더 이상
대출금을 갚지 못하게 됐다. 뉴스에는 주택담보대출을 갚지 못하는
'하우스푸어'가 수십만 가구에 달한다는 이야기가 나오고 있었다.
생각 같아서는 집을 팔아 버리고 싶었지만 웬만큼 싸게 내놓지 않
으면 팔리지 않을 거라는 말을 들었다.

2013년 4월, 박근혜 정부는 하우스푸어 구제를 위한 부동산
대책을 내놓았다. 하우스푸어들의 주택이 경매로 넘어가기 전에 부

동산 투자회사를 통해 사 주겠다는 것이었다. 경제적 여력이 없어서 한시가 급했던 '무주택' 씨는 고심 끝에 임대주택리츠(부동산 투자회사)에 주택의 지분을 넘기기로 했다. 대출금만큼의 지분을 임대주택리츠에 넘기고 5년간 임대료를 내면서 사는 조건이었다. 5년 후에 다시 지분을 사들일 수 있는 우선권이 주어졌지만, 그동안 몇억 원을 모을 가능성은 없었다. '무주택' 씨는 집을 산 지 6년 만에 다시 무주택자로 돌아갔다.

삶을 옭아매는 높은 집값

2017년 겨울, A당의 1번 후보와 B당의 2번 후보가 대통령 자리를 두고 치열하게 다투고 있다. 1번 후보는 다주택자에 대한 규제를 모두 철폐함과 동시에 여러 채의 집을 가진 사람들이 적은 세를 받으면서도 임대사업을 안정적으로 할 수 있도록 강력한 지원 정책을 펼치겠다고 주장한다. 반면 2번 후보는 주택이 팔리지 않는 이유는 이미 소득으로 감당할 수 있는 한계 수준까지 집값이 올랐기 때문이며, 이런 상태를 방치하면 임대료가 집값에 다다를 때까지 오르게 되어 '전세대란'이 지속될 수밖에 없으니 저렴한 주택을 공급해 주택 가격을 상식적인 선으로 낮추겠다고 주장한다. 실제로 전세 가격은 꾸준히 올라서 집값의 80% 한도에 이르는 곳도 있다.

2018년 봄, 새로운 대통령이 취임했지만 '무주택' 씨는 전세를 구하러 다니느라 누가 당선되었는지 관심을 둘 겨를이 없다. 임대주택리츠에 나머지 지분을 모두 넘기고 받은 1억 몇 천만 원으로는 변두리의 방 2칸짜리 소형 아파트를 전세로 얻는 것도 어렵다. 경기도 외곽으로 가면 적당한 전셋집을 구할 수도 있었지만 아이의 교육 문제 때문에 서울에서 월세를 얻기로 했다. 몇 개월을 헤맨 끝에 허름한 아파트를 구할 수 있었다.

월세가 소득의 3분의 1을 넘기던 2023년, '무주택' 씨는 회사를 그만두게 되었다. 여기저기 경력직으로 원서를 내 봤지만 계약직으로도 일자리를 구할 수가 없었다. 어쩔 수 없이 100명 중 99명이 망한다는 자영업 전선에 뛰어들었다. 처음 몇 달간은 지인들의 매상으로 그럭저럭 버텼지만 계속해서 매출이 줄어들어 적자 폭이 커지기만 했다.

2028년 초, 아이가 대학에 합격했지만 기뻐할 겨를이 없다. 결국 가게 문을 닫게 되었기 때문이다. 그동안 적자를 메우려고 임대 보증금을 계속 축냈기 때문에 집 평수를 계속 줄였고, 지금은 반지하 셋집을 어렵게 구해 살고 있다. 아내와 '무주택' 씨가 날품을 팔아 벌어 오는 돈의 절반 가까이가 월세로 사라진다. 아이의 등록금은 어떻게 마련해야 할지 막막하다.

저축만으로 집 사는 데
걸리는 시간,
27년

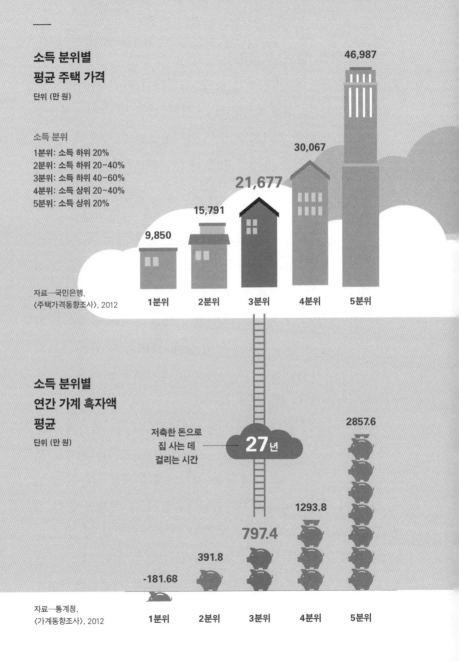

소득 분위별
평균 주택 가격
단위 (만 원)

소득 분위

1분위: 소득 하위 20%
2분위: 소득 하위 20~40%
3분위: 소득 하위 40~60%
4분위: 소득 상위 20~40%
5분위: 소득 상위 20%

46,987

30,067

21,677

15,791

9,850

자료—국민은행,
〈주택가격동향조사〉, 2012

1분위   2분위   3분위   4분위   5분위

소득 분위별
연간 가계 흑자액
평균
단위 (만 원)

저축한 돈으로
집 사는 데   **27**년
걸리는 시간

2857.6

1293.8

797.4

391.8

-181.68

자료—통계청,
〈가계동향조사〉, 2012

1분위   2분위   3분위   4분위   5분위

내 집 마련, 할 수 있을까?

한국의 집값은 이미 지나치게 높다. 그렇다면 개별 가구들이 주택을 구입하는 데 실질적으로 드는 경제적 부담은 어느 정도일까? 이를 알기 위한 지표로는 주택 가격을 1년치 가계 흑자액으로 나눈 비율인 '가계 흑자액 대비 주택 가격 비율PSR, Price to Surplus Ratio'(이하 PSR)과 주택 가격을 어떤 지출도 차감하지 않은 1년치 전체 소득으로 나눈 비율인 '소득 대비 주택 가격 비율PIR, Price to Income Ratio'(이하 PIR)이 있다. PSR은 소득이 아닌 가계 흑자액으로 비율을 구하고 있어서, 소득으로 비율을 구하는 PIR에 비해 주택을 구입하는 데 드는 개별 가구의 경제적 부담을 좀 더 현실적으로 가늠할 수 있다. 가계 흑자액은 한 가계의 소득에서 지출을 차감한 금액으로, 저축이나 자산 구입 등에 사용할 수 있는 소득의 부분을 말한다. 가령 PSR이 10이면 가계 흑자액을 모아서 주택을 구입하는 데 10년이 걸린다는 뜻이다.

통계청이 제공한 2012년 기준 〈가계동향조사〉 결과와 국민은행이 발표한 2012년 12월 기준 〈주택가격동향조사〉 결과를 토대로 소득 계층과 주택 가격 군을 각각 5개 분위로 나누어 보았다. 그 결과 중산층이라 할 수 있는 3분위 소득 계층의 연간 가계 흑자액 평균은 797만 원이고, 중간 가격 주택이라 할 수 있는 3분위 주택 군의 평균 주택 가격은 2억 1,700만 원이었다. 3분위 소득 계층의 가계 흑자액과 3분위 주택 가격을 대입하여 PSR을 구하면 무려 27이 나온다. 중간 정도의 소득을 얻는 가구가 중간 정도 가격의 주택을 구입하는 데 27년이 넘게 걸리는 것이다.

수도권으로 범위를 좁혀 보면 결과는 더욱 심각하다. 3분위 소득 계층 연간 가계 흑자액 평균의 PSR을 수도권의 평균 주택 가격(3억 4,700만 원)을 기준으로 구하면 43이 넘고, 서울의 평균 주택 가격(4억 7,000만 원)을 기준으로 구하면 무려 59가 나온다. 즉 3분위 소득 계층이 수도권에서 평균적인 집을 사는 데는 43년이 넘게 걸리고, 그 지역을 서울로 좁히면 59년이 걸린다는 얘기다. 결국 중간 정도 소득을 올리는 가구가 정상적인 생활을 할 때 일생 동안 돈을 모아 서울에 있는 집을 사기는 힘들다는 의미다. 욕심을 줄여서 조금 저렴한 2분위 주택 군의 평균 수준(1억 5,800만 원)에 해당하는 주택을 구매한다고 가정하더라도 3분위 소득 계층의 PSR은 19.8에 달한다.

중산층이 이 정도라면 저소득층의 상황은 어떨까? 2분위 소득 계층 연간 가계 흑자액 평균(392만 원)의 PSR을 2분위 주택 군 평균 수준의 주택(1억 5,000만 원)을 기준으로 구하면 40이 넘고, 1분위 주택 군의 평균 가격(9,900만 원)을 기준으로 구해도 25가 넘는다. 가계 흑자액이 평균 392만 원인 가계가 평균 1억 5,000만 원인 2분위 주택을 사는 데에만 40년이 넘게 걸린다는 것이다. 1분위 소득 계층의 경우에는 소득보다 지출이 많은 적자 상태이므로 PSR을 구하는 것이 의미가 없다.

집 때문에 가난한 하우스푸어

PSR을 달리 해석하면 지금 대출을 받아서 주택을 산다고 가정할 때 정상적인 생활을 영위하면서 빚을 다 갚을 수 있는 최소한의 기간을 의미한다. 가계 흑자액 모두를 대출금을 갚는 데 써야 상환 기간이 짧아지기 때문이다. 만약 PSR이 20이라면 최소 20년 동안 가계 흑자액 전체를 집을 사면서 얻은 대출금을 상환하는 데 써야 한다는 것이다.

그렇다면 가령 PSR이 40인데 주택담보대출의 상환 기간이 20년이라면 어떻게 될까? 갑자기 소득이 오르지 않는다면 지출을 줄여야 한다. 유기농 식품을 구매하다가 값싼 중국산 야채와 미국산 쇠고기를 사야 한다. 출고된 지 10년이 넘어서 슬슬 연비가 떨어지기 시작하는 승용차를 앞으로 10년은 더 타야 한다. 일주일에 한 번 하던 외식이 버거워지고, 철이 바뀔 때마다 지어 먹던 보약을 끊어야 한다. 차마 아이들 교육비를 줄일 수 없다면 여윳돈이 전혀 없을 수 있다. 집을 구매하는 순간 삶의 질이 떨어지는 것이다. '내 집'은 마련했지만 삶은 점점 빈곤해지는 하우스푸어'가 된다. 그나마 이렇게라도 지출을 줄여서 대출금을 갚을 수 있다면 다행이다. 더 이상 지출을 줄이는 것이 불가능하거나 소득이 줄어 대출 상환금을 밑돌게 되면, 빚이 늘어나다가 결국 연체할 수밖에 없다.

이상한 나라의 집값

문제의 원인은 단순하다. 소득은 낮고 집값은 높기 때문이다. 소득에 비해 집값이 터무니없이 높다고 표현할 수도 있다. 따라서 문제의 해법도 어렵지 않다. 국민들의 소득을 높이고 집값을 낮추면 된다. 소득을 높이기 위해서는 비정규직 문제를 해결해 고용을 안정시키고 최저임금을 올리면 되고, 집값을 낮추려면 적정 가격의 주택 공급을 늘리면 된다. 집값이 낮아지면 주거비가 절감되어 여윳돈이 생길 것이고, 그 여윳돈으로 소비와 지출이 늘어나면 골목 상권과 내수가 살아나면서 고용이 안정되고 소득이 늘어나는 선순환이 생길 것이다.

집값을 낮추는 것과 병행해 소수가 주택을 독점하지 못하도록 막는 것 또한 중요하다. 자원이 독점되면 효율적 배분이라는 시장의 기능이 마비되기 때문이다. 공정거래위원회에서 가격 담합과 독과점을 강력하게 규제하는 것처럼 주택을 독점하는 것도 마땅히 금지되어야 한다. 주택을 만드는 원가가 높아서 판매 가격을 쉽게 낮추기 어렵다면 서민을 대상으로 저리의 융자를 장기간에 걸쳐서 지원하는 것도 보조적 방책이다. 가령 PSR이 30 정도라면 30년 이상의 상환 기간을 조건으로 하는 저리의 주택 융자가 도움이 될 수 있다.

가장 중요한 것은 주택을 투자의 대상으로 여기는 사회 풍토를 바꾸는 일이다. 지금까지는 집은 사 두면 돈이 된다는 생각 때문에 많은 사람들이 과도하게 빚을 지면서까지 주택을 구매해 왔다. 그런 사회 풍토에 휩쓸린 사람들 또한 집값을 비정상적으로 높이는 데 일조했다고 볼 수 있다. 여기에는 정부의 책임도 크다. 건설 경기를 부양하기 위해 수요를 촉진시킨다는 명목으로 대출 조건을 지나치게 완화해 가계소득으로 감당하기 어려울 정도로 부채를 키웠기 때문이다. 집은 가족 구성원의 보금자리다. 집은 거주하는 곳이지 돈을 벌기 위한 투자의 대상이 아니다. 집을 사기 위해서 대출을 받아야 할 만큼 집값이 높은 것 자체도 문제가 있지만 '내 집'을 가지기 위해 무리하게 대출을 받는 사람들 역시도 집값이 오르기를 기대했을 것이다. 이런 악순환을 멈추기 위해서는 주택이 투자 대상이라는 생각을 버려야 한다.

1   하우스푸어

일반적으로 무리한 대출로 집을 마련했으나 원리금
상환으로 실질소득이 줄어 빈곤하게 사는 가구, 즉
주택담보대출 규모가 커서 원금과 이자를 내고 나면 소비
여력이 거의 없는 가구를 의미한다.

하지만 전세금이 폭등하고 월세가 늘면서 소득에 비해
임대료 부담이 지나치게 높은 가구가 많아지면서 렌트푸어,
즉 자가 소유가 아니더라도 전월세 임대료 부담으로 빈곤한
삶을 살 수밖에 없는 가구의 문제도 심각해지고 있다.

아파트 전세 가격
상승률,
소득 증가율의
2.5배

전세 가격 상승률과 실질소득 증가율 (2010~2012년)   단위 (%)

21.2

16.3

8.6

1.9배   2.5배

평균 전세 가격 상승률   1인당 실질소득 증가율   평균 전세 가격 상승률
(전체 주택)   (아파트)

자료—국민은행, 〈주택가격동향조사〉 / 한국은행, 〈국민소득통계〉

쥐꼬리만큼 오르는 소득, 치솟는 아파트 전세 가격

국민은행의 〈주택가격동향조사〉와 한국은행의 〈국민소득통계〉를 바탕으로 2010년부터 2012년까지 전세 가격 상승률을 살펴보면, 전국의 평균 전세 가격은 1억 2,200만 원에서 1억 4,200만 원으로 16.3% 증가했으며, 아파트의 평균 전세 가격은 1억 2,800만 원에서 1억 5,500만 원으로 21.2% 증가했다. 반면에 같은 기간 1인당 실질소득은 1,369만 9,000원에서 1,481만 8,000원으로 8.6% 증가하는 데 그쳤다. 집을 사려면 무리하게 대출을 해야 하기 때문에 집 사는 것을 포기하고 전세를 얻으려고 하는데, 그마저도 쉽지 않은 것이다.

소득은 쥐꼬리만큼 오르는데 전세금은 하루가 다르게 뛴다. 2012년 말 기준으로 서울 지역의 아파트 평균 전세 가격이 2억 7,000만 원에 이른다. 이는 같은 기간 1인당 실질소득의 18배에 달한다. 이런 상황에서 서민들은 서울에서 아파트를 구입하는 것은 고사하고 전세조차 얻기가 힘겹다. 하지만 서울에 있는 주택 중에서 아파트가 차지하는 비중은 계속 늘어나고 있으며, 2010년 〈주택 총조사〉 기준으로 아파트가 차지하는 비중은 58.8%에 달한다. 그동안 노후 주거지를 정비한다는 명목으로 저렴한 주택을 없애고 비싼 아파트를 건설하는 개발 사업을 꾸준히 추진해 온 결과다. 이러다 보니 아파트 이외에 주거의 질이 보장되는 마땅한 대안도 찾기 힘든 상황이다.

결국, 일정 수준 이상의 주거 환경을 원하는 서민들은 치솟는 전세금을 마련하기 위해 대출에 의존해야 한다. 대출로도 전세금을 모두 마련하기 어려울 경우에는 기존 전세금에 추가적으로 월세를 더 내는 반전세 형태의 집을 구해야 하는 경우도 많다. 이마저도 감당하기 어려운 가구는 임대료가 낮은 외곽 지역으로 밀려나거나 상대적으로 질이 낮은 주택에서 살 수밖에 없다.

집값이 오를 수밖에 없는 이유

한국의 주택시장에서 주거비용을 큰 틀에서 나눠 보면 자가비용(살 집을 구매하는 비용), 전세비용, 월세비용으로 구분할 수 있다. 여기서 비용이라는 것은 주택에 붙여진 가격(매매 가격, 전세비용, 월세비용 등)뿐만 아니라 대출이자, 각종 수수료, 세금 등을 포함한 금전적인 요소에 더해 주거 불안정에 따른 심리적 불안 등과 같이 금전으로 따지기 어려운 부담까지 포괄하는 개념이다. 2013년 한 해 서울 및 수도권 지역의 주택시장 상황을 정리하면, 주택 매매 가격이 정체하거나 조금 하락했고 전세금은 지속적으로 상승했다. 또한 월세비용은 정체하거나 조금 증가했다.

전세금이 집값이나 월세보다 더 빠르게, 더 많이 오른다는 것은 전세를 원하는 수요가 많다는 것을 의미한다. 이러한 현상이 나타나는 이유는 자가나 월세에 비해 전세가 싸기 때문이다. 전세금이 오르고는 있지만 아직은 매매나 월세에 드는 돈보다는 저렴한 것이다. 이런 상황이 지속된다면 전세금이 계속 올라서 자가, 월세, 전세 가격이 모두 같아질 것이다. 그렇다면 앞으로 전세비용은 계속 오를 수밖에 없는 것일까? 문제는 전세가 상대적으로 싼 것이 아니라 집값이 비싸다는 것이다. 한국의 집값은 지나치게 높게 형성되어 있다. 게다가 과거 금리가 높았던 때는 집주인들이 전세금으로 이자 차액을 누릴 수 있었지만 지금은 금리가 낮아지면서 전세가 월세로 전환되고 있는 것이다.

감당할 수 있는 집값 만들기

한국사회에서 전세 가격이 폭등하고 있는 원인은 주택 구매 가격이 일반적인 소득에 비해서 과도하게 높기 때문이다. 집값이 평균 소득으로 감당할 수 있는 정상적인 수준으로 조정되지 않으면 전세는 귀해지고, 귀할수록 가격은 계속 오를 수밖에 없다. 따라서 이 문제를 근본적으로 해결하기 위해서는 적정 수준으로 집값을 낮춰야 한다.

한편으로는 전세금 등 임대료의 급등을 조절하기 위해 부동산 시장에서 전세 및 월세의 인상률을 제한하는 전월세 상한제[1]를 도입해야 한다. 시장에 적정 가격의 주택을 충분하게 공급하기 위해서는 많은 시간과 노력이 필요하기 때문이다. 이런 상황에서 임대료 급등을 방치하면 다시 정상적인 상태로 되돌리기까지 많은 갈등과 부작용이 발생할 수밖에 없다. 전월세 상한제가 시장 기능을 저해할 것이라는 일각의 우려가 있지만, 서민을 보

호하고 장래에 정상적인 시장 상황을 만들기 위해서라도 현명하
게 대응해야 한다.

---

1   **전월세 상한제**
     임대차 계약을 갱신할 때 보증금, 전세비용, 월세비용을
     특정한 기준 이상으로 인상하지 못하도록 법적 규정을 두는
     것을 말한다. 쉽게 말해 부동산 시장에서 전세 및 월세의
     인상률을 제한하는 제도라고 할 수 있다.

저소득층
주거비 부담,
고소득층의
6배

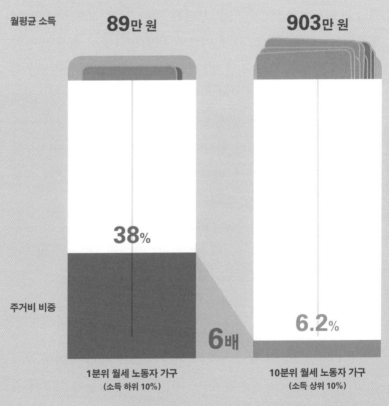

소득 분위별 월세 노동자 가구의 월평균 소득 대비 주거비 부담률

월평균 소득   **89**만 원   **903**만 원

38%

주거비 비중

6.2%

6배

1분위 월세 노동자 가구   10분위 월세 노동자 가구
(소득 하위 10%)   (소득 상위 10%)

자료—통계청, 〈가계동향조사〉, 2011

커져만 가는 주거비 부담

전국의 가구를 소득 수준에 따라 10개의 집단으로 나누었을 때, 가장 소득이 낮은 1분위(소득 하위 10%)와 가장 소득이 높은 10분위(소득 상위 10%)의 주거비[1] 부담은 각각 어느 정도 수준일까? 통계청의 〈가계동향조사〉에 따르면 1991년 1분위 월세 노동자 가구의 월평균 소득은 40만 원 정도였고 주거비는 월평균 8만 원이었다. 즉 소득 대비 주거비 비중은 20% 정도였다. 그러나 20년이 지난 2011년, 1분위 월세 노동자 가구의 월평균 소득은 89만 원, 월평균 주거비는 34만 원이다. 소득 대비 주거비 비중이 38%로 높아진 것이다. 소득에 비해서 빠르게 올라가는 주거비 때문에 부담이 점점 가중되고 있다.

반면 가장 소득이 높은 10분위 월세 노동자 가구의 경우 1991년 월평균 소득은 265만 원, 월평균 주거비는 19만 원으로 소득 대비 주거비 부담은 7% 정도였다. 2011년에는 월평균 소득이 903만 원, 월평균 주거비는 56만 원으로 소득 대비 주거비 비중이 6.2%로, 1991년에 비해 1% 가량 감소한 비율이다.

정리하면 1분위 월세 노동자 가구의 소득 대비 주거비 부담은 20%에서 38%로 가중된 반면, 10분위 월세 노동자 가구의 소득 대비 주거비 부담은 7%에서 6.2%로 오히려 줄어들었다. 상대적인 관점에서 보면 1991년에는 1분위 월세 노동자 가구의 주거비 부담이 10분위 월세 노동자 가구의 주거비 부담의 3배였는데, 20년이 지난 2011년에는 그 격차가 더 벌어져서 1분위 월세 노동자 가구의 주거비 부담이 10분위 월세 노동자 가구의 6배에 달하게 된 것이다.

〈주택 총조사〉에 따르면 1990년부터 2010년 사이에 늘어난 주택 수가 672만 호에 이른다. 해마다 34만 호에 달하는 주택이 쏟아졌음에도 저소득층의 주거비 부담은 오히려 늘어났다. 지금까지 정부의 주거 정책이 주택 재고[2]를 크게 늘렸을지는 모르지만 저소득층의 주거 복지는 오히려 악화시켜 온 것이다.

누구를 위한 주택 공급 정책인가

저소득층의 주거비 부담이 고소득층에 비해서 높아지고 있는 근본적인 원인은 소득이 양극화됐기 때문이다. 저소득층의 소득이 오르는 추세가 고소득층에 비해서 낮으니 상대적으로 주거비 부담이 더 커질 수밖에 없다. 1991년과 2011년을 비교해 보면, 1분위 월세 노동자 가구의 월평균 소득은 40만 원에서 89만 원으로 122% 오르는 데 그쳤지만, 10분위 월세 노동자 가구의 월평균 소득은 265만 원에서 903만 원으로 증가율이 241%나 된다.

또 다른 원인은 주택 가격이 지나치게 상승했기 때문이다. 주택 가격이 오르는 추세를 저소득층의 소득이 따라잡지 못한 것이다. 반면에 고소득층의 경우 주택 가격이 오르는 만큼 소득도 올랐기 때문에 주거비 부담은 늘지 않았다. 이를 다른 측면에서 보면 저소득층이 거주하는 주택의 가격이 고소득층이 거주하는 주택의 가격에 비해 더 많이 올랐다는 것을 의미한다.

시장이 정상적으로 기능한다면, 가격은 수요와 공급의 증감에 따라 변화한다. 수요가 일정한데 공급이 증가하면 가격은 낮아지며, 반대로 공급이 일정한데 수요가 늘어나면 가격은 높아진다. 그렇다면 저소득층의 주택 가격이 고소득층의 주택 가격에 비해서 더 많이 오른 이유는 무엇일까? 주택시장이 비싼 집들만 집중적으로 공급했기 때문이다. 집을 사려는 사람들이 비싼 집을 선호한 것이 아니라, 주택시장 공급자들이 집을 비싼 가격에 공급한 것이다.

구체적으로 보면, 1990년부터 2010년까지 주택은 연평균 34만 호가 늘어났다. 그럼에도 불구하고 소득 하위 10%의 주택 가격이 높아졌다는 것은 기존의 저렴한 주택을 새로 공급된 고가의 주택이 대체했다는 것을 의미한다. 한동안 서울을 비롯한 수도권 지역에서 주택재개발사업이 붐처럼 일어났다. 이런 주택재개발사업을 통해 저렴한 주택들이 철거되면서 저소득층이 거주할 수 있는 주택의 양은 줄어들고, 대신에 수억 원이 넘는 고급주택을 비롯한 아파트들이 생긴 것이다. 즉 재개발과 주택 건설 붐을 타고 기존의 저렴한 주택들이 비싼 아파트로 거듭나면서 저소득층이 선택할 수 있는 폭은 줄어들 수밖에 없었고, 이런 상황에서 저소득층은 높은 주거비를 낼 수밖에 없었던 것이다. 이는 주택 공급이 '주거 복지'를 목표로 한 것이 아니라 '건설업을 통한 경기 부양'에 맞춰져 있었기 때문에 나타난 현상이다.

필요한 건 아파트가 아니다

실제로 1990년에 473만 호였던 단독주택은 2010년에 380만 호로 19.7% 감소했다. 반면 같은 기간 동안 아파트는 163만 호에서 819만 호로 402%나 증가했다. 통계적으로는 새로 공급된 주택의 대부분이 아파트였던 것이다. 소득 수준이 낮을수록 비용이 저렴한 주택이 절실하다. 그러나 한국의 주택시장은 다른 주택들에 비해 고가인 아파트 위주로 움직이다 보니 고소득층에 비해서 저소득층의 주거비 부담이 늘어날 수밖에 없다.

사 두면 몇 년 만에 3~4배씩 오르는 가격 때문에 너도나도 아파트를 구매하기 시작했고, 무리하게 대출을 하면서까지 아파트를 구매하는 사람들도 적지 않았다. 주택을 투자의 대상으로 여겼던 것이다. 정부는 이에 편승해 아파트의 양을 꾸준히 늘리는 방향으로 정책을 펼쳐 왔다. 그 결과가 일반적인 소득으로는 감당하기 어려울 정도로 치솟아 버린 주택 가격이다. 집을 소유하면 빈곤에 빠지고, 전세 가격은 끊임없이 올라 중산층마저도 생활하기 빠듯하다. 저소득층은 높은 주거비로 인해 생계를 위협받는 상황이다.

정부는 더 이상 아파트를 늘릴 것이 아니라 저소득층을 위한 적정 가격의 주택을 늘려야 한다. 더불어 사회 전반적으로 퍼져 있는 주택에 대한 인식부터 바꿀 필요가 있다. 집은 투자의 대상이 아니라 나눠 쓰는 공동체의 기반이라는 분위기를 인식하는 것이 중요하다. 집은 사는 곳이지, 사는 것이 아니다. 이러한 인식

변화와 함께 정부에서는 공공임대주택 공급을 늘려 저소득층의
주거비 부담을 덜어 주어야 한다.

1 주거비

가계 지출 중 주거에 소요되는 경비를 말한다. 집세뿐만
아니라 수도, 전기 등의 공과금부터 화재 보험료 등의 주거
관련 보험료까지 포함한다. 즉 집에 살기 위해 지출하고
있는 금전적 부담이라고 할 수 있다. 따라서 임차 가구뿐만
아니라 자기 집에 거주하고 있는 가구인 경우에도 발생한다.
주거비를 자가비용과 임차비용으로 구분하면, 자가비용은
살 집을 구매하는 비용으로써 주택 매매 가격, 각종 세금,
담보대출에 대한 이자, 주택 관리비 등으로 구성된다.
임차비용은 살 집을 빌리는 비용으로써 임대료, 임대
보증금(또는 전세금)에 대한 이자, 주택 관리비 등으로
구성된다. 이론적으로는 겉으로 드러나지 않는 요인으로써
내 소유의 집이 없다는 불안감과 같이 돈으로 환산하기
어려운 심리적 부담도 포함될 수 있지만, 편의상 금전적인
주거비를 주거비용으로 여긴다. 주택을 소유하고 있는 경우
주택을 사거나 임차하지 않아도 되므로 주거비가 크게
낮아질 수 있다.

2 주택 재고 Housing Stock

주택의 전체 양을 말한다. 주택이 장기간 사라지지 않고
누적되는 자산이라는 의미를 지니고 있다. 기존의 주택을
철거하지 않는 한 새로운 주택을 건설하면 전체 주택의
수효는 계속해서 증가하기 때문이다.

9장

당신은
건강하십니까?

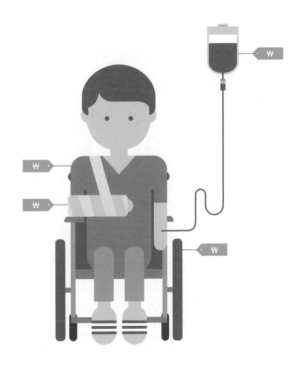

가난한 당신,
아파서도 안 된다

2013년 11월 말, 부고가 하나 들려왔다. 고인의 사인은 맹장염이었다. 장애인운동 활동가였던 고(故) 김준혁 씨는 언어 및 지적 중복장애 3급의 장애인이었다. 그는 의료비 지원을 받는 의료급여 수급자였기 때문에 의료비 부담이 거의 없었다. 그러나 그는 맹장이 터져 복수가 차는 상황에서도 병원에 쉽게 가지 못했고, 결국 맹장염으로 인한 급성 패혈증으로 사망했다.

어째서 병원에 가지 못했던 것일까? 한국의 의료 체계에서는 아무리 가난한 의료급여 환자라도 보험 혜택이 없는 비급여 항목에 대해서는 본인 부담금을 내야 하기 때문이다. 지적장애와 그로 인한 생활고에 시달리던 고인에게 병원 문턱은 결코 낮지 않았다. 고인은 기초 생활비를 받고 있었으나 금액이 매우 적어 계속 일자리를 찾았다고 한다. 하지만 언어 및 지적장애가 있었던 고인이 양

질의 일자리를 얻는 것은 매우 어려웠고, 일을 할 경우 수급권을
포기해야 하기 때문에 쉽사리 취직을 하지 못했다.

건강마저 불평등하다

흔히 건강은 누구에게나 평등하다고 한다. 하지만 건강만큼 불평등
한 영역도 없다. 개인적 문제로 생각하기 쉽지만, 건강은 사회경제
적 요인에 크게 영향을 받는다. 먼저 가난한 사람은 일상생활에서
건강하게 살기가 어렵다. 사는 곳은 열악하다. 집값이 싼 곳은 출
퇴근 시간이 많이 걸리게 마련이고 냉난방, 환기, 채광 등의 생활
환경도 좋지 않다. 신선하고 영양 균형이 잘 잡힌 먹을거리를 사러
갈 시간도, 돈도, 여유도, 정보도 없다. 패스트푸드나 건강에 좋지
않은 식생활을 피하기 어렵다.

    혹시 병에 걸리게 되면 치료는 제대로 받을 수 있을까? 저소
득층은 물론 고소득층보다 의료비를 적게 내지만, 전체 수입 대비
의료비 부담은 훨씬 크다. 적은 의료비라도 소득이 낮을수록 실질
적인 부담은 높기 때문에 병원에 잘 가지 못한다. 저소득층 환자들
은 수술과 같이 많은 돈이 필요한 경우에는 보증금을 미리 내지 않
으면 의료기관에서 치료를 거부당하기도 한다. 경제적 부담만이 아
니다. 병원에 갈 시간도 없다. 일터에서 아프다고 병가를 내기도
매우 어렵다. 이로 인해 가벼운 병도 키우게 된다. 일상생활이 건
강하지 못한 상태에서 가벼운 병을 치료하지 못하면 결국 큰 병이
된다. 암이나 중풍 등 중병에 걸릴 확률이 높아진다. 그런데 한국

에서는 가족 중 누군가가 중병에 걸리면 그 가족이 빈곤으로 떨어지는 것은 순식간이다. 높은 의료비가 오로지 개인의 책임인 데다가, 간병서비스조차 제대로 되어 있지 않아서 가족 중 누군가는 간병에만 매달려야 하기 때문이다. 한국사회에서 빈곤으로 진입하는 가장 큰 원인 중 하나가 바로 질병이다.

낮은 의료 보장성, 심각한 의료 상업화

한국의 건강보험 제도는 모든 국민을 대상으로 하고 있어 전 국민이 건강보험 혜택을 받는다. 그런데 이런 나라에서 왜 병에 걸리면 빈곤을 걱정해야 하는 것일까? 바로 건강보험의 보장성이 낮기 때문이다. 한국의 건강보험 보장성은 55%밖에 되지 않는다. 건강보험이 지원하는 의료비 외에 스스로 내야 하는 본인 부담금이 45%나 된다는 말이다.

한국의 의료제도는 건강보험의 보장성이 낮은 것만 아니라 공공성도 매우 떨어진다. 의료 분야가 상업화되어 있기 때문이다. 단적인 예로 한국의 의사 수는 OECD 평균의 절반인데 병의원 이용률과 입원율은 1.5배 많다. 병원도 많이 가고, 약도 많이 먹고, 수술도 많이 하고, 검사도 많이 한다. 약간의 이상이 있어도 큰 병원에 가서 정밀 검사를 권한다. 얼핏 한국은 '의료 천국'인 것처럼 보이지만 정작 필수적인데도 돈이 되지 않는 응급의료, 건강 증진이나 예방, 1차의료(건강을 위해 가장 먼저 접하는 의료), 만성질환 관리 등 필수 의료서비스는 찾아보기 어렵다.

우리는 건강할 수 있을까?

한국 국민들은 국가에 건강보험료를 낸다. 그러고도 불안해서 대부분 민간의료보험에 가입해 보험료를 낸다. 하지만 병에 걸리면 병원에 가서 추가로 돈을 내야 한다. 3중으로 의료비를 부담하는 것이다. 그렇다면 아프기 전에 건강을 잘 챙겨야 한다. 하지만 일상생활에서의 건강관리가 어렵고, 1차의료가 제대로 보장되어 있지 않아 병을 키울 가능성이 높다. 게다가 아프면 직장을 잃는다. 퇴직금이나 상병수당(일을 하다가 다치거나 앓게 될 때 요양에 필요한 비용 외에 따로 더 받는 수당)은 소수에게나 해당하는 일이다. 살기 위해 경쟁하다 보니 스트레스와 우울증이 심해져 정신 건강도 취약해진다. 이런 상황에서 건강을 잃는 것은 시간문제다. 한국사회의 건강 불평등이 발생하고 심화되는 메커니즘이다.

건강은 세상을 살아가기 위한 최소한의 조건이다. 건강한 몸과 마음은 학업, 취업, 직장생활, 사회생활, 가정생활 등 모든 일상생활을 가능케 하는 역량이다. 그러나 지금 한국사회는 살기 위한 최소한의 조건인 건강마저 불평등하다. 돈이 없으면 치료받지 못하거나 회복하지 못하는 일이 종종 생긴다. 뒤집어 보면 건강 불평등을 해소하기 위해서는 교육·소득·직업 등 사회경제적인 불평등이 없어져야 한다는 결론이 나온다. 건강은 사회경제적 영향을 받으며 개인의 사회경제적 지위에 바로 영향을 미친다는 점을 기억해야 한다.

저소득층
의료비 부담,
고소득층의
10배 이상

소득 분위별 의료비 부담률   단위 (%)

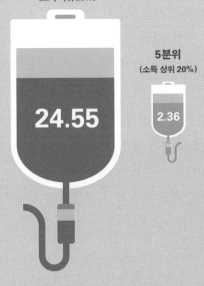

1분위
(소득 하위 20%)

24.55

5분위
(소득 상위 20%)

2.36

소득 분위별 의료 현황   단위 (%)

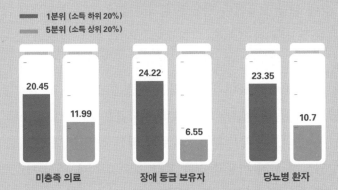

1분위 (소득 하위 20%)
5분위 (소득 상위 20%)

	미충족 의료	장애 등급 보유자	당뇨병 환자
1분위	20.45	24.22	23.35
5분위	11.99	6.55	10.7

자료—한국보건사회연구원, 〈한국 의료패널로 본 과부담 의료비 지출 가구의 특성〉, 2011

돈이 없다면 치료를 포기해라?

한국사회의 불평등 문제는 건강에서도 예외가 아니다. 의료서비스를 이용하는 데 사회경제적인 이유로 불평등을 경험하거나 그런 불평등으로 인해 건강 상태에 영향을 받는 건강 불평등 현상이 나타나고 있는 것이다. 특히 저소득층의 경우 의료서비스를 이용하는 데 여러 가지 어려움을 겪게 되며, 경제적으로 취약한 계층에 있는 사람들이 그렇지 않은 사람들보다 건강 상태가 더 좋지 않다. 건강 상태가 좋지 않으면 취업이나 경제활동이 어려워 빈곤해지기 쉬운 악순환이 계속되고 있다.

소득에 따라 건강 불평등이 발생하는 상황은 소득 분위별로 의료서비스를 이용하는 비율을 조사한 결과로도 알 수 있다. 한국보건사회연구원에서는 전체 소득에서 의료비 지출이 차지하는 비율, 의사의 도움이 필요하지만 도움을 받지 못하거나 중도에 치료를 포기하는 상황을 경험한 적 있는 비율(미충족 의료 비율), 장애 등급 보유자와 당뇨병 환자 비율을 소득 분위별로 조사했다. 소득 분위란 소득을 기준으로 20%씩 나눈 것인데, 소득이 가장 낮은 쪽의 구간이 1분위고 가장 높은 쪽의 구간이 5분위다. 전체 소득 중에 의료비가 차지하는 비중은 소득 하위 20%가 제일 크다. 소득 하위 20%의 의료비 부담률은 24.55%로, 소득 상위 20%의 의료비 부담률 2.36%보다 훨씬 높다. 미충족 의료 비율과 당뇨병 환자 비율과 장애 등급 보유자 비율 역시 저소득층에 집중되어 있다. 필요 의료서비스의 미치료율 또한 소득 수준별로 차이를 보이고 있다. 특히 소득이 낮은 계층에서 경제적 이유로 인한 미치료율이 높게 나타난다.

한국사회의 건강 불평등은 소득에 따라 극명하게 드러난다. 저소득층일수록 의료비가 자신의 소득에서 차지하는 비중이 가장 높기 때문에 의사의 도움이 필요한데도 도움을 받지 못하거나, 치료를 끝까지 받지 못하고 중도에 치료를 포기해야 하는 경우가 많다. 의료비 부담을 가장 많이 느끼는 계층이 저소득층이라는 것이다.

가난하면 아프기 쉽고, 아프면 가난해지는 뫼비우스의 띠

취약계층은 병원에 가지 못해서만이 아니라 가난 자체로도 건강 상태가 악화되는 경우가 많다. 긴 시간 노동을 하거나 건강에 좋지 않은 주거환경에서 사는 경우, 대부분 건강한 식생활을 하기가 어렵거나 정신적·육체적 스트레스가 많다. 가난할수록 병이 나기도 쉽고 병원에 가기도 어렵다. 가족 구성원이 중병에 걸리면 빈곤으로 떨어질 우려도 높다. 가족의 질병은 한국사회에서 빈곤 상태에 진입하게 되는 가장 큰 원인이다. 돈을 버는 가장이 아프면 당장 소득이 없어진다. 가족 중 누군가가 큰 병에 걸리면 엄청난 의료비와 간병에 허덕인다.

게다가 질병으로 인해 장애나 후유증이 발생하면 노동시장에서 소외된다. 한국의 장애인 취업률은 2011년 기준 OECD 평균인 57%에 비해 64%로 매우 높지만 취업한 장애인의 임금은 상용 임금 노동자의 45.7% 수준에 불과하다. 장애와 질병에 대한 사회보장이 취약하기 때문에 일을 할 수밖에 없지만 적은 임금에 시달리게 되는 현상을 보여 주는 숫자다.

건강은 누구의 책임인가

한국사회에서 벌어지는 건강 불평등 현상의 가장 큰 이유는 건강보험의 낮은 보장성이다. 전 국민 건강보험이 있지만 전체 의료비의 60%도 보장해 주지 못한다. 개인이 직접 부담해야 하는 본인 부담률이 의료비의 40%를 넘어선다. 특히 장기간 투병해야 하는 중병의 경우 병실 차액, 선택진료비, 고가의 비급여 치료 등 건강보험에서 보장해 주지 않는 비급여 진료가 많다. 게다가 간호 인력이 부족하기 때문에 가족 중 누군가는 병원에서 간병을 해야 하며, 대부분은 가족 내 여성이 무급으로 희생하는 경우가 많다. 비싼 간병비용을 내거나 가족 중 누군가가 일상을 포기해야 하는 것이다. 아프면 직장을 잃기도 쉽기 때문에 투병 기간 동안 생활비가 부족해진다. 이런 상황에서 치료비와 생활비를 이중으로 부담해야 한다.

OECD 평균 의료비 공적 부담 비율은 2011년 기준 72.2%이다. 이 비율에는 칠레(46.8%), 멕시코(47.3%), 미국(47.8%), 한국(55%) 등 평균을 크게 낮추는 국가들의 비율이 포함되어 있다.

이탈리아(77%), 스웨덴(82%), 일본(82%), 노르웨이(84.9%), 덴마크(85.5%) 등 그 외 대부분의 국가들은 80%를 넘는다. 의료비 공적 부담 비율이 높은 국가들의 경우 누군가가 아프면 상병수당이 나와 생활비를 보조해 주며 간병까지 공적으로 책임지기 때문에 가족 구성원이 일상을 희생하면서까지 병원에 붙어 있을 이유가 전혀 없다. 이 모든 것이 가능하기 위해서는 기업과 고소득층의 건강비용 부담을 높여야 한다. 조세 방식이든 사회보험 방식이든 국가가 기업과 고소득층으로부터 돈을 받아 국민들의 의료비를 책임져야 한다.

보장성이 낮고 공공성이 부족해 의료비가 비싸지고 필수 서비스를 제때 받지 못하기 때문에 저소득층의 의료비 부담은 점점 커진다. 경제 상황이 조금만 어려워져도 병원 문턱이 높아지는 것이다. 게다가 건강하지 못하다는 이유로 노동시장에서 차별받거나, 사회경제적 처지가 어려운 사람들은 평소 건강을 유지하지 못하는 등 건강 불평등이 악화되고 있다. 해결 방법은 간단하다. 건강보험 보장성을 올리고 의료 공공성을 강화해야 한다. 기업과 고소득층이 비용을 더 많이 부담하고 국가가 의료 공급과 시스템 관리를 책임지면 된다. 불가능한 것이 아니라 사회적 합의가 부족한 것일 뿐이다.

건강보험 흑자의
비밀

전체 의료비 중 공적재원 보장률 (2011년) 단위 (%)

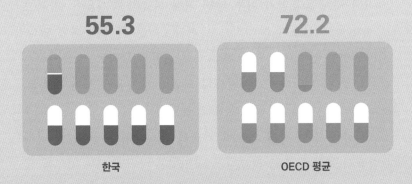

55.3 **72.2**

한국 OECD 평균

건강보험 누적 수지와 의료급여 진료비 증가율

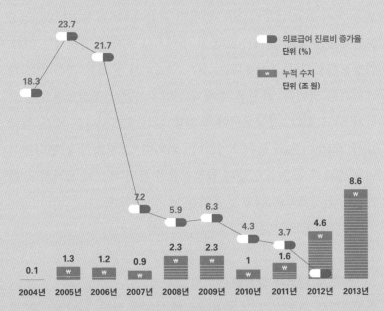

의료급여 진료비 증가율
단위 (%)

누적 수지
단위 (조 원)

자료—OECD 홈페이지

병원에 갈 여유가 없다

2008년 세계 금융위기 이후 국민 전체 의료비 증가율이 큰 폭으로 줄어들고 있으며 상대적으로 건강보험은 흑자를 내고 있다. 2013년까지 건강보험 누적 흑자가 9조 원에 육박하고, 흑자폭은 갈수록 커지고 있다. 그 이전까지 의료비 증가율은 물가 상승률, 소득 증가율, 경제성장률보다 훨씬 높았다.

한국의 경우 전체 의료비 가운데 공적재원 보장률, 즉 건강보험에서 보장해 주는 의료비가 55.3%다. 나머지 45% 정도를 국민이 직접 부담하는 것이다. 건강보험료는 소득에 건강보험요율을 곱한 금액만큼 내게 되는데, 건강보험료를 결정하는 건강보험요율 역시 2003년부터 2013년까지 평균 4.123% 증가했다. 건강보험요율은 당해 얼마가 지출될 것인지를 예측해 결정하는 만큼, 건강보험요율이 증가했다는 것은 의료비가 증가할 것이라고 예측했다는 의미다. 하지만 경제가 어려워지면서 건강보험료가 오히려 남고 있다. 건강보험이 흑자를 나타내고 있다는 것은 사람들이 의료 이용을 줄이고 있다는 의미다. 고령화가 진행되면서 의료 수요가 높은 노인층과 만성질환자 등이 빠르게 증가하고 있는데도 건강보험은 어떻게 흑자를 낼 수 있을까?

낮은 건강보험 보장률

한국사회의 의료비는 그간 가파르게 상승해 왔다. 일반적으로 의료비는 국가가 의료비를 보장해 주는 제도, 즉 건강보험을 도입하면 크게 증가한다. 의료비를 개인이 부담하기 어렵기 때문에 공적으로 보장이 되면 의료 수요가 늘어나는 것이다. 여기에 의료 기술이 발전하고 경제성장으로 의료 구매력이 높아진 데다가 고령화 사회에 접어들면서 노인층의 의료 수요가 높아졌고, 그에 따라 의료비가 증가했다. OECD 주요 국가들의 경우 GDP의 9~10% 내외를 의료비로 지출하며, 2011년 평균은 9.3%다. 한국 역시 국민건강보험제도가 도입된 이후 경제성장과 의료산업 발달에 건강보험 보장이 맞물려 의료비는 매년 10%가 넘는 성장률을 보여 왔다.

하지만 한국은 국가가 공적으로 의료비를 보장해 주는 비율, 즉 공적재원 보장률이 60%가 채 되지 않는다. 2011년 OECD 평균 공적재원 보장률이 72.2%인데 비해 한국은 55.3%에 불과하다. 의료 체계가 가장 형편없다고 평가받는 미국과 멕시코 다음이다. 공적 보장이 취약하기 때문에 개인들이 부담해야 할 의료비가 높다. 2008년 세계 금융위기 이후 건강보험이 큰 폭의 흑자를 내고 있는 것은 의료의 공적 보장이 취약한 상황에서 경제가 어려워지자 개인들이 의료 이용을 줄이고 있기 때문이다. 2013년 기준으로 건강보험은 8조 6,000억 원의 흑자가 났다. 그리고 같은 시기 가장 크게 의료비 지출이 감소한 계층은 가장 취약한 계층인 의료급여 환자들이었다.

필수 의료서비스를 받지 못하는 사람들

의료비가 지나치게 빨리 증가하는 현상이 좋다고 말할 수는 없다. 경제 전체에 미치는 영향도 크고 불필요한 의료서비스 이용은 건강에도 좋지 않기 때문이다. 하지만 필수적인 의료를 받을 수 없어서 의료비가 줄어드는 것은 문제다. 의료비의 45% 정도를 본인이 직접 부담해야 하는 한국의 의료 시스템이 의료 이용을 줄이는 가장 큰 원인이 되고 있다. 의료 이용을 줄이는 계층은 병원에 갈 수 있는 경제적·시간적 여유가 없는 저소득층인 것이다.

의료비 증가율이 가장 크게 감소한 계층이 절대빈곤층 중에서도 최저생활보장을 받는 의료급여 환자라는 사실은 저소득층이 겪고 있는 의료비의 부담을 단적으로 드러낸다. 개인이 부담해야 할 의료비의 비중이 높기 때문에 민간보험에 가입을 하지만, 저소득층은 민간보험에 가입하기도 어렵다. 국민건강보험공단의 자료에 따르면 2010년 가구 소득이 1년에 3,000만 원 이하인 가구의 민간의료보험 가입 비율이 49.6%인 데 반해, 가구 소득이 1년에 3,000만 원 이상인 계층의 민간의료보험 가입률은 70%가 넘는다. 저소득층일수록 소득에 비해 의료비 부담이 크지만 민간보험의 혜택도 누리지 못하는 것이다.

하지만 박근혜 정부에서는 도리어 건강보험료 체납 가구들의 진료비 100%를 본인이 부담해야 한다는 정책을 내놓았다. 2013년 건강보험료를 체납한 가구는 156만 세대이고, 이 중에서 소득과 재산이 거의 없어 납부 능력이 없는 건강보험료 체납 가구가 104만 세대에 달한다. 생계형 체납자를 제외한다고 하는데, 실상 전체 체납자 156만 세대 중 대다수가 생계형 체납자다. 이런 식의 접근으로는 저소득층의 의료비 부담을 전혀 줄일 수가 없다.

병원 문턱 낮추기

해답은 의료비에서 개인이 내는 부담을 줄이고 국가가 보장해 주는 공적 부담을 늘리는 것이다. 소득이 최저생계비에도 미치지 못하는 저소득층의 건강보험료를 면제하는 대신 고소득층과 기업의 부담을 높여 건강보험 재정의 총량을 늘려야 한다. 이렇게 확보한 재정으로 취약계층에게 필수적인 의료 이용에 대한 개인 부담 비율을 줄이는 정책이 필요하다. 환자들이 부담하는 의료비 중에서 가장 많은 금액을 차지하는 것은 국가로부터 지원받을 수 없는 3대 비급여인 선택진료비, 병실 차액, 간병비다. 이 핵심적 3대 비급여를 보장 항목에 포함하고 1년 동안 내는 의료비의 상한선을 정해야 한다. 아무리 큰 병에 걸려도 1년 동안 쓰는 전체 의료비가 100만 원을 넘지 않는 수준으로 공적인 의료비 보장을 늘려야 하는 것이다. 이러한 정책을 집행하지 않는 이상 저소득층에게 병원 문턱은 여전히 높을 수밖에 없다.

수술공화국
대한민국

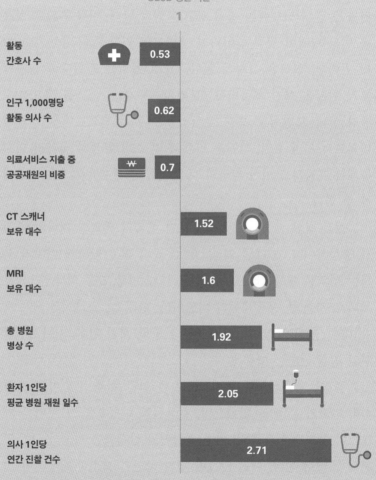

OECD 대비 한국의 보건 현황

OECD 평균 기준
1

활동 간호사 수	0.53
인구 1,000명당 활동 의사 수	0.62
의료서비스 지출 중 공공재원의 비중	0.7
CT 스캐너 보유 대수	1.52
MRI 보유 대수	1.6
총 병원 병상 수	1.92
환자 1인당 평균 병원 재원 일수	2.05
의사 1인당 연간 진찰 건수	2.71

자료—OECD, <Health Data>, 2012

의료 과잉 국가

한국은 OECD 국가 중 유일하게 병상이 증가하고 있으며, 가장
많은 약을 복용하고, 수술과 입원·외래 진료가 가장 많다. 지하
철과 신문, 인터넷에는 병원 광고가 넘쳐 난다. 이렇게 많은 치료
를 받고 병원이 점점 늘어나면 국민들의 건강도 더 좋아져야 할
것 같지만, 실상은 그렇지 않다. OECD에서는 회원국의 전반적
보건 현황을 매년 제공받아 〈보건의료통계Health Data〉를 발표한다.
건강 상태, 보건의료 자원, 보건의료 이용, 보건의료비용, 건강의
비의료적 결정 요인, 의약품 판매액 및 소비량 등의 국가별 비교
통계를 포함하고 있어 각국의 보건의료 및 제도의 진화를 비교해
볼 수 있다.

이를 통해 국제 비교를 해 보면 한국의 의료는 지나치게 치
료 중심적이다. 2011년 기준 OECD 국가 평균에 크게 미치지 못
하는 영역은 활동 간호사 수, 인구 1,000명당 활동 의사 수, 의료
서비스 지출 중 공공재원의 비중이다. 반면 CT 스캐너와 MRI 보
유 대수, 병원 병상 수, 환자 1인당 병원 재원 일수, 의사 1인당
연간 진찰 건수는 매우 높다.

좀 더 구체적으로 보자. 2009년 일반 척추 수술이 일본의
3배, 미국의 1.5배로 많았으며, 갑상선암 발생률은 그 어떤 국가
들보다 압도적으로 높다. 여성 갑상선암 발생률은 미국의 5배, 일
본의 15배나 된다. 매년 약 2만 명의 국민이 새로이 갑상선암 진
단을 받고 있다. 2006년에서 2010년 사이 국내에서 시술 건수 중

가율이 가장 높은 수술은 갑상선 수술, 무릎 관절 전치 수술, 일반척추 수술 순이다. 수술 증가율이 가장 높은 수술인 갑상선 수술의 경우 2006년 2만 3,119건에서 2011년 4만 4,234건으로 5년 사이에 91.3%가 증가했다. 〈국가 암 통계〉에 따르면 2012년 한국의 암 발생률은 10만 명당 305명으로 미국 다음으로 많았다. 한국은 서구에 비해 노인 인구가 많지 않고 생활 습관을 살펴보아도 암 발생 요인이 적다. 그런데도 암 발생률이 세계 최고 수준으로 집계되는 이유는 단 한 가지, 갑상선암 때문이다. 서구에서는 치료는 물론이고 검사도 하지 않는 갑상선암이 한국에서는 과도한 건강검진 때문에 지나치게 발생률이 높게 나타난다. 뿐만 아니라 갑상선암 발생 후 항암 치료나 수술을 하는 비율도 매우 높다. 그러나 갑상선암은 진행이 비교적 느리고 치명도가 낮으며, 매년 발견되는 암 환자 중에서 갑상선암으로 사망하는 환자는 1% 이하다.

의료 공공성이 중요한 이유

의료서비스는 매우 전문적인 영역이기 때문에 제대로 된 서비스가 합리적인 가격에 공급되는지를 일반 소비자가 판단하기 어렵다. 병원에 가서 MRI를 찍어야 하는지, 수술을 해야 하는지 환자 개인이 판단할 수 없다는 것이다. 따라서 의료를 공급하는 의료인의 역할이 중요하다. 의료인들은 전문적 지식에 따라 의료 행위를 해야 하지만, 경제적 조건에 따라 의료 행위를 할 가능성이 매우 높다. 때문에 의료인이 경제적 동기가 아닌 환자의 건강에 도움이 되는 방식으로 진료를 할 수 있는 제도를 만드는 것은 매우 중요하다.

의료인이 수익을 목적으로 하지 않고 전문적 지식에 따라 진료를 하게 만드는 결정적인 요인은 의료기관의 영리성 여부와 의료인에 대한 보상 방식이다. 먼저 의료기관의 목적이 수익을 추구하는지, 공익적인 목적 즉 건강 증진과 의료 기술의 발전 등을 추구하는지에 따라 치료 내용이 크게 좌우된다. 한국은 외국과 달리 대부분의 의료기관이 의료인 개인의 소유다. 때문에 수익을 내려는 목적이 더 많을 수밖에 없다. 더구나 1990년대 후반부터 대형병원들이 적극적으로 의료시장에 진출하면서 병원의 수익 경쟁이 갈수록 심화되고 있다. 서울대학교병원, 세브란스병원, 서울아산병원, 삼성의료원, 가톨릭대학교 성모병원 등 소위 '빅 파이브'라고 불리는 수도권 대형병원은 전국적으로 환자를 쓸어 모으고 있으며, 대부분 고가의 건강검진·수술·진단·비싼 병실료 등으로 수익을 내고 있다. 대형병원에 환자가 쏠리자 중소 병의원들도 앞다퉈 환자 유치, 수익 경쟁을 하게 됐다. 그 결과 입원이나 온갖 검진, 수술을 하는 비율이 늘었다.

다음으로 지불 제도, 즉 의료인에게 보상을 해 주는 방식이 중요하다. 한국의 건강보험제도는 국민이 공단에 보험료를 내고 의료기관에서 진료를 받으면 건강보험공단이 의료기관에 돈을 대신 지불하는 3자 지불 방식이다. 한국의 지불 제도는 행위별 수가제로 의료 행위와 재료 하나하나에 돈을 지불하는 방식이다. 환자 내원 건당, 수술 건당, 입원 건당 보상을 받기 때문에 병원은 진료량을 늘려 수익을 올리려고 한다. 행위별 수가제의 반대편에는 진료를 하나하나 쪼개서 지불하지 않고 포괄적으로 묶어서 지불하는 포괄적 방식의 수가제가 있다. 이런 포괄적 방식의 수가제에는 질병별, 방문별, 기간별로 개인에 대해 일정액을 정하는 방식과 아예 월급을 기준으로 의료비 정액을 정하는 방식 등이 있다.

가령 맹장 수술을 받는다고 할 때, 맹장 수술과 관련된 전체 진료 행위에 대해 포괄적으로 보상을 하는 것과 입원, 주사, 진단, 투약 등 행위 하나하나에 보상을 하는 방식 중 어느 것이 진료량을 늘리는 효과가 있을까? 행위별 수가제는 환자가 병원에 자주 가고, 약을 많이 먹고, 진단 기계를 많이 찍을수록 돈을 더 받을 수 있다. 반면 포괄적 방식은 아무리 많은 진료를 해도 의료비가 정해져 있기 때문에 보다 효율적으로 진료하게 된다. 포괄적 방식에 비해 행위당 가격을 지불하는 제도는 과다 진료를 하게 될 가능성이 높다. 과도하게 많은 검진이나 지나치게 수술이 많은 한국 의료시장의 현상은 행위별 수가제 때문이라는 지적이 많다.

병원을 시장에서 구출하라

의료기관이 영리를 추구하는 것은 시장에서의 경쟁 때문이다. 외국의 경우 대부분의 의료기관이 공공기관이거나 비영리기관이다. 상업 의료의 천국이라고 하는 미국마저도 영리병원의 비율이 30%가 되지 않는다. 하지만 한국은 의료기관의 90% 이상이 민간 의료기관이며 공익적 역할보다는 수익을 위해 경쟁하고 있다. 중소 병의원들은 대형병원과 같이 경쟁을 해야 하기 때문에 고가의 기계와 멋진 인테리어, 좋은 입지가 필요하다. 초기 투자비용이 많이 들다 보니 최대한 수익을 내서 살아남는 것이 중요해진다.

게다가 병원에서 하는 마케팅은 도를 넘어 서고 있다. 매주 얼마의 수익을 올렸는지 공고를 하고, 고가의 건강검진이나 비급여 서비스를 패키지로 구성해 환자들에게 강권하고 있다. 이 모든 것은 의료가 필수 공공재가 아닌 영리화된 상품으로 관리되기 때문이다. 병원은 수익이 높은 의료서비스만 제공하다 보니 불필요한 검사와 수술, 온갖 약들이 넘쳐 난다. 반면 건강을 유지할 수 있는 일상 건강관리와 만성질환 관리, 응급진료 등 필수 서비스는 찾기 어렵다. 병이 생겨 치료를 하는 것보다는 건강한 생활과 꾸준한 건강관리가 중요하지만 한국은 병원의 치료서비스만 넘쳐난다.

불필요한 의료 공급이 과도해지면 의료비 문제만이 아니라 건강상의 문제까지 야기한다. 한국인들이 외국인들에 비해 몇 배 더 많은 디스크, 무릎 손상, 갑상선 질환을 앓고 있지는 않을 것이다. 의료를 돈벌이 수단으로만 치부하는 의료 상업화를 멈추고 공적인 의료 보장과 합리적 지불 제도를 도입해야 한다.

10장

벼랑 끝 사회, 빈곤은 죄다

각자도생하는
경쟁사회

18세 '나고민' 양. 어제 중학교 친구가 자살했다는 소식을 들었다. 고등학교 진학 이후 왕따를 당해 괴롭다는 이야기를 들었던 게 몇 달 전인데 아파트 옥상에서 뛰어내렸다고 한다. 통계청에 따르면 2010년 기준 청소년들은 하루 1명꼴로 자살하고 있으며 2013년 상반기 서울시에서만 1만 6,000명 이상의 학생이 학교를 중간에 그만뒀다.

26세 '나취업' 씨. 대학에만 가면 행복할 줄 알았는데, 그곳은 취업 전쟁터였다. '나취업' 씨는 제대 후 학점 관리를 잘 못해서 걱정이 태산이다. 2013년 대졸 신입사원 채용 실태에 따르면 한국 취업시장의 평균 경쟁률은 28.6 대 1이다. 지원자 100명 중 11.5명만 서류 및 필기 전형을 통과하며, 최종 합격자는 3.5명뿐이다. 면접을 위해 성형을 하거나, 면접 학원을 다니고, 휴학을 하고 어학연수를 가기도 한다. 돈을 투자할수록 유리하다 보니, 부자 부모를 둔 소위 '강남 출신'들이 취업도 유리할 수밖에 없다.

51세 '나퇴직' 씨. 회사를 다니고 있지만 언제 그만둘지 고민 중이다. 버티기는 힘들고 나가자니 미래가 불안하다. 주변에 퇴직 후 자영업을 시작한 사람들을 보면 2~3년도 버티지 못하고 다시 실업자가 된 경우가 많다. 취업을 준비하고 있는 아들과 대학 진학을 앞두고 있는 딸을 생각하면 앞으로 20년은 더 벌어야 하는데 걱정이다. '베이비붐 세대' 퇴직자들은 2008년 세계 금융위기 이후 창업에 내몰리고, 불황 속 출혈 경쟁에 시달리고 있다. 고용시장에서 밀린 가장들이 저숙련 상태에서 손쉽게 창업할 수 있는 음식점이나 편의점 등을 차렸다가 2~3년 만에 실업자로 전락하는 악순환이 반복되고 있는 것이다.

78세 '김독거' 씨. 자식이 있지만 내 몸 쓸 수 있을 때까지는 도움을 받지 않으려고 홀로 지낸다. 몇 년 전까지는 소일 삼아 밭일이라도 했지만 요즘에는 집안일만 해도 힘에 부친다. 몇 년 더 지나면 자식 집이나 요양원에 가야 할 텐데 그때까지 아픈 데 없이 건강해야 한다고 오늘도 다짐한다.

세대 간 3중고

한국사회에는 세대 간 3중고가 존재한다. 노인 세대는 산업화를 이끌어 온 세대로, 전쟁의 폐허에서 한국 경제를 일으켰다. 하지만 경제성장에 비해 공적으로 노후 소득을 보장해 주는 시스템은 형편없었고 개인적으로 노후를 준비할 여유도 없었다.

30~40대는 자녀 교육비와 주거비 등을 비롯한 생활비, 부모 세대 부양비뿐만 아니라 스스로의 노후 준비까지 동시에 해야 한 다. 자녀 교육비는 말할 것도 없고 주거비용도 천정부지로 올랐다. 부모 부양과 스스로의 노후 준비는 뒤로 밀릴 수밖에 없다.

젊은 세대들에게 이런 부모·조부모 세대의 삶은 공포로 다가 온다. 40대에 구조조정으로 밀려나고 영세자영업을 전전하다 빈곤 층으로 전락하는 삶은 상상만으로도 끔찍하다. 때문에 어떻게 해서 라도 좋은 대학에 가기 위해, 전문직이나 정규직으로 취직하기 위 해 발버둥을 친다.

경쟁의 끝, 불안사회

세대 간 3중고의 결과는 각자도생하는 경쟁사회다. 태어난 순간부 터 경쟁이 시작된다. 학교 성적을 상위권으로 유지해 '인서울' 대학 에 진학해 안정적인 직장에 취업해야 한다. 취업 이후에도 승진을 위한 스펙 관리와 미래를 위한 재테크는 필수다. 그럼에도 삶이 불 안하니 민간보험에 의존한다. 하지만 아무리 발버둥 쳐도 생활비와 물가는 가파르게 오른다. 최소한의 안전장치라고 생각하고 들었던 민간보험은 낸 돈만큼 돌려받지도 못한다.

1990년대 초반까지만 해도 가장이 혼자 벌어 아이를 교육시 키고, 집과 차를 사고, 부모를 부양하면서도, 스스로 노후 준비까지 할 수 있었다. 1997년 외환위기 이후 경제구조가 신자유주의로 개

편되면서 가장이 혼자 벌어 가족을 부양하기가 불가능해졌다. 임금
은 줄어들고, 물가는 올랐기 때문이다. 반면 주거비, 교육비, 의료
비 등 기본 생활비는 크게 올랐고, 부양해야 할 노인층은 훨씬 많
아졌다. 소득은 줄고 지출은 늘었는데 부양할 노인층이 증가한 것
이다. 신자유주의와 함께 급격하게 고령화된 사회에서 이런 부작용
을 완화해 줄 복지제도는 발달하지 못했다.

　　이런 사회에서는 사회적 약자는 물론이고 중산층의 삶도 순식
간에 벼랑 아래로 떨어질 수 있다. 게다가 한국사회는 가난과 실업
과 같은 불행을 개인의 실패로 여기는 경향이 있다. 정규직이 되지
못하고, 직장을 잃고, 집을 살 만큼 돈을 모으지 못하고, 재테크에
실패하고, 가난하게 사는 삶이 개인의 탓이라고 생각하는 것이다.
빈곤이나 실업을 개인의 문제로만 여기는 한국사회에서 사람들은
사회구조를 바꾸려고 하기보다는 '나는 저렇게 되지 말아야지' 하
는 생각으로 점점 더 경쟁에 말려들며 스스로를 불안하게 만들고
있다. 덩달아 삶이 어려울 때 사회나 공동체의 도움을 받을 수 있
다는 믿음도 사라진다.

　　답은 간단하다. 경쟁과 불안에서 벗어나는 것이다. 그러기 위
해서는 사회와 국가, 기업과 고소득층이 만든 구조적 문제부터 해
결해야 한다. 가장 중요한 것은 복지를 확충하는 것이다. 복지를
확충한다는 것은 결국 노후를 비롯한 의료나 건강 등의 사회안전
망을 사회가 책임지는 것이다. 지금 한국사회가 필요한 것은 개인
의 삶이 어려워도 사회의 도움을 받을 수 있다는 믿음이다.

빈곤을
경험해 본 가구,
35.1%

___

빈곤 경험 가구 (2006~2009년)

35.1%

빈곤을 경험해 본 가구

자료—한국보건사회연구원, 《2011년 한국복지패널 자료를 통해 본 한국의 사회지표》, 2012

3가구 중 1가구는 빈곤 경험

빈곤은 인간다운 삶을 살 수 없을 정도로 가난한 상태를 뜻하는 말이다. 일반적으로 한국사회는 절대빈곤의 시대를 벗어났다고 이야기하지만 객관적인 지표들은 현실이 그렇지 않다는 것을 보여 준다. 흔히 빈곤이라는 것은 현실에서 크게 눈에 띄지 않기 때문에 대부분 인식하지 못하지만 실제적인 지표를 보면 빈곤을 경험해 본 가구의 비율이 결코 낮지 않다는 것을 알 수 있다. 더 큰 문제는 언제든 쉽게 빈곤에 빠질 수 있는 계층이 많다는 것이며 이들이 일시적으로 빈곤을 벗어난다고 하더라도 다시 쉽게 빈곤해질 수 있는 항시적 빈곤 위험층이라는 것이다. 이러한 항시적 빈곤 위험층은 점점 늘어나고 있으며, 한국사회 대다수 서민층으로 확대되고 있다.

2006년에서 2009년 사이 상대적 빈곤을 1번 이상 경험한 가구의 비율은 35.1%다. 상대적 빈곤율[1]이란 소득 수준이 실질소득을 기준으로 중위 소득의 50% 이하인 경우를 말한다. 다시 말하면 소득에 따라 가구들을 한 줄로 세운 다음, 그 줄의 한가운데 있는 가구 소득의 절반 이하로 생활한 경험이 있는 가구가 한국 전체 가구의 35.1%나 된다는 것이다. 같은 시기 1번이라도 소득 수준이 최저생계비 이하로 떨어졌던 절대 빈곤을 경험한 가구의 수는 26.7%나 됐다. 소득 수준이 중위 소득의 60% 이하의 소득으로 떨어지는 것을 경험한 가구는 무려 43.5%에 달했다.

빈곤을 경험했던 가구의 비율도 높지만, 빈곤에 빠지면 거기에서 벗어나는 것도 더 어려워졌다. 한국의 빈곤 탈출율은 2006년 35.43%에서 2007년 33.24%, 2009년 31.28%로 계속 낮아지고 있다. OECD 주요 국가들과 비교해 보면, 2006년에서 2009년 사이 한국의 평균 빈곤 탈출률은 OECD 17개국 평균인 39.2%보다 낮은 반면, 빈곤 진입률은 OECD 평균 4.5%보다 높으며 이 격차는 갈수록 확대되고 있다. 즉 빈곤에 진입하는 사람들은 늘어나는데, 빈곤에서 벗어나는 사람들의 비율은 줄어들고 있는 것이다.

　빈곤 경험률과 진입률, 빈곤 탈출률이 중요한 이유는 빈곤 동태[2]를 경험한 빈곤 위험층을 전체적으로 파악할 수 있기 때문이다. 즉 빈곤 언저리에 있는 사람들이 실업이나 질병과 같은 약간의 위기만 가해져도 바로 빈곤층으로 떨어지는 상황을 추적할 수 있다. 빈곤 진입률은 높은데 빈곤 탈출률은 점점 감소하는 현상은 빈곤 언저리에 있는 계층은 점점 늘어나고 있는 데 비해 사회안전망은 취약하기 때문에 발생하는 것이다. 사람은 살아가면서 누구나 질병이나 실직, 노령화 등의 문제를 겪을 수밖에 없는데 이 경우 갑작스럽게 소득이 없어지고 의료나 돌봄비용이 증가하게 된다. 이런 문제들에 직면했을 때 사회안전망이 제대로 구축되어 있지 않다면 빈곤층으로 떨어지는 건 순식간이다.

푸어들의 대한민국

집을 사는 데 받은 무리한 대출과 주거비 때문에 빈곤을 겪는 '하우스푸어', 아무리 일을 해도 빈곤에서 벗어나기 힘든 '워킹푸어', 과도한 교육비 지출로 생활이 궁핍해지는 '에듀푸어', 노후 준비를 하지 못해 나이 들어 빈곤을 겪는 '실버푸어', 결혼을 하는 데 드는 비용 때문에 대출을 받는 '웨딩푸어', 아이를 낳고 키우느라 빚을 내는 '베이비푸어'……. 한국사회에 전염병처럼 번지고 있는 각종 빈곤층의 이름들이다. 한국사회 빈곤 문제의 본질은 이 빈곤층이 겹쳐 있다는 것이다. 일을 해도 빈곤을 벗어날 수 없는 워킹푸어가 되면, 결혼 자금을 모으기 어려워 웨딩푸어가 되고, 아이를 낳아 기를 돈이 없으니 베이비푸어가 된다. 아이가 자라면서 교육시키는 데 대부분의 생활비를 쓰는 에듀푸어들은 나이 들어 실버푸어가 될 가능성이 높다. 집을 사느라 빈곤해진 사람들 혹은 높은 전월세 부담으로 주거 빈민이 된 사람들을 일컫는 하우스푸어는 전 세대에 겹쳐 있다. 이렇게 빈곤은 대물림되고, 반복된다.

한국사회에 유행처럼 번지고 있는 '푸어' 현상의 본질적인 원인은 기본 소득이 줄고 기초 생활비는 크게 올랐지만 사람이 사는 데 필수적으로 필요한 영역에 대한 사회보장이 너무 취약하다는 데 있다. 장애나 질병, 실업 등에 의한 빈곤은 개인의 문제로 여겨지곤 했다. 하지만 지금 한국사회의 빈곤을 들여다보면 빈곤이 개인의 문제로 취급될 사안이 아니라는 것을 알 수 있다.

전체 가구의 절반 정도가 아무리 일을 열심히 해도 빈곤의 언저
리에 머물거나 빈곤을 겪고 있다. 부부가 같이 돈을 벌어도 최소
한의 생활비만 마련할 수 있기 때문에 기본 주거비나 양육 및 교
육비, 의료비, 노후 준비 자금과 같은 목돈이 드는 상황에 대비할
수 없다. 아무리 열심히 일을 하고 아끼며 살아도, 실업이나 질병
이라는 위협이 생기면 바로 빈곤층으로 떨어지게 된다. 빈곤 문
제는 일부 계층의 문제가 아니다. 한국사회 대부분의 서민들이
직면하고 있는 문제다.

1   상대적 빈곤율
상대적 빈곤율은 모든 가구를 소득 순으로 순위를 매겼을
때 가운데를 차지하는 가구의 소득인 중위 소득의 50%에
미치지 못하는 인구의 비율을 의미하는 것으로, 상대적으로
소득이 낮아 생계에 어려움을 겪고 있는 인구의 비중이
얼마나 되는가를 보여 준다. 상대적 빈곤율이 중요한 이유는
빈곤을 객관적으로 규정하는 것이 어렵기 때문이다. 가령
한국에서 제일 가난한 사람도 아프리카에서는 중산층에
속할 수 있다. 즉 절대적 빈곤 상태를 넘어선 사회에서는
빈곤이 상대적 개념이 된다.

2   빈곤 동태
빈곤율이란 빈곤에 떨어지는 계층의 규모를, 빈곤 탈출률은
빈곤을 경험한 가구가 얼마 만에 빈곤에서 벗어나는지,
빈곤 진입률은 얼마나 자주 빈곤선 이하로 떨어지는지를
의미한다. 이 지표들을 통해 한 사회의 빈곤 동태를 파악할
수 있다. 빈곤 동태란 빈곤의 이력, 즉 빈곤의 경험 여부와
경험 횟수, 지속 기간 등을 말한다. 빈곤 동태가 빈곤
현상을 분석하는 데 중요한 이유는 각 가구가 갖는 빈곤의
경험의 특성에 따라 차별화된 빈곤 대책을 시행할 수 있기
때문이다.

극심한
사회안전망
사각지대

사회안전망 사각지대   단위 (%)

자료—통계청, 〈가계동향조사〉, 2012

평균 이하의 소득으로 살아가는 사람

12.2

최소 생계비를 지원받는 사람

2.7

각자도생의 사회

통계청 〈가계동향조사〉에 따르면 2012년 기준 한국의 2인 이상 비농가 가구 중 12.2%가 평균 이하의 소득으로 살아가고 있는 상대적 빈곤 상태다. 하지만 빈곤층에 대한 최소한의 안전망인 기초생활수급을 받는 사람은 139만 4,000명으로 전 인구의 2.7% 에 불과하다. 사회보험의 혜택을 받지 못하는 사각지대[1]의 규모 역시 매우 크다. 2013년 기준 전체 임금 노동자 1,814만 5,000명 중 상용노동자(근로 계약이 1년 이상이거나, 정해진 계약 기간 없이 본인이 원하면 계속 일할 수 있는 노동자)는 1,161만 6,000명, 비정규직 으로 통칭할 수 있는 임시직 노동자는 652만 9,000명이었다. 이 중에서 국민연금에 가입된 노동자는 전체 임금 노동자의 68.1% 이며, 건강보험 가입자는 71%, 고용보험 가입자는 66.7%에 불과 했다. 비정규직 노동자 대부분이 4대 보험 혜택을 받고 있지 못 하고 있는 것이다.

그나마 이것은 2013년 상반기에 실시한 〈지역별 고용조사〉 에서 임금 노동자 중 직장가입자(지역가입자, 수급권자, 피부양자는 제외)에 대해서만 사회보험(국민연금, 건강보험, 고용보험) 가입 여부 를 조사하여 집계한 결과로, 법적인 적용 대상임에도 보험료 부 담이나 사업주 의무 불이행으로 인한 사각지대만 포함되어 있다. 하지만 자영업자 등 비임금 노동자, 실업자 및 비경제활동인구와 같이 법적 의무 적용 대상이 아닌 사람들은 조사에서 제외되어 있기 때문에 실제 사각지대의 규모는 훨씬 크다.

형편없는 복지 사각지대

한국사회는 사회보장[2], 즉 복지가 매우 취약하다. 사회보장은 일반적으로 소득 보장과 필수 서비스에 대한 보장으로 구성된다. 한국사회에서는 빈곤층에 대한 최저생활수급제도와 전 국민을 대상으로 한 4대 사회보험이 복지의 기본 구조다. 하지만 빈곤층에 대한 최소한의 보루인 기초생활수급제도는 대상자가 너무 적어서 빈곤층의 6분의 1 정도 밖에 포괄하고 있지 못하다. 또한 전 국민을 대상으로 하는 보장제도인 4대 보험은 사각지대가 너무 커서 실제 사회보장 기능을 제대로 수행하고 있지 못하다. 비정규직 노동자의 20%만이 혜택을 받는 사회보험은 '사회보장'이라고 할 수 없다.

사회보장이 제대로 기능하지 못하는 가장 큰 이유는 무엇보다 복지 재정이 부족하기 때문이다. 일단 국가 재정의 절대 규모가 작다. 그중에서도 사회복지와 관련한 지출은 지나치게 적다. OECD 평균 GDP 대비 사회복지 지출 비중은 1980년 15.6%에서 2012년 21.8%로 증가했다. 그러나 한국은 2012년 9.3%로 OECD 평균의 43%에 불과하다. 가장 큰 원인은 기업과 고소득층이 세금을 적게 내기 때문이다. 많은 돈을 버는 고소득층과 기업에서 세금을 덜 내기 때문에 세금의 총량이 적은 데다가 사회보장을 목적으로 하는 기업의 부담이 적기 때문에 4대 보험 등을 비롯한 사회보장 총액은 적을 수밖에 없다.

고소득층에 세금을

조세 부담 항목별로 봤을 때 한국이 가장 낮은 부분은 개인 소득 세와 기업의 사회부담금이다. 2012년 기준 OECD 평균 개인 소 득세가 26.5%인데 비해 한국은 14.8%, OECD 평균 기업의 사회 보장부담금은 15.2%인데, 한국은 10.2%에 불과하다. 개인 소득 세가 적은 이유는 사업소득, 재산소득, 이전소득, 비경상소득 등 고소득층의 소득에 부과하는 세금이 적기 때문이다. 흔히 '유리 지갑'이라고 표현되는 근로소득에만 주로 과세하고 있다. 흔히 들 자영업자나 지하경제에 종사하는 사람들의 소득이 잘 파악되 지 않기 때문이라고 하지만 사실상 금융소득, 부동산, 증여상속 등 고소득층에 소득이 발생할 경우 세금을 제대로 걷지 않기 때 문이다. 고소득층이 내는 세금이 OECD 평균의 거의 절반 수준에 불과한 현실이다. 하지만 소득 하위 10%와 상위 10%의 소득은 4배나 넘게 차이난다.

　사회보장기여금에서도 마찬가지이다. 사회보장기여란 노동 자의 복지를 위해 필요한 재정 중 노동자, 기업, 기타 국가 부담 등이 몇 퍼센트를 차지하는가를 보여 주는 지표다. OECD 국제 비교를 해 보면, 한국의 경우 노동자가 내는 금액은 OECD 평균 과 유사하지만 기업 부담은 OECD 평균의 3분의 2에 불과하다. 한국의 사회보험은 노동자가 절반, 사업자가 절반을 내는 구조인 데 이처럼 노동자가 절반 가까이를 내는 국가는 거의 없다. 다른 국가의 경우 사업자의 부담이 훨씬 크고 국가에서 지원하는 금액 역시 상당하다.

　이명박 정부 시절 내내 추진했던 부자 감세와 기업 투자 활성화를 위한 세금 혜택 등은 이러한 추세를 더욱 강화시켰다. 이명박 정부 당시 감세 규모는 2008년에서 2012년까지 연평균 17조 원에 달했다. 박근혜 정부 역시 지하경제 활성화만 이야기할 뿐 부자·기업 감세 기조를 계속 유지하고 있다. 재정을 확충하는 것은 고려하지 않으면서 복지를 확충하겠다는 것은 예수가 빵 5개와 물고기 2마리로 수천 명을 먹였다는 오병이어의 기적이 아니고서는 달성할 수 없는 목표다.

1　4대 사회보험 사각지대는 다음과 같은 케이스를 포함한다.
　• 법적으로 적용 대상에서 제외되는 경우
　• 법적인 적용 대상임에도 불구하고 사업주의 의무 불이행
　　또는 보험료 부담으로 보험료를 납부하지 않는 경우
　• 수급 요건이 엄격하여 보장을 받지 못하는 경우
　• 보장 수준이 낮은 경우

2　**사회보장**
　한국의 사회보장은 크게 가장 취약한 계층을 대상으로
　한 기초생활수급제도와 전 국민을 대상으로 하는 4대
　사회보험으로 구성된다.
　기초생활수급자는 가구의 소득이 최저생계비 이하인
　계층이다. 생계, 주거, 교육, 해산, 장제급여 등의
　기초생활보장 급여를 받는 사람들을 의미한다.
　4대 사회보험은 전 국민을 대상으로 하는 한국사회 기본적
　사회안전망으로 노후 소득 보장을 위한 국민연금, 건강과
　돌봄을 보장해 주는 건강보험(노인장기요양보험 포함),
　실업과 고용을 보장해 주는 고용보험, 직업상 재해를 보장해
　주는 산재보험으로 구성되어 있다.

—

고소득층 낮은 세금,
저소득층 낮은 복지

GDP 대비 공적 사회복지 지출 (2012년)   단위 (%)

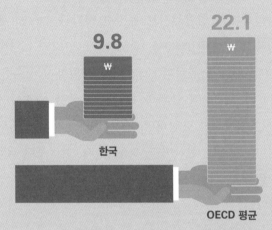

22.1

9.8

한국

OECD 평균

자료—OECD 홈페이지 / 보건복지부, 〈사회보장위원회 회의록〉, 2013

시장소득 대비 정부에 내는 세금과 정부로부터 받는 지원   단위 (%)

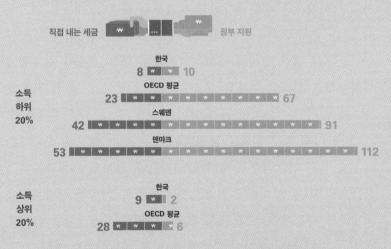

직접 내는 세금   정부 지원

소득
하위
20%

한국
8   10
OECD 평균
23   67
스웨덴
42   91
덴마크
53   112

소득
상위
20%

한국
9   2
OECD 평균
28   6

자료—OECD, 〈Divided We Stand: Why Inequality Keeps Rising〉, 2011

한국의 사회복지, OECD 꼴찌

한국은 사회복지가 형편없기로 유명한 나라다. OECD 평균 GDP 대비 사회복지 지출은 1980년 15.6%에서 2012년 22.1%로 증가했다. 하지만 2012년 한국의 GDP 대비 사회복지 지출은 9.8%로 OECD 평균의 44.3%에 불과하다. OECD 국가 중에서 한국보다 못한 국가는 멕시코가 유일하며, 다른 국가들과 비교해도 형편없는 수준이다. 2007년 한국이 7.5%였을 때, 한국보다 국민소득이 낮았던 브라질과 러시아는 각각 16.3%, 15.5%로 한국보다 2배 정도 높았다.

세금과 사회복지는 시장소득의 불평등, 즉 일자리에서 얻는 임금 간의 격차를 완화하기 위한 국가의 중요한 정책 수단이다. 한 국가의 사회복지 수준을 알기 위해서는 국가에 낸 세금과 국가로부터 받은 지원을 비교한 소득재분배 순편익[1] 지표를 참고하면 된다. 소득재분배 순편익이란 가계가 실업보험, 가족수당 등 정부로부터 현금 형태의 사회이전소득을 받은 것에서 소득세와 사회보험료 형태로 지불한 세금을 차감한 것으로, 낸 세금과 현금으로 돌려받는 복지의 금액 차이를 보여 준다. 국민 전체가 내는 돈에 비해 현금 형태로 돌려받는 돈은 적기 때문에 소득재분배 순편익은 평균적으로 마이너스가 된다. 정부의 사회복지에는 현금으로 주는 것 외에도 의료, 교육, 돌봄 등 다양한 서비스들이 존재하기 때문이다. 또한 소득재분배 순편익은 소득재분배의 혜택을 누가 더 많이 받는지 파악할 수 있는 지표이기도 하다. 소득이 적을수록 세금은 적게 내고 높은 수준의 현금 지원을 받기 때문에 순편익은 플러스가 되는 것이다.

소득재분배 순편익을 거꾸로 보면 실제 세금을 얼마나 냈는지를 보여 주는 순세금[2] 지표가 된다. 순세금은 쉽게 말해 내가 국가에 낸 돈에 비해 얼마나 돌려받는지를 보여 주는 지표다. 저소득층이면 순세금은 마이너스, 즉 국가에 낸 돈보다 국가로부터 더 많이 돌려받는다. 반면 고소득층의 순세금은 플러스로 나타난다. 국가로부터 받는 것보다 국가에 내는 세금이 더 많기 때문이다.

OECD 국가들의 평균 세금은 시장소득의 26.16%이고 현금 형태의 사회복지는 시장소득의 13.6%에 달한다. 국가에 내는 돈의 비율이 26.16%이고 돌려 받는 복지가 13.6% 정도 된다는 것이다. 따라서 OECD 평균 순세금은 시장소득의 12.56% 정도다. 이에 비해 한국의 평균 세금은 시장소득의 8%로 칠레(6%) 다음으로 낮고, 현금 형태의 사회복지는 시장소득의 3%에 불과해 OECD 국가 중 꼴찌를 기록하고 있다. 한마디로 적게 내고 적게 받는 시스템이다. 물론 적게 내는 쪽은 고소득층이고, 적게 받는 쪽은 저소득층이다. 좋게 말하면 자력갱생, 나쁘게 말하면 약육강식이다.

부자는 적게 내고 가난한 사람들은 적게 받는다

고소득층과 저소득층을 나누어 보면 현상이 확실하게 보인다.

OECD 국가들의 평균치를 살펴보면 고소득층인 소득 상위 20%는 시장소득의 28%를 정부에 내고 6%를 현금 형태로 돌려받는다. 순세금은 평균 22% 정도이며, 이는 소득의 5분의 1 이상을 세금으로 내고 있다는 것을 뜻한다. 반면 한국의 소득 상위 20%는 시장소득의 9%만을 세금으로 내고 2%의 현금 형태의 복지 서비스를 받는다. 한국 고소득층은 소득의 7%만을 세금으로 내고 있는 것이다. 이는 소득세 최고세율이 OECD 평균보다 낮고, 고소득층에 유리한 소득공제가 지나치게 많기 때문이다.

소득 하위 20%는 어떤지 살펴보자. OECD 평균치를 보면 시장소득의 67%를 정부로부터 지원받고, 23%를 세금 형태로 정부에 지불한다. 즉 저소득층은 일자리에서 받는 돈의 44%에 달하는 돈을 국가가 현금 형태로 주고 있다. 특히 북유럽 국가들의 경우 정부가 거의 시장소득에 가까운 현금 형태의 사회복지를 지원한다. 덴마크와 스웨덴의 저소득층은 각각 시장소득의 112%, 91%에 해당하는 사회복지를 정부로부터 보조받고 있어 국가가 주는 돈까지 합하면 임금의 2배를 받는 셈이다. 반면 한국의 저소득층이 정부로부터 지원받는 사회복지는 시장소득의 10% 정도이며, 내는 세금을 고려하면 실제 지원받는 비율은 고작 2% 정도다. 사회복지를 통해 국가로부터 추가로 받는 돈이 OECD 평균의 15% 수준에 불과한 것이다. 중요한 것은 이 비율에는 의료, 교육, 돌봄 등 현금이 아닌 다양한 현물 형태의 사회서비스들은 제외되었다는 것이다. 현물 형태의 사회서비스를 포함하면 평

균적으로 OECD 국가들의 고소득층에서 저소득층으로의 소득재
분배 효과는 더욱 커진다. 한국은 세금, 사회복지, 순세금 모두
OECD 평균의 3분의 1정도다. 고소득층은 세금을 덜 내고, 저소
득층은 사회복지를 덜 받고 있는 것이다.

　한국의 사회복지는 낮은 세금과 낮은 복지로 이루어진 전형
적인 신자유주의적 형태를 띠고 있다. 좀 더 정확히 말하자면 고
소득층은 낮은 세금을 내고 저소득층은 낮은 복지 혜택을 받고
있다. 근본적으로 한국의 사회복지가 형편없는 것은 GDP 대비
조세 부담이 매우 낮고, 사회복지에 매우 인색하기 때문이다. 복
지를 확충하지 않고서는 한국사회 전체에 퍼져 있는 삶에 대한
불안감을 해소할 수 없다.

1　소득재분배 순편익

현금 형태의 사회이전소득 - 총세금

국가 정책의 혜택이 누구에게 집중되는지 파악할 수 있는
지표.

2　순세금

총세금 - 현금 형태의 사회이전소득

세금의 총 규모와 어느 계층이 세금 부담을 더 많이
하는지를 파악할 수 있는 지표. 순세금은 내가 낸 세금에서
정부로부터 받은 현금 지원을 뺀 것으로 실제 낸 세금의
총량을 알 수 있는 지표다. 소득재분배 순편익과는
반대되는 지표라고 할 수 있다. 소득재분배 순편익과
순세금을 통해 고소득층의 사회적 책임과 저소득층이 받는
혜택을 직접적으로 비교할 수 있다.

보험시장
세계 2위,
그러나 지급률은
반토막

국가별 민간보험시장 규모

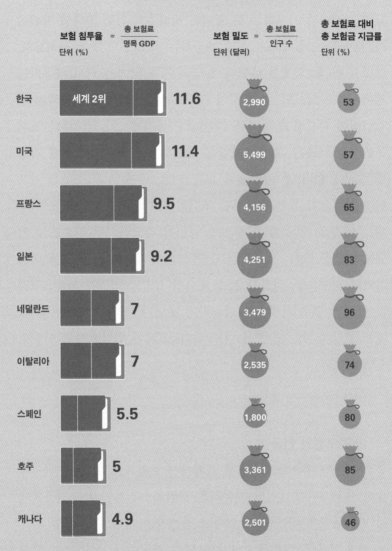

보험 침투율 = $\dfrac{\text{총 보험료}}{\text{명목 GDP}}$
단위 (%)

보험 밀도 = $\dfrac{\text{총 보험료}}{\text{인구 수}}$
단위 (달러)

총 보험료 대비
총 보험금 지급률
단위 (%)

국가	보험 침투율 (%)	보험 밀도 (달러)	총 보험금 지급률 (%)
한국	세계 2위 11.6	2,990	53
미국	11.4	5,499	57
프랑스	9.5	4,156	65
일본	9.2	4,251	83
네덜란드	7	3,479	96
이탈리아	7	2,535	74
스페인	5.5	1,800	80
호주	5	3,361	85
캐나다	4.9	2,501	46

자료—OECD, 〈Insurance Statistics〉, 2011

민간보험에 맡긴 미래

보험은 개인과 가계의 위협 요인을 대비하기 위한 하나의 방편이다. 보험은 크게 국가가 직접 제공하는 서비스 및 공적 사회보험, 그리고 민간보험으로 나뉜다. 한국의 경우 국가가 직접 제공하는 서비스나 사회보험, 즉 복지의 규모가 매우 작다. 지금 한국의 보험산업이 과도하게 성장한 원인이다. 복지제도가 취약하다 보니 국민들은 미래에 대한 불안감을 해소하기 위해 민간보험에 가입할 수밖에 없다. 한 개인에게 교육, 의료, 주거, 노후 소득 보장은 인간답게 살기 위한 필수적인 조건이다. 때문에 스스로라도 어떻게든 해결을 해야 한다. 하지만 개인이 감당하기에 필요한 돈의 규모가 너무 크다. 선택지는 단순하다. 공적으로 돈을 모아 대비하거나(복지), 개인적으로 돈을 모으거나(민간보험 혹은 저축), 그것도 아니면 필수 서비스를 이용하지 못한다. 하지만 한국은 국가에서 보장해 주는 수준이 너무 낮다. 그러니 민간보험을 이용할 수밖에 없다.

민간보험의 천국

한국의 보험 침투율, 즉 전체 경제에서 보험 산업이 차지하는 비율이 세계 2위다. 1인당 지출하는 보험료, 즉 개인의 경제활동에서 민간보험에 내는 돈이 얼마나 되는지를 보여 주는 보험 밀도는 세계 7위다. 그야말로 민간보험의 천국이다. 국민들이 민간보험회사에 내는 돈도 많고, 민간보험이 한국 경제에서 차지하는 위치도 매우 높다. 민간보험을 하나도 들지 않은 사람을 찾아보기 힘들다. 민간보험 시장이 이렇게 발달했지만 가입자에게 지급하는 보험료 규모는 캐나다 다음으로 낮다. 보험회사는 수익을 내 경영진과 투자자에게 돌려 주는 것이 목표이기 때문에, 보험료를 많이 걷어 가입자에게 덜 주어야 한다. 때문에 보험회사는 보험 가입자가 보험료를 받을 수 있는 조건을 까다롭게 만든다. 상품을 많이 파는 데에만 목적이 있다 보니 보험 가입자에게 보상을 해 주기보다 광고나 영업에 치중한다. 2010년 기준 한국 민간보험회사들의 영업비용이 총 보험료의 15%를 차지할 정도다. 이렇다 보니 가입자에게 돌아가는 돈은 적을 수밖에 없다. 외국 보험회사 역시 수익을 추구하지만 한국에 비해 소비자를 보호하기 위한 규제가 튼튼하다. 민간보험이 공적보험에 준하는 기준을 갖춘 곳이 많으며 상품 판매와 홍보, 지급율 등의 기준이 매우 엄격히 관리되는 것이다. 한국의 보험회사들이 엄청난 영업비용을 들여 상품을 판매하지만, 유지 기간이 짧고 실제로 돈이 필요할 때 지급하지 않는 것과는 분명 차이가 있다.

이는 한국 보험산업의 지급률과 지속 유지율을 확인하면 더 명확해진다. 한국의 경우 보험 상품의 지급률, 즉 개인이 다시 보험금을 돌려받는 비율은 2010년 기준 53%이며, 이는 OECD 주요 10개국 중 9위에 해당하는 비율이다. 지속 유지율은 보험금을 수령할 때까지 유지하는 비율이다. 유지율이 낮다는 것은 보험료를 받을 수 있는 기간을 채우지 못하고 해지하는 비율이 높다는 것이다. 중간에 해지하는 경우에는 초기 보험료만 납부하고 혜택은 전혀 받지 못한다. 일반적으로 보험금 수령은 50대 이후에 필요하지만 대부분 그때까지 보험료를 납부할 수 있는 여유가 없다. 생활비나 목돈이 필요해서 보험을 해지하는 경우가 많기 때문이다. 20~30대에 민간보험에 과도하게 가입하지만, 소득에 비해 민간보험의 비중이 높다 보니 초기 몇 년간만 보험료를 납부하고 이후 보험료를 감당하지 못해 해지하는 비율이 높다. 결국 보험회사의 배만 불리는 꼴이다.

국가로부터 보장받을 것인가, 민간보험을 키울 것인가

개인의 삶을 민간보험에 맡기는 것은 형평성에도 어긋나지만 비효율적이기도 하다. 실제로 보험의 혜택이 필요한 서민들에게는 더욱 취약하다. 삶을 위협하는 요인을 앞에 둔 우리에게는 2개의 선택지가 있다. 공적으로 돈을 모으는 복지제도와 개인적으로 돈을 모으는 민간보험의 방식이다. 나가는 돈의 액수는 거의 비슷하다. 결국 복지를 위한 세금을 낼 것인가, 민간보험회사에 돈을 낼 것인가의 문제다.

공적 사회보장 체계는 기업이나 고소득층에게 더 많은 돈을 걷어 저소득층을 비롯한 사회 취약계층에게 더 많은 혜택을 준다. 또한 수익을 목표로 하지 않기 때문에 영업이나 광고를 비롯한 불필요한 지출을 하지 않는다. 그러니 더 효율적이다. 하지만 민간보험은 건강이 나쁘거나 나이가 많은 취약계층에게 더 많은 돈을 받는다. 보험에 가입할 수 없는 경우도 있다. 회사의 과도한 이윤 추구, 높은 영업비용 등으로 효율성도 매우 떨어진다.

갈수록 미래가 불안한 사회다. 하지만 공적 사회보장 체계는 매우 취약하고 확장될 기미가 보이지 않는다. 그 와중에 서민들은 스스로를 보호하기 위해 무리해서 민간보험에 가입하고 있다. 각자도생의 시대다. 결국 국민들은 세금, 공적보험료, 민간보험료, 저축과 소비라는 4중고에 시달리면서도 제대로 된 사회안전망은 보장받지 못하고 있다.

미래가 불안하지 않은 사회를 만들기 위해서는 가계에서 직접 내는 돈이 아닌 기업과 고소득층이 내는 돈으로 공적보험과 국가 재정을 확충해야 한다. 기업과 고소득층의 세금 부담을 키우는 것이 유일한 해법이다. 민간보험이 아닌 공적보험과 복지 재정을 키워야 한다. 복지제도가 앞선 사회에서 공적보험을 통해 사회안전망을 구축하는 이유는 사회의 형평성에도 도움이 될 뿐만 아니라 가장 효율적이기 때문이다.

10명 중 3명만
신뢰하는 불신사회

한국의 일반신뢰지수 (2005~2009년)

신뢰한다

신뢰하지 않는다

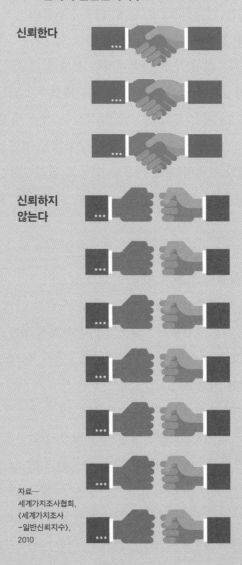

자료—
세계가치조사협회,
〈세계가치조사
－일반신뢰지수〉,
2010

330

사람을, 기업을, 정부를 믿으십니까?

사회적 자본은 네트워크, 즉 관계 속에서 만들어지며 상호 간의 교류에 의해 형성된 신뢰와 규범을 통해 확장되는 과정을 거친다. 사회적 자본이 풍부한 사회에서는 서로에 대한 신뢰와 도덕적 규범이 형성되어 있기 때문에 갈등을 해결하기 위한 불필요한 비용이 들지 않는다. 특히 GDP로 대표되는 각종 경제 지표들이 사회의 질적 수준을 제대로 보여 주지 못한다는 비판을 받으면서 다양한 측면의 사회적 자본 지표를 만들고 평가하려는 시도들이 생겨났다. 사회적 자본을 평가할 수 있는 대표적인 지표는 바로 '신뢰'다.

한국사회는 급격한 산업화를 거치면서 매우 빠른 변화를 겪었다. 특히 경제적 변화와 더불어 신자유주의 체제 안에서 경쟁이 심화되면서 가족이나 친구, 공동체 등 사회적 관계 역시 급변했다. 세계가치조사협회의 〈세계가치조사-일반신뢰지수(2005~2009년)〉의 결과를 보면 한국의 일반신뢰지수는 56.9로 59개 국가 중에서 30위를 차지했다. 이 중에서 주위 사람을 '대부분 믿을 수 있다'고 응답한 비율은 28%에 불과했다. 10명 중 7명은 주위 사람을 믿을 수 없다고 대답한 것이다. 게다가 시간이 갈수록 사람에 대한 신뢰도는 떨어졌다. 사람을 '대부분 믿을 수 있다'고 대답한 비율은 36%였던 1982년에 비해 2005년에는 28%로 하락했다. 하지만 사람에 대한 신뢰도가 높은 북유럽 국가들은 그 반대다. 노르웨이는 '대부분 믿을 수 있다'는 비율은 1982년 55.5%에

서 2007년 73.7%로, 스웨덴은 1982년 52.1%에서 2006년 65.2%
로, 스위스는 1989년 39.2%에서 2007년 51.2%로 증가했다.

한국사회의 일반신뢰지수가 낮은 원인은 무엇일까? 신뢰는
경험에서 나오며 인간관계에서 개인적으로 겪은 경험보다 공식
적인 사회 규범 안에서 겪은 경험이 사회의 신뢰 수준을 결정한
다. 한국사회는 기업, 정부, 언론 등 공적인 사회 기관에 대한 신
뢰가 낮다. 미국 홍보업체 에델만의 〈신뢰도 지표 조사〉[1] 결과
2014년 한국인의 정부 신뢰지수는 27개 국가 중 16위이며 기업
의 신뢰지수는 26위, 언론의 신뢰지수는 16위, 시민단체의 신뢰
지수는 9위다. 기업에 대한 신뢰도가 가장 낮고, 정부와 언론 등
공적인 사회 기관에 대한 신뢰도는 시민단체에 대한 신뢰도보다
도 낮다. 기업에서 이윤을 공정하게 배분하거나 정부나 언론이
올바르게 행동하지 않는다고 경험한 사람들이 많은 것이다.

정부나 언론 등 공공기관에 대한 신뢰도가 이렇게 낮은 데에
는 여러 가지 이유가 있겠지만, 공공기관이 공정성을 잃은 것이
가장 큰 원인일 것이다. 2012년 〈한국종합사회조사〉[2]에서 한국
사회의 절차 공정성에 대해 조사한 결과를 보면 한국사회의 중요
결정 과정에서 '혈연, 지연, 학연 등 연고가 작용한다'고 생각하는
응답자가 86% 정도였다. '결정권자의 편견과 감정이 작용한다'고
응답한 비율이 90%, '적용되는 기준이 수시로 바뀐다'고 응답한
비율이 69%, '외부 압력에 의해 영향을 받는다'고 응답한 비율이
85%가 넘었다. 공정함이 필수적으로 요구되는 공공기관조차도

공정함을 잃었다고 생각하는 국민들이 이렇게 많은 것이다.

경쟁이 만든 불신사회

신뢰는 도덕 교육이 아닌 개인의 경험을 통해 쌓이는 것이다. 사회가 공정한 절차에 의해 돌아가고, 핵심 기관인 정부·기업·언론 등이 합리적이고 정당하게 활동하며, 사람들 사이의 좋은 관계를 직접 경험해야만 신뢰감이 형성될 수 있다. 상호 협력과 안전이 없는 사회에서 신뢰는 쌓이기 어렵다. 여러 지표를 통해 본 한국사회의 신뢰 수준은 매우 낮다. 주위 사람을 믿을 수 있는 사람은 10명 중 3명밖에 없으며 사회 시스템은 공정한 절차를 밟지 않고 있다고 느끼는 사람이 많다. 한국사회가 사회 구성원 간의 신뢰를 촉진하는 방향으로 가고 있지 못하며, 미래에는 서로에 대한 불신이 더욱 심해질 것이라는 암울한 예측이 가능하다.

중소기업에 대한 대기업의 불공정한 관행, 동일노동을 하는 정규직과 비정규직의 차별, 임신과 출산, 육아로 인한 여성의 경력단절 등 사회에 넘쳐 나는 불합리한 모습들은 불신사회를 만든 근본 원인이다. '소득이 있는 곳에 세금을' 걷는 사회가 공정한 사회지만, 한국사회에서 대기업과 고소득층은 막대한 감세 혜택을 받고 복지 재정은 턱없이 부족하다. 이런 상황에서 노인이나 장애인, 실업자 등 사회 취약계층은 최소한의 사회안전망조차 없이 하루하루를 버티고 있다. 불신사회는 불안에서 출발한다. 미

래가 불안하기 때문에 태어나자마자 경쟁에 내몰리고, 경쟁에서
살아남기 위해서는 필연적으로 남을 이겨야 한다. 이런 사회에서
남을 믿지 못하는 건 어찌 보면 당연한 결과다. 사회 구성원들 사
이의 신뢰를 촉진하기 위해서는 사회가 구성원들의 안정된 삶을
보장해 주는 것이 중요하다. 불안에서 벗어나야 서로에 대해 신
뢰할 수 있는 여지도 생길 수 있다.

1   에델만의 〈신뢰도 지표 조사〉
미국 홍보업체 에델만에서 매년 전 세계 국가들의 신뢰
지표를 정부, 기업, 언론, 시민단체(NGO)로 나누어
조사한다. 본문에서는 2014년 27개국의 3만 3,000명을
대상으로 한 조사 결과를 참고했다.

2   한국종합사회조사
성균관대에서는 매년 전국 표본 조사를 시행해 한국인의
구성적 특성, 주요 가치와 행동 방식, 그리고 일상생활
양태 등 다양한 내용을 조사하는 〈한국종합사회조사〉를
실시한다. 본문에서는 2012년 한국사회의 절차 공정성에
대한 사람들의 의견을 물은 조사를 참고했다.

11장

누구도
책임지지 않는 노후

노인을 위한
나라는 없다

78세 '한국전' 씨와 72세 '손주봐' 씨는 부부다. '한국전' 씨는18세에 한국전쟁에 참전했다. 이후 농사를 짓던 부모님을 돕다 1970년에 서울로 올라와 조그만 공장에서 일을 했다. '한국전' 씨는 요즘 밤잠을 잘 못 이룬다. 아파도 자식에게 부담을 줘서는 안 된다고 생각하지만 모아 놓은 돈이 없어 걱정이다. 부부의 월 소득은 나라에서 주는 20만 원과 4명의 자식들이 20만 원씩 주는 돈을 합한 100만 원이 전부다. 둘이 먹고살기에 충분하나 '손주봐' 씨의 병원비로만 월 30만 원이 들어간다. 국가에서 기초노령연금을 더 주는 것은 고사하고 병원비라도 무상으로 해 줬으면 하는 생각이 절실하다.

72세 '손주봐' 씨는 오늘도 바쁘다. 직장에 다니는 며느리 대신 손주를 돌보고 있기 때문이다. 큰딸의 아이를 2년 봐 주고 나니

며느리 아이를 돌보지 않을 수 없었다. 하지만 '손주봐' 씨는 아이
들을 돌보느라 관절은 이미 망가졌고 혈압과 당뇨 때문에 먹는 약
이 하루에 한 주먹이나 된다. 혈압, 당뇨, 콜레스테롤도 높은데 중
풍이라도 오면 큰일이다.

나이 드는 게 죄인 나라

한국사회에서는 나이 든다는 것이 형벌과도 같은 일이다. 나이가
들면 노동시장에서 매우 빨리 퇴출된다. 한국사회 구성원의 상당
수는 50대 초반에 생애 첫 은퇴를 경험한다. 반면 노동시장 진입은
늦다. 30세가 다 되어서야 첫 출근을 하고 50대 초반에 은퇴하는
구조다. 하지만 은퇴 이후의 수입은 기약이 없다. 연금으로 생활하
거나 새로운 일자리에서 수입을 얻어야 한다. 심지어 연금과 퇴직
금을 받을 수 있는 형편의 노인도 많지 않다. 정규직 은퇴자만이
국민연금, 퇴직금을 받을 수 있기 때문이다. 조기 은퇴 이후 얻을
수 있는 일자리는 경비, 도우미, 청소 업무 등의 서비스 업종이 주
를 이룬다. 대부분 영세자영업자의 길을 가거나 질 낮은 서비스 업
종을 선택할 수밖에 없는 것이다. 높은 교육비를 지불하고 늦게 직
장생활을 시작하지만 퇴직은 매우 빨라 자산을 충분히 쌓지 못한
상태에서 은퇴하게 된다.

자식도, 국가도, 보험회사도 책임지지 않는 노후

사회안전망이 촘촘한 사회들은 공적연금제도를 통해 노후의 소득

을 보장하지만 한국사회는 공적연금제도가 매우 취약하다. 국민연금 혜택은 정규직만 받을 수 있다. 그나마 노동시장에 진입하는 시기는 늦고 퇴출은 빠르니 직장에서 근무한 시간이 짧아 받을 수 있는 연금도 매우 적다. 국민연금의 소득 대체율, 그러니까 평균 임금 대비 받을 수 있는 돈은 25%에 불과하다. 국민연금을 받더라도 노동자 평균 수입의 25% 정도만 받을 수 있는 것이다. 중고령 여성일 경우 이 문제는 훨씬 심각하다. 젊어서는 아이를 키우고 살림을 하느라 가사 노동만 해 왔던 여성일 경우, 나이가 들고 난 이후 높은 월급을 주는 일자리를 갖거나 국민연금 혜택을 받기 어렵다.

그렇다고 자녀들에게 기댈 수도 없다. 과거 한국사회는 부양 문화가 강했기 때문에 공적 사회보장이 잘 되지 않더라도 자녀의 부양으로 노후 생활을 유지할 수 있었다. 하지만 지금의 자녀 세대는 자녀 교육과 집값, 본인들의 노후 준비만으로도 허리가 휜다.

나이가 들면 생활비 외에도 의료비와 돌봄비용이 필요하다. 평생 쓸 의료비의 절반 이상을 나이 들어 쓰게 된다. 병원에 입원할 정도는 아니어도 일상생활을 돌봐 줄 사람이 필요하다. 하지만 기본적인 생활비도 없는데 의료비와 돌봄비용을 마련하기는 어렵다. 정부에서 노인장기요양보험제도를 만들었지만 돌봄 서비스가 필요한 노인의 17% 정도만 이용할 수 있다. 의료보험 역시 보장성이 60%가 되지 않는다. 개인이 내야 하는 의료비가 전체 의료비의 40%가 넘기 때문에 노인 생활비의 대부분이 의료비로 나간다.

한국 노인들의 가장 큰 걱정은 나이 들어 아프고 돌봐 줄 사람이 없어 자식들에게 짐이 되는 것이다. 이 틈새를 파고든 것이 각종 민간보험과 상조보험 등의 민간 금융 상품들이다. 국가도, 자식들도 해 주지 못하는 효도를 대신하겠다고 광고한다. 자식들 역시 목돈이 드는 것에 대비해 저축삼아 상품에 가입한다. 하지만 이런 민간 금융 상품들은 이윤을 목적으로 하는 상품이기 때문에 엄청난 보험료에 비해 지급률은 매우 낮다. 국가도, 자식도, 보험회사도 효도하지 못한다.

가장 오래 일하고 가장 가난하다

그래서 한국의 노인들은 열심히 일을 한다. 한국은 OECD 국가 중 가장 늦은 나이까지 일하는 국가다. 일자리가 없으면 폐지라도 줍거나, 손주를 보는 경우도 많다. 하지만 기본적인 소득이 워낙 적기 때문에 의료비와 돌봄비용으로 큰돈이 나가면 쉽게 빈곤해진다. 노인 취업률이 높은 것은 물론이고, 노인 빈곤율과 노인 자살률 역시 세계 최고인 이유다.

노인 자살률
세계 1위

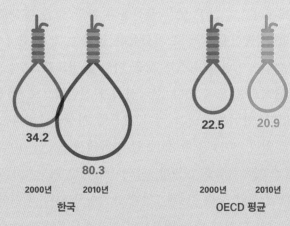

한국과 OECD의 65세 이상 노인 자살률 변화 추이 단위 (명)

34.2

80.3

22.5

20.9

| 2000년 | 2010년 | | 2000년 | 2010년 |
| 한국 | | | OECD 평균 | |

자료—OECD 홈페이지

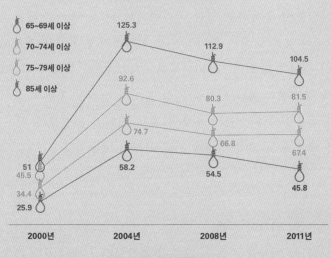

연도별 연령별 자살률 단위 (명)

65~69세 이상
70~74세 이상
75~79세 이상
85세 이상

125.3

112.9

104.5

92.6

80.3

81.5

74.7

66.8

67.4

51
45.5
34.4
25.9

58.2

54.5

45.8

| 2000년 | 2004년 | 2008년 | 2011년 |

자료—통계청, 〈사망원인통계〉, 2011

자살 권하는 사회

한국은 세계적으로 가장 낮은 출산율과 가장 높은 자살률을 기록하고 있다. 출산율은 낮고 자살률은 높다는 것은 한국사회가 아기를 낳기는 어렵고 스스로 생을 마감할 정도로 살기 힘들다는 것을 단적으로 보여 준다. 한국사회가 전반적으로 큰 문제가 있는 것이다. 한국은 OECD 국가 가운데 자살률 1위라는 불명예를 안고 있다. 2011년 한 해 동안 한국에서는 인구 10만 명당 33.3명이 스스로 목숨을 끊었다. OECD 국가 중 최고이며 2003년부터 2011년 동안 무려 9년째 1위를 유지하고 있다. 심지어 사회복지의 수준이 현저히 낮은 멕시코의 경우에도 자살률은 같은 해 10만 명당 4.8명으로 한국과 크게 차이가 난다.

게다가 한국은 세계에서 자살률이 가장 높을뿐더러 유일하게 자살률이 증가하고 있는 국가이기도 하다. 한국의 뒤를 이어 자살률이 높은 국가는 헝가리인데, 헝가리와의 자살률 격차도 점점 더 벌어지고 있다. 2000년부터 2012년까지 한국의 자살률은 106% 증가했다. 한국사회의 자살 문제가 심각한 것은 자살의 원인이 우울증이나 종교적 문제와 같은 개인적 원인보다 빈곤, 사회적 배제 등 사회적 문제가 주를 이루기 때문이다.

노인의 마지막 선택

한국사회의 자살률이 높은 것도 문제이지만, 그중에서도 가장 심각한 것은 노인 자살률이다. 국제 비교가 가능한 OECD 국가들을 살펴보면 이들 국가 역시 평균 자살률보다 노인 자살률이 높게 나타나지만 한국에 비할 바가 아니다. 가령 2010년 일본의 평균 자살률은 인구 10만 명당 21.2명, 65세 이상 노인 자살률은 27.9명으로 65세 이상 노인 자살률이 6.5명 정도 더 높다. 이에 비해 한국의 평균 자살률은 10만 명당 33.5명, 65세 이상 노인의 자살률은 80.3명으로 65세 이상 노인은 전체 인구에 비해 10만 명당 46.8명이나 더 많이 자살하고 있다. 또한 이는 2010년 OECD 평균 노인 자살률 20.9명보다 훨씬 높다. 노인 자살률이 다음으로 높은 나라는 스위스인데, 스위스의 65세 이상 노인 자살률이 인구 10만 명당 40.9명인 것에 비하면 190%가 더 높은 것으로 집계된다. 게다가 2000년대 이후 한국의 노인 자살률은 꾸준히 늘고 있다.

노인들의 자살은 일반적으로 삶을 유지할 때 얻을 수 있는 만족감보다 삶이 주는 고통이 심할 때 선택하는 합리적 원인이 작동하는 경우가 많다고 한다. 그런데 외국의 노인과 한국의 노인이 겪는 삶의 고통은 그 성격이 다르다. 외국의 노인 자살은 극심한 통증이나 질병의 말기 상태에서 선택하는 안락사의 측면이 많다. 반면 한국 노인들은 기본적인 생활비와 치료비가 없어서 자살을 선택하는 경우가 많다.

2011년 보건복지부의 〈노인실태조사〉에 따르면 한국의 경우 65세 이상 노인의 11.18%가 자살을 생각한 적이 있고, 그중

10.9%가 실제 자살을 시도한 적이 있다. 그런데 이 수치가 소득에 따라 큰 차이를 보였다. 소득 하위 20%의 16.3%가 자살을 생각한 적이 있고 그중 12.8%가 실제 자살을 시도했다. 반면 소득 상위 20%의 경우 자살을 생각한 적이 있는 경우가 7%, 실제 자살을 시도한 경우는 7.5%로 나타났다. 소득 수준에 따라 2.5배 가까운 차이를 보이고 있는 것이다. 자살을 생각하는 이유도 함께 조사했는데, 건강이 33%, 경제적 어려움이 29.2%, 부부·자녀·친구와의 갈등 및 단절이 16.28%, 외로움이 10.12%였다. 노인들이 자살을 생각하는 가장 큰 이유는 건강상의 문제와 경제적 어려움이었다. 한국은 노인 빈곤율이 세계에서 제일 높고, 노인을 위한 복지는 세계에서 가장 낮은 수준이다. 노인 자살률이 높을 수밖에 없는 현실이다.

복지라는 보답

인류 역사상 사회 전체가 80세 가까이 살게 된 것은 최근 몇 십 년 사이에 나타난 현상이기 때문에 우리 모두는 나이 드는 것에 익숙하지 않다. 하지만 고령화는 피할 수 없는 사회 현상이며 누구나 나이가 든다. 노후 문제가 노인들만의 문제가 아닌 이유이고, 노후의 비용을 사회 전체가 함께 감당해야 하는 이유이기도 하다. 내 부모의 미래이자 나의 미래이기도 하기 때문이다. 한국은 2018년에 65세 이상 노인 인구가 전체 인구의 14%를 넘어서는 고령사회로 진입할 전망이다. 복지 없이 맞이하는 고령사회는 지금보다 더 많은 노인 자살과 노인 빈곤을 불러올 것이다. 사회에 이바지하고 그 누구보다 열심히 살아 왔을 노인들에게 필요한 것은 사회적 연대가 기반이 된 복지라는 보답이다.

가장 오래
일하면서도
가장 가난한 노후

노인 빈곤율과 고용률   단위 (%)

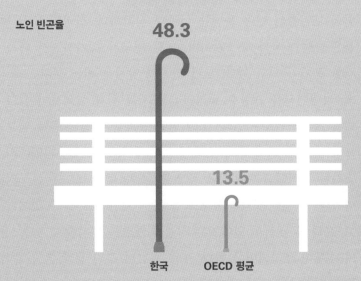

노인 빈곤율

48.3

13.5

한국   OECD 평균

자료—OECD 홈페이지, 2011

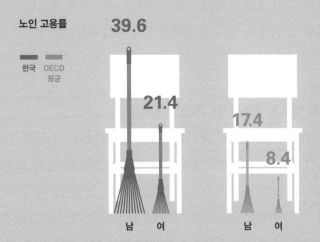

노인 고용률   39.6

한국 OECD
     평균

21.4

17.4

8.4

남   여   남   여

자료—한국노인인력개발원, 〈노인 일자리 통계 동향〉, 2012

노인 빈곤을 보는 눈

한국 노인층의 빈곤 문제는 너무나 심각하다. 한국의 노인 빈곤율은 OECD 국가 중 1위이며, 노인 인구가 증가하면서 더욱 심각한 문제가 되고 있다. 노인 빈곤의 양상은 빈곤 현황, 노동 문제, 국민연금을 포함한 공적연금 문제를 함께 살펴보아야 그 실태를 정확히 알 수 있다. 노인 빈곤 문제는 노동을 통해 얻는 소득과 자산, 노인이 되어 소득이 없어질 경우 국가와 기업에서 지급하는 공적연금과 퇴직금 등 노후 소득 보장 제도가 큰 영향을 미친다. 즉 젊어서 충분한 소득을 통해 자산을 모을 수 있어야 하고, 은퇴 후 소득이 없어지는 시점에 생활을 유지할 수 있는 정도의 소득이 보장되어야 한다. 또한 의료나 주거 등 목돈이 들어가는 영역이 공적으로 보장되어야 한다. 그런데 한국은 은퇴 전 벌수 있는 임금이 충분치 않은 데다 은퇴도 지나치게 빠르다. 게다가 공적인 노후 소득 보장과 사회복지가 부족하다.

가장 열심히 일하지만 가장 가난하다

한국의 상황을 좀 더 자세히 살펴보자. 2011년 65세 이상 은퇴 연령층 가구의 상대적 빈곤율은 50.9%이며, 정부의 정책 효과로 인한 빈곤율 감소 효과는 13.6%에 불과하다. 일반적으로 노인들은 은퇴 이후 임금이 없어지기 때문에 일자리가 없는 노인들에게 정부의 지원은 빈곤을 해결할 수 있는 핵심적인 수단이다. 하지만 한국 노인들은 정부의 지원을 기대하기 어렵다. 이는 구체적인 통계에서 잘 드러난다. 가구 내 취업자가 있는 경우 빈곤율은 33.1%이지만, 취업자가 없는 경우 빈곤율은 72.6%나 됐다. 또한 배우자와 함께 사는 경우 빈곤율은 43%로 비교적 낮지만, 배우자가 없는 경우 빈곤율은 71.4%로 매우 높다. 홀로 사는 일자리 없는 노인 10명 중 7명이 빈곤에 처해 있는 것이다.

높은 빈곤율과 함께 한국 노인들의 고용률 역시 세계에서 가장 높은 수준이다. 2011년 65세 이상 고령자 고용률의 OECD 평균은 남성 17.4%, 여성은 8.4%로 매우 낮은 반면 한국은 남성 39.6%, 여성 21.4%로 OECD 평균에 비해 각각 22.2%, 13% 높다. 남성은 세계 3위고 여성은 세계 2위이며, 이는 전체 2위에 달하는 수치다. 먹고살기 위해서는 일을 해야 하는 사회이며 그나마 있는 일자리도 여성 노인의 경우 문이 더 좁다. 최소한의 생활을 유지하기 위해 삶의 막바지까지 일하고 있는 것이다. 하지만 이렇게 열심히 일을 해도 한국의 노인 빈곤율은 48.3%로 세계 1위다. OECD 국가 중 가장 높은 비율이면서, OECD 국가 평균치인 13.5%의 3배를 넘는다. 압도적으로 가난한 노인이 많다.

은퇴는 빠르고 소득은 적고

세계에서 가장 열심히 일하는데 가장 빈곤하다는 모순적인 현상에는 여러 가지 구조적 문제들이 얽혀 있다. 노동시장 유연화로 비정규직의 비율이 높고 일자리가 불안정한 한국 노동시장의 문제는 노인들의 빈곤과도 밀접하게 연관된다. 우선 직종에 따라 임금의 차이가 크다. 비정규직일수록, 사업장의 크기가 작을수록 소득이 적다. 상황이 이렇다 보니 임금만으로 노후 대비를 할 수 없다. 게다가 은퇴하는 나이도 점점 낮아지고 있다. 노후 대비를 하기도 전에 조기 은퇴를 해야 하는 상황인 것이다. 따라서 은퇴 이후에도 생활을 유지하기 위해서는 다른 일자리를 찾을 수밖에 없다.

하지만 이들이 은퇴 후에 선택할 수 있는 일자리의 질은 매우 낮다. 통계청의 2012년 〈가계금융복지조사〉에 따르면 2011년 65~74세 임금 노동자의 평균 임금은 월 141만 원으로 전체 평균 임금인 210만 원의 67%에 불과했다. 최저임금에도 미치지 못하는 임금을 받아야 하는 일자리가 대부분인 것이다. 노인 고용률이 높음에도 불구하고 노인 빈곤이 해결되지 않는 원인이다.

〈국민노후보장패널〉 자료에 따르면 2009년 50세 이상 중고령자 중 55.3%가 은퇴자인데 은퇴 가구 평균 경상소득, 즉 정기적인 안정적 소득은 117만 원에 불과했다. 2010년 65세 이상 노인층 가구의 비정기적 소득까지 포함한 실질소득이 262만 원인 것에 비해 은퇴한 가구의 소득은 절반에도 미치지 못한다. 조기 은퇴자일수록 소득이 급격하게 감소하는 것이다. 신자유주의 경제 정책으로 좋은 일자리에서 일찍 밀려난 중고령층이 재취업을 하지 못하거나 질이 낮은 일자리에 머물게 될 경우 대부분 빈곤을 피할 수 없다.

노인을 위한 나라는 없다

게다가 공적인 소득 보장 또한 매우 취약하다. 노인들이 은퇴 이후에도 계속해서 일을 해야 하는 또 하나의 중요한 이유는 바로 노인들을 위한 사회안전망이 없기 때문이다. 한국사회는 빈곤을 겪는 사람들이 스스로의 힘으로 빈곤에서 빠져나오지 못하면 계속 빈곤한 상황에 머물러 있을 수밖에 없는 각자도생의 사회다. 노인들도 예외일 수 없다. 여기에 공적연금 수급 여부가 포함되면 문제는 더 심각해진다. 공적연금에는 국민연금, 기초연금이 있고 기업에서 의무적으로 제공해야 하는 퇴직연금도 포함된다. 일자리에서 낮은 임금을 받던 노동자가 조기 은퇴를 할 경우, 공적연금을 받지 못하게 되면 심각한 절대빈곤에 시달리게 된다. 그런데 한국의 경우 50대 이상 중고령자 중 공적연금을 받지 못하는 사람들이 매우 많다. 중고령자 전체의 42.5%, 은퇴자의 77.3%가 공적연금을 받지 못하고 있다.

이유가 무엇일까? 한국의 경우 국민연금은 대부분 정규직 노동자만이 가입되어 있기 때문이다. 중소기업, 비정규직 노동자는 기업의 규모가 작아 국민연금 부담을 하기 어려운 데다가 영세자영업자나 특수고용 노동자들은 국민연금료가 부담이 되어 가입하지 못하는 경우가 많다. 50세 이상 은퇴자 중 77%가 넘는

사람들이 공적연금을 받지 못한 채 노동시장에서 일찍 밀려나고
있다.

언 발에 오줌 누기?

한국의 노인 빈곤 현상에는 이렇듯 노동시장(조기 퇴직 및 비정규
직, 최저 임금 문제)과 복지제도(연금 및 노후소득보장, 4대 보험 사각지
대)의 문제가 복합적으로 얽혀 있다. 하지만 지금까지 노인 빈곤
을 해결하기 위한 정책은 기초노령연금[1] 도입, 공공근로, 직업 교
육 등 산발적인 지원책이 전부였다. 노인 빈곤은 앞서 지적한대
로 은퇴 전에 벌 수 있는 돈이 너무 적어 충분한 소득과 자산을
마련하지 못하는 문제, 너무 빠른 은퇴, 은퇴 이후 할 수 있는 일
은 저임금 일자리라는 문제, 취약한 공적연금제도의 문제가 복합
적으로 작용하고 있다. 기초연금을 몇 만 원 올리고, 월 20만 원
도 되지 않는 공공근로 일자리 몇 개를 늘려 해결될 문제가 아니
다. 포괄적이고 구조적인 접근이 아니고서는 이 끔찍한 수준의
노인 빈곤율은 떨어지지 않을 것이다.

1   **기초노령연금**

기초노령연금은 2007년 국민연금 재정 안정화를 이유로
국민연금 급여율을 60%에서 40%로 낮추는 대신, 낮아진
소득을 보상해 주기 위해 도입한 제도다. 65세 이상 노인
중 소득 하위 70%에게 2008년 노동자 평균 소득의 5%를
지급하는 것을 시작으로, 2028년까지 지급액을 10%까지
단계적으로 인상하기로 했다. 2012년 박근혜 대통령이
기초노령연금을 기초연금으로 전환하고 모든 노인에게
노동자 평균 소득의 10%를 지급할 것을 공약했으나
2014년 4월 기준, 지급 대상이 모든 노인에서 하위 70%로
축소하고 국민연금을 받는 노인들의 지급액을 줄이는 등의
세부 내용에 대한 합의가 되지 못해 법안 개정이 미뤄지고
있다.

여성 노인의
상대적 빈곤율
74.9%

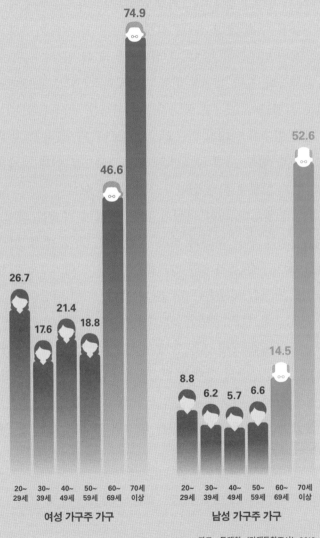

가구주 성별에 따른 상대적 빈곤율   단위 (%)

여성 가구주 가구
- 20~29세: 26.7
- 30~39세: 17.6
- 40~49세: 21.4
- 50~59세: 18.8
- 60~69세: 46.6
- 70세 이상: 74.9

남성 가구주 가구
- 20~29세: 8.8
- 30~39세: 6.2
- 40~49세: 5.7
- 50~59세: 6.6
- 60~69세: 14.5
- 70세 이상: 52.6

자료—통계청, 〈가계동향조사〉, 2012

나이가 많을수록, 여성일수록 가난하다

통계청에서 발표한 2012년 〈가계동향조사〉 자료를 이용해 상대적 빈곤율을 구해 보면, 60세 이상 중고령 가구주 가구에 속한 이들의 경우 빈곤율이 38.5%나 된다. 즉, 60세 이상 가구주 가구에서 한국사회 전체 가구의 평균 소득보다 더 낮은 소득으로 살고 있는 사람들이 10가구 중 4가구나 된다는 뜻이다. 이는 한국사회 전체 인구의 상대적 빈곤율 14.0%보다 24.5%나 더 높은 것으로, 중고령 인구 10명 중 4명은 낮은 소득으로 인해 생계를 유지하기 힘든 상황에 처해 있다는 것을 알 수 있다.

이들 중에서도 특히 나이가 많은 여성이 가계를 책임지고 있는 집일수록 빈곤 문제가 더욱 심각하다. 60세 이상 70세 미만 여성이 가구주인 가구의 빈곤율은 46.6%이며, 70세 이상 여성 가구주 가구의 빈곤율은 74.9%나 됐다. 60세 이상 남성 가구주 가구에 속한 인구의 빈곤율도 29.3%(60세 이상 69세 미만 남성 가구주 가구의 빈곤율은 14.5%, 70세 이상 남성 가구주 가구의 빈곤율은 52.6%)로 전체 인구의 상대적 빈곤율인 14.0%보다 높았지만, 중고령 여성 가구주 가구에 속한 인구의 상대적 빈곤율은 그보다도 훨씬 높았다. 한국에서 살고 있는 중고령 여성의 높은 빈곤율을 반영하는 결과다.

중고령 여성의 낮은 소득

한국은 전 세대에 걸쳐 빈곤율이 높지만 그중에서도 특히 60세 이상의 나이가 많은 여성이 생계를 책임지고 있는 가구의 경우 빈곤율이 더 높다. 이는 정부가 국민의 기본적인 생활을 보장하는 복지제도를 비롯한 사회안전망이 제대로 보장되어 있지 못한 현실을 반영한다. OECD 국가 중 노인 빈곤율이 가장 높은 한국은 일자리를 가지지 못하거나 빈곤 상황에 처한 중고령자에게 정부가 무상으로 지불하는 사회보장이라고 할 수 있는 공적이전지출의 규모가 가장 작은 국가 중 하나이다.

중고령 여성 가구주 가구의 빈곤 문제는 그들이 노동시장에서 충분한 임금을 얻기 힘든 현실 때문이기도 하다. 중고령 여성의 경우 동일한 연령대의 남성에 비해 일자리를 얻기도 힘들고, 일자리를 얻었다고 하더라도 상대적으로 낮은 임금에 직면하는 경우가 많다. 또한 청년층 여성과 비교해도 역시 매우 낮은 임금을 받는 일자리밖에 가질 수 없는 경우가 일반적이다. 이를 두고 한국사회에서 중고령 여성 노동자들이 여성과 나이라는 이중적 차별에 직면해 있기 때문에 노동시장에서 가장 취약한 상황에 처해 있다는 주장도 있다.

빈곤 탈출을 위한 노력

공적 사회보장이 낮은 수준에 머물러 있는 한국사회의 현실을 고려했을 때 중고령 여성이 노동시장 진출을 통해 빈곤에서 벗어날 수 있도록 하는 제도적 정책이 필요해 보인다. 정부의 참여를 통해 민간 수요가 꾸준히 증가하고 있는 사회서비스 부문에 중고령 여성 일자리를 만드는 '중고령 여성 일자리 확대 정책'이나 중고령 여성을 훈련시키고 이들이 생계를 유지하기 위해 일자리에 진입할 수 있도록 돕는 '중고령 여성 일자리 연계 시스템' 등 일을 할 수 있는 중고령 여성으로 하여금 일을 통해 빈곤 상황을 벗어날 수 있도록 돕는 정책이 이에 해당된다.

하지만 장기적으로 빈곤 문제를 완화하기 위해서는 빈곤 가구에 대한 정부의 지원이 확대되어야 하고, 공적이전지출이 지금보다 증대되어야 한다. 특히, 중고령 여성이 가구주인 가구의 상당수가 가구원 중 누구도 노동시장에 참여할 수 없는 상황에 처해 있는 경우가 많다. 이혼이나 사별 등으로 홀로 사는 여성이나 부부 모두 질병, 노화 등으로 노동할 수 없는 경우가 대부분이기 때문이다. 이런 현실을 고려할 때 적절한 일자리 정책도 중요하지만 정부의 빈곤 가구에 대한 지원을 늘리는 것은 더욱 중요하다. 빈곤 계층에 대한 복지의 확대와 함께 빈곤 상황에 처해 있음에도 지원을 받지 못하고 있는 이들이 직면하고 있는 문제를 해결하는 것도 필요하다. 빈곤에 노출될 위험이 큰 중고령 여성 가구주 가구를 중심으로 빈곤 가구를 찾고 이들에 대한 지원책을 마련하는 것이 시급하다.

광범위한 사회안전망 사각지대가 발생하는 가장 큰 원인은

처음부터 너무 적은 예산을 정해 놓고 그 범위 안에서만 빈곤 정
책을 펼치기 때문이다. 일을 하지 못하는 사람도 최소한의 삶을
영위할 수 있는 사회 시스템이 절실하며, 이를 위해서는 국가 차
원에서 복지 재정을 확충해야 한다.

노인들에게
치명적인
기초연금의 후퇴

공적이전소득과 민간금융소득 (2012년)   단위 (%)

공적이전소득   민간금융소득

공적이전소득과 민간금융소득의 세대별 효과

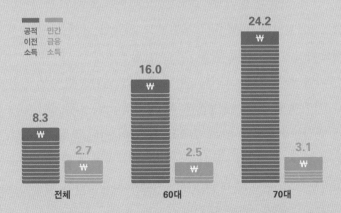

자료—통계청, 〈가계동향조사〉, 2012

낸 돈보다 많이 돌려받는 공적이전소득

공적이전소득[1]이란 국가의 서비스나 사회보험 등 공적 지원을 통해 얻을 수 있는 소득이며, 이러한 공적이전소득을 통해 실제 소비할 수 있는 실질소득이 향상되는 수준을 공적이전효과[2]라고 한다. 때문에 취약한 복지제도로 인해 공적이전효과가 적은 사회일수록 사회안전망이 취약한 사회라고 할 수 있다. 한국은 공적이전소득이 낮은 사회, 즉 사회안전망이 취약한 사회다. 때문에 개인이 민간보험이나 상조회사 등 민간 금융 상품에 의존하는 경우가 많다. 하지만 우리가 공적 사회안전망을 위해 내는 돈과 돌려받는 돈, 민간 금융 상품에 내는 돈과 돌려받는 돈을 비교했을 때 공적 사회안전망이 훨씬 효율적으로 삶의 불안 요인을 잘 해결해 줄 수 있다.

2012년 기준 가구당 공적연금과 공적보험료에 지출한 비율은 전체 지출의 6.024%였고 국가로부터 돌려받은 공적이전소득은 8.3%였다. 반면 민간보험료로 지출한 금액은 같은 해 전체 지출의 1.869%인데 반해, 민간 금융으로부터 돌려받은 금액은 2.7%에 불과했다. 그러나 이 금액에는 민간보험에서 받은 보험금 이외에도 저축, 개인연금 및 퇴직연금도 포함되어 있기 때문에 민간보험으로만 얻은 소득은 훨씬 더 적다고 할 수 있다. 한국 보험 상품의 지급률, 즉 낸 돈에 비해 돌려받는 금액의 비율을 살펴봐도 2010년 기준 53%(OECD 통계)에 불과하기 때문에 민간보험에 낸 금액에 비해 돌려받는 소득 효과는 훨씬 적다는 것을 알 수 있다. 민간보험과 비교했을 때 공적이전소득이 훨씬 효과적인 것이다.

그중에서도 특히 노인 세대에게 공적이전소득은 더 중요하다. 2012년 기준으로 전체 가구의 공적이전소득은 8.3%였으나 60대는 16.0%, 70대 이상은 24.2%로 소득의 상당 부분을 공적이전으로 얻고 있다. 다른 세대에 비해 임금이 적거나 거의 없는 노인 세대에게 공적이전소득은 기본적인 생활을 영위하게 해 주는 중요한 수단이다. 민간 금융에서 얻는 소득이 연령과 상관없이 비슷한 효과를 내는 것과 달리 공적이전소득은 유독 노인 세대에게 뚜렷한 효과가 드러난다.

묻지도 따지지도 않고

"묻지도 따지지도 않고." 실버보험에 가입하라는 한 민간보험회사의 유명한 광고 문구다. 개인연금이나 민간보험 광고는 텔레비전과 신문, 버스 광고판을 막론하고 어디에서나 쉽게 볼 수 있다. 마치 민간보험에 가입하는 것이 100세 시대를 대비하기 위한 가장 확실한 방법인 것처럼 보일 정도다. 하지만 현실은 전혀 그렇지 않다. 민간보험은 가입자가 낸 돈의 상당수를 보험회사의 이윤과 영업비용에 사용하고 있으며, 개인연금 상품의 불안정성은 매우 크다. 예·적금 등 은행 상품에 비해 영업비용이 높아 사업비를 높게 책정하고, 중도 해지할 경우 해약 지급률도 매우 낮다.

또한 변액연금처럼 투자 수익에 따라 지급률을 정하는 상품이 많아 금융위기 등 경제적 상황에 따른 불안정성이 매우 높다. 주변에서 몇 십 년 동안 보험 상품에 열심히 돈을 넣었는데 실제 받은 돈은 원금에도 못 미친다는 이야기를 흔히 접할 수 있다. 민간 보험 상품은 구조적으로 그 한계가 명확하기 때문이다.

이런 이유로 공적연금은 노인, 특히 저소득층 노인에게 필수적이다. 젊어서 민간 금융 상품에 가입할 여유가 없는 노인들에게 국가가 보장하는 공적연금은 생존을 위한 최소한의 안전망이다. 고소득층 노인이야 다양한 세제 혜택과 제테크 차원에서 민간 금융 상품의 혜택을 볼 수 있지만 저소득층 노인에게는 전혀 해당 사항이 없는 이야기다.

국민연금은 깡통이 아니다

하지만 한국사회에 팽배해 있는 인식은 '국민연금 무용론'이다. '낸 돈을 돌려받지 못한다', '깡통이 될 것이다', '국가의 사기 행위다'와 같은 잘못된 오해가 넘쳐나고 있다. 심지어 국민연금 폐지 운동마저 활발하다. 하지만 국민연금은 정부가 보장하는 국가의 제도이며 국민연금에 대한 오해의 배경에는 사적연금을 확대하고자 하는 민간 금융회사들이 존재한다. 국민연금 폐지 운동을 앞장서 이끌고 있는 시민단체는 민간 금융회사의 지원을 받고 있으며, 민간 금융회사들은 국민연금을 축소하고 사적연금

을 확대하고자 노력하고 있다. 공적연금 및 사회보험의 효율성
과 사회 연대 효과가 훨씬 높다는 것은 다른 나라의 사례와 한국
사회의 경험에서도 증명되고 있다. 민간 금융회사는 안전한 노후
를 보장해 주지 못한다. 사회안전망이 촘촘한 사회의 경우 시장
소득은 불평등하더라도, 공적이전이 이루어지고 난 후 실질소득
에서는 불평등 정도가 매우 크게 개선된다. OECD 주요 국가들
의 경우 조세와 사회보험료가 노인층의 소득을 재분배하는 효과
는 2000년대 후반 기준 평균 57.6%로 14.3%인 한국에 비해 4배
이상 높다. 이런 사회는 모두 공적연금제도가 튼튼하게 설계되어
있는 사회들로 민간 금융 및 보험 상품은 기본적인 소득 보장의
기초 위에 추가적으로 활용될 뿐이다.

하지만 한국사회의 경우 민간 금융 및 보험 상품이 지나치
게 넘쳐나고 있으며, 광고나 개인 영업 등의 불필요한 경쟁 역시
심각하다. 반면 OECD 주요 국가들이 기본적으로 갖추고 있는 민
간 금융 및 보험회사에 대한 지급률, 광고 허용 기준, 영업 방식
등에 대한 기준은 부재하다. 보험이나 연금 상품 하나 없이 살아
가기가 너무 어려운 사회이지만 민간 상품의 적절한 역할에 대한
사회적 규제는 논의조차 되지 않고 있다.

필요한 건 공적 소득 보장

한국의 노인 빈곤 문제는 정말 심각하다. 65세 이상 노인만이 아

니라 빠른 은퇴와 질 좋은 일자리 부족으로 50세 이상 중고령자 역시 심각한 생계 불안에 시달리고 있다. 청년층이 스펙 경쟁에 내몰리는 가장 큰 이유 역시 미래의 소득이 불안하기 때문이다. 게다가 2018년에는 노인 인구가 전체 인구의 14% 이상을 차지하는 고령사회가 현실화될 전망이다. 안정적인 노후 소득 보장 없이는 한국사회가 잘 굴러갈 수 없을 것이라는 단적인 양상들이다.

한국의 기업과 고소득층이 사회안전망을 위해 지출하는 돈은 매우 적다. 사회적으로 얻는 혜택에 비해 지나치게 적은 금액이다. 게다가 비효율적이면서도 취약계층 보호 효과는 아예 없는 민간 금융 및 보험 상품이 공적인 사회안전망의 틈새로 지나치게 파고들고 있다. 안정적인 노후 보장을 해결하기 위한 답은 사실 너무나 간단하다. 개인과 기업이 사회안전망을 위해 좀 더 많은 돈을 내고 이 돈을 공적으로 관리하면 된다. 본인과 가족의 의료·교육·노후 보장을 위해 나라에 돈을 지출하고, 나라는 사회안전망을 더욱 촘촘히 만드는 것이다. 공적인 사회안전망이야말로 가장 효율적인 노후 보장 방법이다.

1   공적이전소득

공적이전소득은 공적연금, 기초노령연금, 사회수혜금,
세금환급금을 포함한 정부 정책으로 이전된 소득이다. 이에
비해 사적이전소득은 민간 부분에서의 자발적인 동기에
의해 이뤄지는 현금의 이전으로, 가족 구성원 간의 소득
이전이나 민간보험료 등이 속한다.

2   공적이전효과

공적이전소득으로 인한 소득 재분배 효과를 의미한다.

에필로그
2020년 대한민국

    2020년, 그들은 어떻게 살고 있을까

취업으로 고민하던 '이태백' 씨는 서울시에서 마련한 청년 일자리 프로그램을 통해 직업 훈련과 일자리 매칭 도움을 받아 돌봄공동체의 코디네이터로 일하고 있다. 대기업에서 일하는 친구들에 비해 월급은 좀 적지만 돌봄공동체에 대한 수요가 점점 높아지고 있어, 열심히만 하면 경력을 쌓아 전문가로 활동할 수 있다. 요즘엔 4대 보험이나 휴가 등 사회서비스 종사자의 처우가 많이 좋아졌고, 회사의 지원으로 박사과정도 밟고 있다.

'안정규' 씨 역시 정규직으로 전환되어 출근길이 행복하다. 결혼도 했고 공공임대주택에서 목돈을 들이지 않고도 소박한 보금자리를 꾸릴 수 있었다. 아이는 둘인데 공공어린이집에 다니고 있어서 부모님께 기대지 않고도 애를 키우고 있다. 집값과 보육비가 절약되니 아이들을 키우는 부담이 크지 않다. 아들만 둘이라 셋째를 낳아 볼까 생각 중이다.

편의점을 폐업하고 한동안 힘들어하던 '억울해' 씨는 골목 상권 지키기 활동을 시작해 현재는 경제민주화를 추진하는 시민단체에서 일하고 있다. 몇 년 전 경제민주화 입법 이후 세부적인 정책을 만들고 시민들의 지지를 얻는 활동이 매우 활발해졌다. 최근에는 유학을 가서 한국의 경제민주화 입법 과정을 해외에 알리는 연구를 해볼까 생각 중이다.

'행복해'씨는 첫 애 낳을 때 고민했던 것과는 다르게 쉽게 둘째를 낳았다. 공공어린이집과 돌봄서비스가 크게 늘었기 때문이다. 게다가 남편과 번갈아서 육아휴직을 2년씩 쓸 수 있게 되어 큰 아이가 초등학교에 입학할 때까지 집에서 아이를 키울 수 있었다. 게다가 대학 서열화가 점차 줄어들고 중소기업에도 좋은 일자리가 생기면서 아이들의 사교육이 예전만큼 치열하지 않다. 부모님들도 연금이 늘어서 생활비를 드릴 필요가 없고 가끔 용돈만 드린다. 교육비와 부모님 부양비가 줄어드니 사는 것이 달라졌다. 경력을 쌓기 위해 공부할 수 있는 시간도 늘고 가끔 사회봉사도 한다. 무엇보다 아이들하고 많은 시간을 보낼 수 있게 되어서 행복하다.

노인층도 예전에 비해 많이 편해졌다. 경제민주화 입법으로 대기업들이 내는 세금이 늘어나면서 연금이 2배 가까이 늘었다. 의료비도 거의 무료라, 병원비 걱정을 하지 않으니 연금으로 80만 원 정도만 받아도 충분히 생활이 가능하다. 묻지도 따지지도 않고 내던 민간보험료를 아낀 것도 크다. 생활에 여유가 생기면서 운동이나 건강관리를 할 수 있게 되자 노인들의 건강도 훨씬 좋아졌다. 주치의가 꼼꼼하게 건강관리를 해 주면서부터 한 주먹씩 먹던 약도 많이 줄이게 됐고, 몸이 건강해지니 이것저것 하고 싶은 것이

생겼다. 동네에서 가난한 집 아이들을 위한 도서 지도도 하고 반찬
도우미도 하느라 하루가 바쁘다.

　한국사회가 심각한 양극화로 몸살을 앓던 2017년, 시민들은
새로운 선택을 했다. 일하는 사람의 월급을 올리고, 많이 버는 사
람들은 세금을 더 내며, 걷은 돈으로 복지를 늘려야 한다는 사회적
압박이 거세졌다. 대기업은 중소기업과 하청업체들의 이윤을 가로
채지 못하고, 기업의 이윤은 노동자들에게 돌려주는 경제민주화 입
법을 이루어낸 것이다. 최저임금이 오르고 비정규직은 크게 줄었으
며 최저임금도 받지 못하는 노동자는 거의 없어졌다. 고소득층은
버는 만큼 세금을 내게 됐고, 정부는 늘어난 재정으로 적극적 복지
정책을 폈다. 먼저 연금과 의료비, 교육비, 양육비 지원이 크게 늘
었다. 재정 확대와 동시에 공적 기관들도 확대했다. 질 좋은 공공
어린이집, 국공립요양원, 국립대학, 국공립병원이 늘어났다. 생활
협동조합이나 노동자협동조합 같은 다양한 비영리 사회적 기업들
이 서비스를 제공하는 곳도 인기가 많다. 소득이 올라가고 질 좋은
일자리가 늘어나면서 내수 경제가 살아나자 경제도 탄탄해졌다. 수
출에만 목매지 않고 다양한 중소기업과 벤처산업, 문화산업 등 국
내 경기가 좋아지면서 진정한 창조 경제가 시작되고 있다.

　가장 큰 변화 중 하나는 집값 걱정이 많이 줄었다는 것이다.
걷은 세금으로 공공임대주택을 크게 늘리자 집값이 서서히 줄어들
면서 무리한 대출로 집을 사는 사람이 줄었다. 집값이 안정화되면
서 전월세 부담이 크게 낮아지니 삶의 질이 달라지고 있다. 노동

시간이 짧아지고 저녁이 있는 삶이 가능해지자 마을 공동체가 복원되고 있다. 예전엔 새벽에 나가 밤에 돌아오느라 옆집에 누가 사는지도 모르고 살았는데, 지금은 마을에서 하는 다양한 사업에 참여하는 사람이 부쩍 늘었다. 보육, 의료, 돌봄, 놀이가 동네에서 다 해결이 되다 보니 오히려 복지비용이 줄어드는 효과가 나타나고 있다. 마을 사람들이 서로서로를 챙기게 되었기 때문이다.

새로운 한국을 꿈꾸다

너무 꿈같은 이야기인가요? 이 책은 새사연에서 2년 동안 연재했던 〈분노의 숫자〉를 재구성한 책입니다. 분노의 숫자를 찾고, 이 책을 쓰면서 떠나지 않았던 고민은 "분노에 무슨 힘이 있는가?"였습니다. 분노를 강요하는 책이 아닌, 실천적으로 도움이 되는 책이길 바랐습니다. 이 책은 한국사회를 현미경처럼 들여다본 통계에 기초해 있지만 단순한 통계의 나열이 아니라 이를 우리 삶의 궤적에 맞춰 재구성했다는 데 의의가 있습니다.

아이의 탄생에서 대학 진학, 취업과 결혼, 다시 아이를 낳고 돈을 벌며 노후를 맞이하는 한국인의 일생에서 일관되게 관찰되는 것은 불평등의 확대였습니다. 한국사회는 압축적 산업화를 거치면서 신자유주의 세계 경제 질서에 빠르게 편입되었고 1997년 외환위기는 한국사회의 변화를 상징적으로 보여 주는 사건이었습니다. 세계적으로 양극화와 불평등이 심화되는 과정은 한국사회에서 더욱 두드러지게 나타났고 대기업과 중소기업, 정규직과 비정규직,

고소득층과 저소득층 간의 격차는 점점 심해지고 있습니다.

필자들은 이러한 악순환을 생애 주기별로 구성해 보았습니다. 태어난 순간 격차가 발생합니다. 영유아 때부터 이미 사교육이 시작되고, 이는 교육 성취의 불평등으로 이어집니다. 교육 성취의 불평등은 일자리 불평등으로 이어져 부모의 소득이 아이의 직장을 결정합니다. 일하는 기간 내내 정규직과 비정규직의 격차, 여성 차별에 시달리고 조기 은퇴자가 선택할 수 있는 영세자영업은 대기업이 독식해 10곳 중 1곳도 살아남지 못하고 있습니다. 일생동안 소득이 낮은 사람들은 사회복지에서도 배제되고 있습니다. 국민연금과 각종 복지 혜택은 정규직 노동자를 중심으로 짜여 있고, 소득이 낮은 사람들은 노후에도 여전히 가난합니다. 가난한 사람들이 더 자주 아픈 데다가 없는 살림에 의료비는 훨씬 더 많이 내야 합니다. 민간보험과 재테크에 기대 보지만 보험회사와 주식시장은 자신들의 배만 불리고 있습니다. 국가마저 복지에 기대지 말고 열심히 살라고 할 뿐입니다. 이를 가장 명확하게 보여 주는 증거는 출산율과 자살률입니다. 아이 낳기를 두려워하고 살기를 중단하는 사회, 이것이 새사연이 들여다본 한국사회 자화상이었습니다.

하지만 이 책은 분노만을 위해 쓰이지 않았습니다. 우리가 살고 있는 이 땅의 현실을 객관적으로 이해하고, 할 수 있는 일을 찾아보기 위한 기초 자료입니다. 이를 위해 숨어 있는 불평등의 상호 연관된 구조를 설명하려 노력했습니다. 개인이 부족해서, 운이 없어서가 아니라 충분히 개선 가능한 구조적 문제가 도사리고 있기 때문입니다. 비정규직과 기초연금, 아이들의 교육 경쟁과 높은 자살률은 깊게 연관되어 있습니다. 임금이 적어 일을 해도 빈곤해지는 워킹푸어는 노후에도 연금을 받기 어렵고 이러한 어른들의 고통은 아이들의 경쟁으로 이어집니다. 우리가 사는 세상, 내가 처해 있는 어려움을 객관적이고도 구조적으로 이해하는 것, 그리고 그 현실을 수용하는 것이 아니라 분노하고 개선하기 위해 행동하는 것, 이것이 새로운 희망을 만들 수 있는 힘입니다. 우리의 아이들과 부모님, 가족이 행복한 2020년 대한민국은 불가능한 희망이 아니라 우리 손으로 만들어 나갈 수 있는 미래입니다. 이를 위해 분노가 필요하다면 분노해야 합니다. 이 책이 미래를 위한 첫걸음이 될 수 있기를 기대합니다.